KB070057

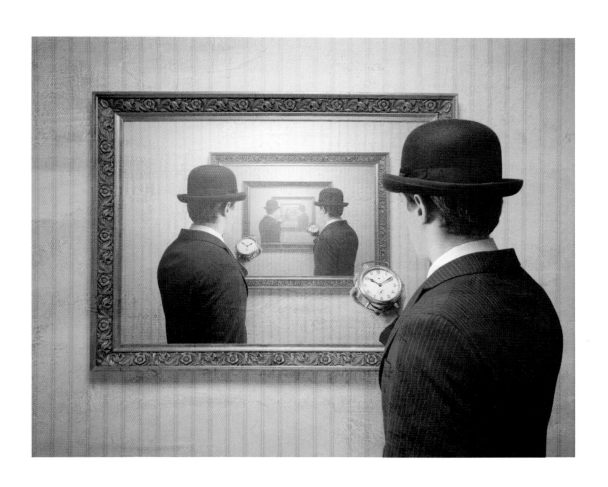

미술심리진단 및 평가

Art Diagnosis and Assessment

●

주리애 저

학지사

저자 서문

생뚱맞게도 저자 서문에 그림을 나누는 것이 적절한가에 대해 잠시 망설였습니다. 하지만 이 책의 핵심을 전달하는 것은 어쩌면 글이 아니라 이미지란 생각이 듭니다. 그래서 용기를 내어 그림 하나를 나누려 합니다. 오른쪽의 그림은 2013년에 그렸던 유화인데요, 눈 내리는 들판에 서 있는 아메리카 들소랍니다. 2014년 4월 초에 열었던 개인전에서 다른 대부분의 그림들은 색이 짙고 강렬한 데 비해 이 그림은 유독 색채가 별로 사용되지 않아서 내심 어울리지 않으니 걸까 말까를 망설였던 작품이기도 합니다. 결국 전시회장의 가장 구석진 곳에 이 그림을 걸었습니다. 다른 그

주리애 作. 들소가 있는 풍경. 53x72cm. Oil on canvas. 2013.

림들 중 색이 곱고 따뜻해 보이는 작품들은 전시 첫날에 팔리기도 했지만, 이 그림은 그렇지 않았습니다. 제가 갖고 있어야겠다고 생각하던 차에 누군가 그 그림을 샀다는 얘기를 들었습니다. 나중에 보니 몇 해 전에 제게 상담을 받았던 분이 사셨더군요. 그래서 그분께 전화를 했답니다. 전시회에 와 주신 것으로 충분한데 뭣하러 그림을 사셨냐, 그러지 않으셔도 된다고 말씀드렸습니다. 그분은 그 그림이 꼭 자신의 예전 모습 같아서 소장하고 싶었노라고 하셨습니다. 왠지 추워 보이고 혼자라는 느낌이 들었다고 말입니다. 그래서 제가 그림 속 들소에 대해 조금 더 이야기를 해 드렸습니다. "그 그림은 옐로스톤에 갔을 때 찍어 온 사진을 보며 그린 건데요, 그림에 다 표현되지 않았지만 그 들소의 뒤쪽으로 함께하는 무리들이 있었습니다. 눈이 내리고 있지만, 멀리 보이는 푸른 하늘이 오후에는 날이 갤 거라고 말해 주는 것이랍니다. 사진을 찍었던 때도 5월 말이었으니까요, 그렇게 춥지는 않았답니다." 제가 그렇게 말했더니 그분도 그러시더군요. 정말이지 그 이야기를 들으니 자기 상황이랑 딱 맞는다고 하셨지요. 자신의 주변에도 자신을 소중히 여기고 사랑을 나누는 사람들이 있는데, 힘들었던 때에는 그 사람들을 잘 보지 못했던 것 아닌가 하는 생각이 든다고요. 그분과 저는 그림을 매개로 살아가는 이야기를 잠시 나눌 수 있다는 것이 고마웠습니다. 물론 이번은 제 그림이 매개가 되었지만 말입니다.

미술치료사로 일하면서 가장 감동적인 순간은 역시 그림으로 마음의 진실을 나눌 때가 아닌가 합니다. 그림에는 우리 가까이에 있지만 한 겹 아래 숨겨진 것들이 모습을 드러내곤 합니다. 그리는 사람의 나이가 어떠하든, 그림이 익숙하든 익숙하지 않든, 많은 시간을 들여서 그리든 아니든, 그림은 늘 우리가 미처 생각하지 못한 무엇을 표현하곤 합니다. 때론, 그림이 단순한 결과물이 아니라 사람 손을 빌려서 자기 존재를 보여 주는 유기체처럼 느껴지기도 합니다.

그러한 그림의 특성이 집약된 것이 바로 '그림검사'입니다. 그림검사는 미술치료 분야에서 가장 매력적이면서도 까다로운 주제이지요. 물론 그림검사라고 따로 구분하지 않더라도 미술치료에서 사용하는 모든 그림은 사람을 이해하고 느끼며 변화의 과정을 도모하는 것이라 할 수 있습니다. 군이 구분한다면, 그림검사는 보다 더 '틀이 잡힌' 이해의 방편이라 하겠네요. 일종의 정제과정을 거친 도구라고나 할까요. 여전히 지금도 마음을 드러내는 연금술이 연구되고 있는 셈이지요.

이 책에서는 20세기에 본격적으로 시작된 그림검사를 비롯하여 미술치료 분야에서 널리 사용되는 평가법을 소개했습니다. 총 5부로 나누어서 다음과 같은 내용을 담았습니다. 우선 1부에서는 그림검사를 개관하고, 2부에서는 다양하게 발전한 여러 종류의 인물화를 다루었습니다. 3부는 폭넓은 주제를 가진 그림검사를 소개합니다. 4부는 한 장이 아닌 여러 장으로 이루어진 시리즈 그림검사를 살펴봅니다. 마지막 5부는 가족화라는 주제로 묶이는 검사들을 담았습니다. 그리고 그 외의 검사들은 부록에서 간략하게나마 소개하였습니다.

가능한 한 책의 내용에서 다양한 문헌과 임상 현장에서의 경험, 그리고 사례가 적절하게 비율을 이루도록 애를 썼습니다만, 부족한 부분이 있을 것이라 생각됩니다. 모쪼록 그런 부분은 이 책의 독자들과 다음 세대 미술치료사들께서 넉넉히 채워 주시리라 믿습니다.

이 책에 소개된 여러 그림들은 제가 미술치료사 혹은 임상심리전문가로 만났던 환자와 내담자, 그리고 일반인분들의 작품입니다. 일반인들의 작품으로는 한양사이버대에서 제 수업을 수강한 학우들의 작품도 일부 포함되었습니다. 이 자리를 빌려 다시 한 번 그분들 모두에게 감사함을 전합니다.

끝으로 이 책이 출판되기까지 적극적으로 지원해 주신 학지사 김진환 사장님과 섬세하게 편집을 맡아 주신 백소현 과장님께 지면을 빌려 진심으로 감사의 말씀을 전합니다.

2015년
저자

C O N T E N T S

목 차

Part 1
그림검사의 개관

1부에서는 그림검사에 대해 전체적으로 소개하고자 한다. 1장은 그림검사란 무엇 인지 정의와 역사를 살펴본 뒤 다양한 그림검사의 종류를 개관하고, 그림검사를 하는 데 사용되는 기본적인 원칙을 제시한다. 2장에서는 그림을 평가할 때 고려하 는 요소들을 종류별로 살펴보려 한다.

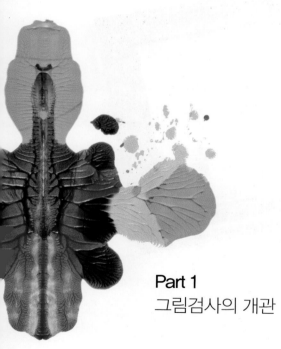

Part 1
그림검사의 개관

CHAPTER 1

미술심리진단이란 무엇인가

현대 사회는 바쁘고 복잡하며 스트레스가 많다. 불안과 우울이 증가하고 소외와 고독이 커졌다. 이러한 시대를 살고 있는 개인은 자신이 하고 싶은 이야기를 마음껏 할 수 있는 기회가 충분치 않거나, 대화를 나누는 과정에서 또 다른 오해가 생기기도 하고, 서로의 진심을 나누기가 쉽지 않다는 경험을 하곤 한다. 타인에게 자신의 모습을 감추거나, 힘들어도 괜찮다고 말하는 일이 반복되다 보면, 자신이 어떠한 상태인지 스스로 인식하기가 어려워지기도 한다.

마음의 상태가 좋은 것이든 나쁜 것이든, 마음은 그 자체로 의미를 가지고 있으며 우리 자신을 비춰 볼 수 있는 거울로서의 메시지를 담고 있다. 만약 마음의 메시지를 이해하지 못하거나 받아들이지 못하는 상태가 지속된다면, 언젠가는 문제가 생기기 마련이다. 그러므로 마음의 상태를 있는 그대로 바라보고 종합적으로 이해하는 것이 필요하다.

마음을 표현하고 이해하는 방법으로 미술과 음악, 춤, 연극과 같은 창조적인 예술 매체를 사용한 것은 오랜 역사를 거슬러 올라간다. 이러한 예술 매체는 언어적인 의사소통을 넘어서서 보다 원시적이거나 감각적인 것, 감정과 직관이 담긴 메시지를 전달한다. 그 중에서 미술은 시각적인 이미지를 사용하는 의사소통 수단이다. 미술은 생각과 사고,

의도를 드러낼 뿐 아니라, 감정과 느낌, 표현하고자 의도한 것과 의도하지 않은 것, 그리고 무의식적인 것을 표현한다. 이러한 장점에 힘입어, 그림을 통해 심리상태를 이해하려는 노력이 19세기 후반에 본격적으로 시작되었다. 이후 인물화를 비롯하여 여러 가지 주제와 방법을 사용한 그림검사들이 개발되었고, 오늘날에는 병원이나 상담센터, 학교, 복지관, 다양한 교육 및 상담 프로그램 등에서 여러 가지 그림검사가 사용되고 있다.

1. 미술심리진단의 정의

미술심리진단은 그림을 비롯한 미술작업을 통해 검사 받는 사람의 심리상태를 평가하는 것이다. 경우에 따라서 진단이라는 용어 대신 미술심리평가, 미술치료평가 등의 명칭을 사용한다.

'진단(diagnosis)'이라는 용어는 환자의 병 상태를 판단하는 것을 지칭한다. 이러한 판단에는 병명을 판정하는 것에서부터 병형을 분류하며 병인을 밝히거나 경중을 평가하고 향후 예후를 예측하는 것까지 모두 포함한다. 이 과정에는 의사뿐 아니라 임상심리사, 특수교사, 사회복지사, 미술치료사, 놀이치료사 등 각 분야의 전문가들이 참여하며 의견을 수렴한다. 최종적으로 병명을 판정하는 일은 의사만의 고유 영역이다.

우리나라에서도 병의 진단은 의사 고유의 영역이지만 '진단'이라는 용어 자체는 여러 장면에서 광범위하게 사용한다. '문제점을 진단한다.'라든가 '시설물 안전 진단' 혹은 '심리진단' '그림진단' 등 다양한 영역에서 진단이라는 용어가 사용되므로 이 책에서도 미술심리진단이라는 용어를 사용하였다. 그에 비해 미국의 경우 'diagnosis(진단)'는 의사만 할 수 있는 것으로서, 그림을 통한 심리상태의 평가를 지칭할 때는 'assessment(평가)'라는 단어를 사용한다. 그래서 미술을 통한 심리상태 평가방법은 'art therapy assessment'

라고 부르며 이를 직역하면 '미술치료평가(법)'가 된다.

　미국 미술치료협회[1]에서 제시하고 있는 미술치료평가의 정의는 다음과 같다.

> "전문적인 미술치료사가 미술과제와 언어적(말하기 혹은 쓰기) 과제
> 를 결합해서 내담자의 기능수준을 평가하고 치료 목표를 정하며
> 내담자의 강점을 평가하고 현재 문제에 대해 더 깊이 이해하고, 내
> 담자의 변화과정을 평가하는 것이다."

　이러한 정의에서 중요한 부분은 피검자를 평가하고 이해함에 있어서 다섯 가지 영역을 제시한다는 점이다. 즉, 기능수준이나 문제에 대한 이해뿐 아니라 강점과 치료 목표, 변화과정에 대한 평가까지 주된 영역으로 포함한다. 다시 말하면, 그림 한 장으로 그것을 그린 사람의 문제만을 찾아내려고 하는 것이 아니라, 종합적으로 한 사람에 대해 이해하려고 시도한다는 것이다. 어떤 문제에 봉착한 사람이 심리상담 서비스를 찾은 경우에, 문제를 정확하게 평가하고 그것을 해결하기 위해 사용할 수 있는 강점을 찾고, 치료과정에서 어떤 목표를 설정해야 하는지, 그리고 변화과정을 평가하는 것까지 포괄해야 진정한 의미에서 전문적인 미술심리진단(혹은 미술심리평가, 미술치료평가)이라고 할 수 있다.

---

1) http://www.arttherapy.org/aata-resources.html

2. 그림검사의 역사

그림검사의 역사를 거슬러 올라가면, 동굴의 벽화로 의사소통을 하던 시기라든가 언어를 사용하기 이전 시기까지 살펴볼 수 있겠지만, 현대화된 그림검사의 역사는 19세기 후반부터 시작했다고 할 수 있다.

1) 19세기 후반

19세기 후반에는 아동의 미술작품을 통해 아동의 심리적 상태를 이해하고자 하는 시도가 곳곳에서 시작되었다. Corrado Ricci는 이탈리아 사람으로 미술관 관장이면서 미술역사가이자 고고학자였다. 그는 심리학에도 관심을 가지고 아동의 미술에 대해 저술했고, 미술을 통해서 심리적 상태를 추정하고 종합적으로 평가할 수 있다고 언급했다.

한편, Leonardo da Vinci는 미술작업이란 기본적으로 그것을 그린 사람의 '투사'라는 것을 지적했다. 그림을 그리는 사람은 자신도 모르게 자신을 닮았거나 자신의 신체 경험에 기반해서 그림을 그리게 되므로 이러한 점에 대해 깨어 있어야 한다고 주장했다.

2) 20세기 초반

20세기 초반에는 정신과 환자들의 미술 표현에 대해 의사와 예술가 및 관련 분야 전문가의 관심이 집중되었다. 정신적 문제를 가진 환자들은 미술을 통해 무엇인가 표현을 하고 있으며, 이러한 그림이 비언어적인 방식의 의사소통이 될 가능성에 주목하기 시작했다.

학계에서는 사례보고를 통하여 임상장면에서 그림이 어떤 의미를 지니는지, 어떤 특징을 가지고 있는지에 대해 논의했다. Nolan Lewis는 그림이야말로 성격 역동을 규명할 수 있는 '투사의 대로(大路)'라고 했다. 그는 환자와 함께 환자가 그린 그림에 대해 논의함으로써 심리치료를 할 수 있다고 했고, 이러한 주장은 이후 미술치료의 초석이 되었다.

Piotrowski는 그림에 의식적, 무의식적 성격 특성이 모두 투사된다고 보았다. Hans Prinzhorn은 『정신질환자의 예술성(Artistry of the Mentally ill)』이란 책을 통해 정신병 환자들의 그림에 나타난 특징을 집대성하였다. Prinzhorn은 유럽 곳곳에서 정신과 환자들이 그린 수천 장의 그림을 수집하였고 이 그림을 면밀히 관찰하고 특징을 분류하였다. 이러한 흐름은 어떤 체계적인 분석이나 평가라고 할 수는 없지만, 평가자가 세심하게 관찰하고 기술한 것이라는 점에서 의의를 가진다.

정신과 환자들이 자발적으로 그린 작품을 관찰하고 보고한 것으로는 Lombroso, Tardieu, Simon 등의 논문이 있다. 20세기 초반에 정신과 환자들의 그림에 대한 관심을 집중시킨 인물로는 Jean DeBuffett가 있다. Jean DeBuffett는 정신적 문제를 가진 환자들의 미술작품을 모아 컬렉션을 만들었고, 이들의 미술작품이 가진 어떤 아름다움에 대해서 집중적으로 조명했다. 이 컬렉션은 스위스 로잔에 위치한 아르부르(Art Brut) 미술관에 전시되어 있다.

3) 20세기 중반

20세기 중반은 투사적인 검사가 많이 번영한 시기다. 그림검사가 본격적으로 만들어진 시기로서 최초의 그림검사는 Florence Goodenough의 인물화 검사(Draw-a-Man test)다. Goodenough의 인물화는 성격 측면보다는 지능을 평가하기 위한 검사로서 개발되었는데, 이후에 성격적 측면과의 관계에 대해서도 주목해서 살피게 되었다. Karen Machover도 Draw-a-Person test라는 인물화 검사를 발전시켰다. Machover는 그림에 나타난 특징이 무의식적인 자기표현이라고 주장하면서, 대화를 할 때는 나타나지 않았던 부분들—이를테면, 개인의 충동, 불안, 갈등, 보상적 특징들—이 그림에는 오히려 분명하게 나타난다고 했다. 이후 Koppitz는 인물화를 평가하는 '정서지표'를 만들어서 채점 체계에 대한 연구를 시작하였다. 또 Buck과 Hammer는 인물화의 평가방식과 주제를 더 세분화해서 발전시켰다. 아동의 그림을 주로 관찰하고 연구했던 Kellogg와 DiLeo의 공헌도 1970년대 전후로 이루어졌다.

　이론적인 측면에서 가장 주목할 만한 업적으로는 Jung의 심층심리학과 예술에 대한 관심을 들 수 있다. Jung은 그 자신이 아마추어 화가이기도 했고, 그림이 인간 정신의 깊숙한 영혼과 조우할 수 있는 길이라고 믿었다. Jung의 사후에 출간된『레드북(*The Red Book*)』을 보면, Jung이 상당한 정도로 미술작업에 몰두했었던 것을 볼 수 있다. 책에 실린 그림들은 삽화라고 부르기에는 글보다 오히려 비중이 더 큰 편이며, 여러 가지 환상과 꿈을 담은 이미지를 보여 주고 있다(책의 크기도 일반적으로 보는 단행본이나 대학교재보다 훨씬 더 크다. 이미지를 중요시하는 책은 이렇듯 사이즈에서부터 남다르다. 아래 사진 참조). Jung은 미술작업을 하는 예술가는 어떤 의미에서 개별적인 의지나 감정을 표현하는 사람이라기보다는 인류의 집단무의식을 전달하는 전달자라고 보았다.『레드북』도 Jung이 이미지로 경험했던 중요 메시지를 담고 있는 책이라 할 수 있다.

20세기 중반은 미술치료 분야가 시작된 시기이기도 하다. 대표적인 미술치료사로 Naumburg와 Kramer는 각각 성인과 아동을 대상으로 미술을 통해 내면을 표현하는 것에 주목했다. Naumburg는 내면의 이미지를 그림을 통해 투사하게 된다고 보았고, 그림은 치료사와 내담자 간의 상징적 대화라고 말했다.

이 시기를 전후해서 다양한 투사적 그림검사가 만들어지면서, 투사검사에 대한 비판도 생겨났다. 즉, 투사검사의 신뢰도와 타당도에 대한 의문이 제기되었다(신뢰도는 검사 결과가 일관성을 지니고 있어서 신뢰할 만한 것이냐 하는 것이다. 타당도는 재어야 될 것을 제대로 재고 있느냐 하는 것이다). 대표적인 비판으로는 Swensen(1957, 1968)[2]을 들 수 있다. 그 외에도 Chapman과 Chapman(1967, 1969)[3], Klopfer와 Taulbee(1976)[4] 등을 들 수 있다. 이들의 주장을 요약하면, 그림검사 결과와 성격 특질 간의 관계는 일관되게 나타나지 않았으므로, 성격 특질을 평가하기에 그림검사는 부적절하다는 것이다.

현재에도 그림검사의 신뢰도와 타당도에 대한 의문은 논쟁의 여지가 있지만, 그림이 의식적, 무의식적 심리 속성을 드러낸다는 데에는 대체로 이견이 없다. 그림검사를 통해 나온 자료를 특정한 의미로 해석하는 것과는 별개로, 한 사람의 내면을 깊이 있게 접근하고 이해함에 있어서 그림이 가지는 지위는 대체 불가능한 측면이 있다.

아동은 언어를 정교하게 사용하지 못하는 데 비해 그림으로 심리 내면을 잘 표현한

---

2) Swensen, C. (1957). Empirical evaluations of human figure drawings. *Psychological Bulletin, 54,* 431−466.
Swensen, C. (1968). Empirical evaluations of human figure drawings. *Psychological Bulletin, 70,* 20−44.
3) Chapman, L., & Chapman, J. (1967). Illusory correlation as an obstacle to the use of valid psychodiagnostic signs. *Journal of Abnormal Psychology, 74,* 271−280.
Chapman, L., & Chapman, J. (1969). Genesis of popular but erroneous psychodiagnostic observations. *Journal of Abnormal Psychology, 72,* 193−204.
4) Klopfer, W., & Taulbee, E. (1976). Projective tests. In: M. Rosenzweig & L. Porter (Eds.), *Annual Review of Psychology, 27.* Palo Alto, CA: Annual Reviews Inc.

다. 그래서 미국 법원의 경우, 성폭행 피해 아동의 진술로 그림을 인정하는 등, 그림검사만의 가치에 대해서 인정하는 추세다. 그리고 청소년은 대화를 거부하거나 저항적인 면이 강한 데 비해 그림에 몰두하기만 하면 더할 나위 없이 분명한 메시지를 담은 그림을 그려 낸다. 성인도 마찬가지다. 그림을 그리게 되었을 때 가장 긴장하고 불안해하는 연령층이 성인이지만, 자신의 의도와 의식적인 면뿐 아니라 무의식적인 면과 의도치 않았던 것까지 가감 없이 그림을 통해 표현하곤 한다. 이와 같은 그림의 비언어적, 시각적 메시지 덕분에 그림검사에 대한 논란 이후에도 여전히 그림검사는 더 다양하게 개발되고 광범위하게 사용되고 있다.

4) 20세기 후반에서 현재까지

20세기 후반에 미술치료 분야가 더욱 활성화되면서 그림검사는 보다 전문화, 세분화되었다. 그리고 그림검사가 다른 심리평가의 보조적인 검사도구로서가 아니라 주된 평가도구로 사용되기 시작했다. 이를 위해 보다 다양한 재료와 표준화된 절차가 갖추어졌으며, 그림검사의 주제도 평가대상에 맞게끔 다양해졌고, 체계적인 평가방식이 사용되었다.

현재까지 개발되어 사용하는 다양한 그림검사들은 다음 〈표 1-1〉과 같다. 제시된 검사들 중 인물화와 HTP 등의 기존 투사검사를 제외하면 대부분 20세기 후반부터 개발된 검사들이다.

표 1-1. 유형별 미술심리검사와 개발자

구분	국문 명칭	영문 명칭 및 약어	개발자
1. 심리검사 분야에서 사용되던 기존의 투사검사	인물화 검사	Draw a Man test (DAM) Draw a Person test (DAP) Human Figure Drawing (HFD)	Goodenough Machover Koppitz
	집–나무–사람 검사	House–Tree–Person test (HTP)	Buck
	동적 집–나무–사람 검사	Kinetic House–Tree–Person test (KHTP)	Burns
	가족화	Draw-a-Family (DAF)	작자 미상*
	동적 가족화	Kinetic Family Drawing (KFD)	Burns & Kaufman
	동적 학교 생활화	Kinetic School Drawing (KSD)	Prout & Phillips
	동적 그림 체계	Kinetic Drawing System	Knoff & Prout
2. 주제에 따른 그림검사	나무 검사	Tree Test	Koch
	동그라미 중심 부모–자녀 그림	Parents–Self–Centered Drawing (PSCD)	Burns
	새 둥지화	Bird's Nest Drawing (BND)	Kaiser
	사과나무에서 사과 따는 사람 그리기 검사	Person Picking an Apple from a Tree (PPAT)	Gantt & Tabone
	미술치료 꿈 평가법	Art Therapy Dream Assessmen (ATDA)	Horovitz
	믿음미술치료평가법	Belief Art Therapy Assessment (BATA)	Horovitz
	좋아하는 날씨 그림	A Favorite Kind of Day (AFKD)	Manning
	빗속의 사람 그림검사	Person–in–the–Rain 혹은 Draw–a–Person–in–the–Rain (PITR 혹은 DAPR)	Abrams, Amchin**
	다리 그림검사	Bridge Drawing	Hays & Lyons
	길 그림검사	Road Drawing	Hanes
3. 여러 장으로 구성된 그림검사	진단적 그림 시리즈	Diagnostic Drawing Series (DDS)	Cohen
	울만성격평가절차	Ulman Personality Assessment Procedure (UPAP)	Ulman
	크레이머 미술치료평가법	Kramer Art Therapy Evaluation	Kramer
	가족미술평가법	Family Art Evaluation (FAE)	Kwiatkowska
	레빅 정서 및 인지 미술치료평가법	Levick Emotional and Cognitive Art Therapy Assessment (LECATA)	Levick

	동그라미 중심 가족화	Family-Centered Circle Drawings (FCCD)	Burns
	잡지사진 콜라주	Magazine Photo Collage (MPC)	Landgarten
4. 자극을 제시하고 활용해서 그리는 그림검사	얼굴자극평가법	Face Stimulus Assessment (FSA)	Betts
	이야기 그림검사	Draw-a-Story (DAS)	Silver
	실버그림검사	Silver Drawing Test (SDT)	Silver
	마리 카드 검사	Mandala Assessment Research Instrument(MARI) Card Test	Kellogg
	그려진 감정 도구	Pictured Feelings Instrument (PFI)	Stone

* 여러 명이 비슷한 시기에 각자 사용한 그림검사의 주제이며, 임상가들 사이에서 구전되어 내려온 주제다.
** Abrams와 Amchin이 함께 '빗속의 사람 그림검사'를 만든 것은 아니다. 어떤 사람들은 Abrams가 만들었다고 하고 또 다른 사람은 Amchin이 만들었다고 하기 때문에 두 저자의 이름을 함께 명시한다.

　　20세기 후반의 또 다른 특징으로는 그림을 평가하는 채점 체계가 개발된 것이다. 물론 이전에도 인물화 검사의 정서지표 등이 있었지만, 그림에서 심리적 상태를 이해하는 채점 체계는 20세기 후반에 본격적으로 개발되었다. 진단적 그림시리즈를 만든 Cohen은 그림분석형식(Drawing Analysis Form)이라는 평가 체계를 만들었다(상세한 내용은 이 책의 11장에 소개되었다). 새 둥지화를 개발한 Kaiser는 이후 새 둥지화 체크리스트를 만들었고, Silver가 만든 그림검사에도 그에 해당하는 채점지표가 개발되었다. 사과나무에서 사과 따는 사람 그리기 검사법을 만든 Gantt는 Tabone과 함께 형식요소 미술치료척도(Formal Element Art Therapy Scale: FEATS)를 만들었다. FEATS는 다른 그림검사에서도 적용할 수 있는 측면이 있어서 이후 Deaver(2009)[5]는 인물화 검사에 '다섯 개의 수정된 FEATS'

---

5) Deaver, S. P. (2009). A normative study of children's drawings: Preliminary research findings. *Art Therapy: Journal of the American Art Therapy Association, 26*(1), 4-11.

를 적용하였고, Betts(20013)[6]도 FSA 검사에 FEATS 일부를 사용하였다.

3. 그림평가의 기본 원칙

1) 일대일 해석 방식을 지양하라

그림을 평가할 때 꼭 기억해야 하는 원칙이 있다. 그것은 그림에 나타난 한 가지 특징
에 대해서 '이것은 이러한 뜻이다.'라고 일대일 방식으로 해석하면 안 된다는 것이다. 예
를 들어, '이 그림은 검정을 많이 썼으니까 우울하다는 뜻이다.'라고 한다면 잘못된 해석
일 수 있다. 적어도 몇 가지 이유가 더 있어야 한다. 크기가 작다든가, 공간의 사용도 적
고, 주요 대상이 구석에 위치해 있고, 통합성이 떨어지고, 주제가 부정적인 내용을 포함
하고 있다는 등, 여러 가지 특징들이 공통적으로 우울을 의미하는 것이라야 한다.

검정색을 많이 사용했다는 하나의 특징만으로는 다른 해석도 충분히 가능하다. 우울
한 것일 수도 있지만, 그 사람은 색깔보다 형태를 분명하게 보이게 하는 것을 중요시하
는 사람일 수도 있고, 혹은 검정이 그 사람의 선호색일 수도 있다(젊은 사람들 중에는 검정
을 선호하는 사람들이 많다). 아니면, 자신감이 넘치기 때문에 검정색으로 획획 갈겨서 그
린 것일 수도 있다. 다시 말해서, 그림에 나타난 하나의 특징은 하나의 해석만 가능한 게
아니다. 여러 가지 해석이 가능하므로, 최종적인 해석을 할 때에는 한 개의 특징만으로
특정 결론을 내릴 수 없다.

---

6) Betts, D. (2013). *The Face Stimulus Assessment(FSA) rating manual.*
   http://www.art−therapy.us/FSA.htm

2) 여러 가지 결과들을 묶어서 종합적인 해석을 도출하라

그림검사를 통해 최종적으로 해석을 내리는 것은 비슷한 해석을 지지하는 여러 가지 요인들을 바탕으로 가능하다. 예를 들어, 한 사람이 그린 그림 속에는 여러 가지 요인들이 '우울하고 위축되었을 가능성'을 보여 주고 있다. 더불어 이 사람의 행동적인 특징도 동일한 가능성을 시사한다. 그러면, 그림의 종합적인 해석에서 가장 중요한 키는 '우울하고 위축되었음'이 된다. 그림 속 요인과 행동 요인을 관찰하면 여러 개의 특징들과 여러 개의 해석들이 공존할 것이다. 그러한 중에 비슷한 것으로 묶을 수 있는 특징과 해석을 정리하면서, 마치 실로 구슬을 꿰듯 종합적으로 판단할 수 있다.

3) 그림은 심리특성을 반영하지만, 때로 일시적 상태를 반영할 때도 있다는 것을 기억하라

그림에 표현된 것은 그 사람의 마음 깊은 곳에 자리한 어떤 것일 수 있다. 그런데 때로는 그림을 그릴 당시에 느꼈던 일시적인 심리상태일 수도 있다. 무슨 말이냐 하면, 그림에는 성격이라든가 최근의 심리상태가 반영되기도 하지만, 좀 더 일시적인 상태라 할 수 있는 검사 상황이나 분위기가 영향을 미치기도 한다. 만약 그림을 그릴 때 심리적으로 불편한 상황에서 그리거나 내키지 않는 상태에서 억지로 그리게 된다면, 그림은 실제 그 사람의 심리상태보다 더 형편없는 모습으로 나타난다.

그림검사를 배우는 과정에서 흔히 가까운 가족들에게 그림검사를 실시해 보는데, 대개 결과가 신통치 않거나 혹은 심리적인 문제가 많은 것이 아닌가 하는 의심스러운 결과를 얻게 될 것이다. 왜냐하면 가까운 가족에게 실시했을 경우 검사를 받는 가족 입장에서 그림검사에 대한 몰입도가 높지 않을 수 있고, 그래서 그림에는 긴장했거나 몰입하기 어려웠던 '일시적 상태'만 보이기 때문이다. 이러한 그림 표현을 성격이나 심리 특성으로 해석하면 자칫 문제가 많은 것처럼 오인하기 쉽다. 그러므로 그림검사는 검사자와 피검자가 어느 정도 심리적 거리를 유지하는 관계에서 시행하는 것이 좋고, 그렇게 할 때 불필요한 긴장감을 배제할 수 있을 것이다.

4) 해석하는 사람의 투사를 조심하라

그림에는 그린 사람의 마음도 표현되지만, 그것을 감상하는 사람의 마음도 묻어나기 마련이다. 만약 외롭게 느끼고 있는 사람이 그림을 그렸다고 하자. 그림에 그 사람의 외로움이 표현되었을 것이다. 그런데 마음이 복잡한 사람이 그 그림을 본다면 어떻게 될까? 아마도 외로움이 아닌 다른 정서를 느낄 것이다. 즉, 사람들은 누구나 자신의 심리상태에 영향을 받아 사물을 보게 된다. 해석하는 사람의 마음이 투사되는 것은 특히 이미지를 바라보고 느낄 때 많이 작용한다. 그림의 형식적 요소에 대해서는 어느 정도 객관적인 평가가 가능하지만, 종합적인 이미지를 평가할 때는 해석하는 사람의 투사가 개입할 수 있다.

그러므로 가장 중요한 것은, 그림을 평가하는 사람의 마음 상태가 대체로 건강하고 안정적이라야 한다는 것이다. 우리가 상대의 그림을 잘 이해하고 싶다면, 우리 자신의 마음이 마치 고요한 호수처럼 잔잔해야 한다. 잔잔한 물 위에 비친 사물의 형상은 크게 일그러지지 않기 때문이다.

5) 객관적 태도만이 능사는 아니다

상대방을 정말로 깊이 이해하려 할 때, 그저 멀찍이 떨어져서 객관적인 자세만 가지고 관찰한다고 해서 이해할 수 있는 것은 아니다. 오히려 그보다는 주관적인 체험이 중요할 때가 있다. 상대방의 마음에 가까이 다가서면, 그 사람의 마음의 파동에 영향을 받는 것이 당연하다. 예를 들어, 심하게 불안한 사람이 와서 불안한 에너지를 풍기고 있다면, 그 사람 옆에서 내 마음도 안절부절못하는 느낌이 들게 된다. 혹은 우울한 사람에게 그림검사를 하면서 한 시간 동안 함께 있으면, 검사하는 사람도 마음이 침체되는 느낌을 받을 수 있다.

그러므로 객관적인 태도를 유지하려고 애를 쓰는 것은 중요하지만, 실제 상대와의 대면을 통해 미술심리검사를 실시하면 여러 가지 감정적 변화와 주관적 체험을 할 수밖에 없다. 이러한 체험은 어떤 면에서는 피검자의 마음의 한 면을 검사자가 함께 느끼고 (혹은 피검자가 무감각해져서 못 느끼는 느낌까지 대신 느끼고) 있는 것이다.

6) 의외의 맹점이 있을 수 있다

피검자가 그림을 그린 뒤 자기 그림에 대해서 이야기할 때, 우리가 잘 모르는 분야나 내용을 이야기할 때가 있다. 그런 때는 피검자를 오해하거나 평가절하하기 쉬우므로, 그렇게 되지 않도록 이런 점을 마음에서 항상 경계하고 있어야 한다.

필자의 경우를 잠시 나누려 한다. 한번은 정신병원에 입원한 환자에게 그림검사를 실시했다. 그림으로 감정을 표현해 보라고 했을 때, 중년의 남자 환자는 바닷가 풍경을 그린 뒤 어릴 적 자기 집 앞 바닷가에서 놀았던 이야기를 했다. 그 환자는 자기 고향이 충청도라고 하면서 바다가 얼마나 아름다운가에 대해 두서없이 이런저런 이야기를 늘어 놓았다. 그 말을 들을 때 필자의 마음에서 '충청도는 내륙인데?'라고 생각되었고, 태안이나 보령쪽 바다를 생각지 못했던 필자는 그 환자의 어수선하게 말하는 투나 초점 없어 보이는 눈동자와 더불어 말의 내용도 정신증적인 증세를 나타내는 것이라고 여겼다. 이 얼마나 어이없는 일인가 말이다! 굳이 변명을 하자면, 환자가 조리 있게 혹은 침착한 말투로 이야기를 했더라면 '충청도 바다'에 대해서 물어봤을 것 같다. 어쨌든 필자의 무지에 이런저런 선입견과 인상이 복합되어 자칫 잘못 판단할 수도 있었던 사례였다. 이 환자의 그림검사에 대해 최종 보고서를 쓰기 위해 다른 동료와 이야기를 나누던 중 필자는 충청도 바다에 대해 알게 되었고("맞네! 왜 생각이 안 났지?" 하면서 말이다), 자칫 더 나쁜 평가를 내릴 뻔한 실수를 모면할 수 있었다.

4. 그림검사에서 추가적으로 고려할 점

그림검사를 하다 보면 경험적으로 알게 되는 여러 가지 사실들이 있다. 그중 몇 가지를 그림과 더불어 살펴보고자 한다.

1) 사람들은 눈에 보이는 대로 그리는 것이 아니라 자신의 마음에서 어떤 부분들을 변형해서 그린다

그림에 나타나는 변형은 의도한 것일 때도 있지만, 의도하지 않았거나 의식하지 못한 것일 때도 많다. 예를 들어 보자. 우리나라 미대 입시에서 아그립파라든가 줄리앙, 비너스와 같은 석고상을 데생한다. 여러 번 그리다 보면, 실제와 꽤 닮은꼴로 그리게 된다. 그런데 가만히 지켜보면 은근히 각자 자신의 얼굴을 닮은꼴로 그리는 것을 볼 수 있다. 여러 명이 동시에 비너스 상을 그린 뒤 그림만 쭉 늘어놓고 보면, 말하지 않아도 누가 어느 그림을 그렸는지 알 수 있다. 눈이 큰 학생은 비너스의 눈도 크게 그리고, 동글동글한 인상을 가진 학생은 비너스도 동글동글하게, 거친 인상의 남학생은 비너스도 어딘가 거칠어 보이게 그리고, 얼굴이 홀쭉하면 홀쭉한 비너스, 통통하면 살집 있는 비너스를 그린다. 이 학생들은 모두 '가장 비너스다운 비너스'를 그리려고 의식적, 의도적으로 노력했을 것이다. 그 누가 '나 닮은 비너스'를 그릴 거라고 생각했겠는가. 하지만 그림을 완성하고 나서 보면 각자의 얼굴을 많이 닮았다. 때로는 그러한 변형이 우리의 의지에 반하여 더 강력하게 나올 때가 있다.

그림 1-1

　[그림 1-1]을 보자. 중앙의 그림 이미지는 필자가 미술치료 시간에 제시한 여러 개의 그림 이미지 중 하나였다. 참석한 내담자들에게 자신이 원하는 그림을 하나 선택해서 그림 이미지를 바꾸거나 혹은 똑같이 그리거나, 그 그림에 이어서 계속 그려도 된다고 말해 주었다. 우울증으로 입원한 50대 중반의 여자 환자가 선택한 그림은 [그림 1-1]이었고, 원래 이미지의 양쪽으로 그림을 더 그린 것을 볼 수 있다.

　눈사람과 여자의 모습은 원래 그림과 거의 유사하지만 몇 가지 두드러진 차이를 보여준다. 우선 눈사람의 표정이 웃고 있지 않다. 제시된 그림이 약간 코믹한 느낌이라면, 새로 그린 그림의 눈사람은 큰 눈에 일자 형태의 입술을 보여 준다. 그리고 눈사람 앞의 인물은 옆모습이 아닌 뒷모습을 보여 주며, 원래 그림보다 몸이 수직으로 서서 덜 기울어져 있다. 전체적인 느낌에서 피검자가 새로 그린 그림은 동화적이라기보다는 현실적인 느낌이 들고 왠지 모르게 가라앉은 느낌도 든다. 이러한 예를 보더라도, 그림이란 그저 눈에 보이는 대로 그리는 것이 아니라 (의식하고 의도한 것이든 혹은 의식하지 못하고 의도하지 않은 것이든) 그리는 사람의 마음이 담겨서 표현되는 것이다.

2) 그림을 잘 그리고 못 그리고는 중요하지 않다. 묘사 능력이 좋아서 그림을 잘 그리더라도 심리적인 상태는 그림에서 반영된다. 마찬가지로, 그림을 못 그린다고 해서 심리적으로 더 문제가 많아 보이는 것은 아니다

그림 1-2

[그림 1-2]는 빗속에 있는 사람을 그려 보자는 제안에 환자가 그린 그림이다. 영어를 많이 사용했지만 우리나라 사람이며, 피해망상이 두드러진 정신분열증 때문에 입원한 20대 중반의 여자 환자였다. 다채로운 색상이 사용된 점이라든가 전체적으로 형태가 크고 자신 있게 표현된 점, 다양한 선과 형태를 사용한 점 등으로 짐작컨대, 이 그림을 그린 피검자는 미술에 어느 정도 익숙하거나 재능이 있는 것으로 보인다. 하지만 부분과 부분 간의 관련성이 낮고 전체적인 통합성이 낮을 뿐 아니라 형태를 알아보기 어려운 대상—우산 아래 왼쪽에 위치한 대상은 사람 같기는 하지만 분명하게 알기는 어렵다—도 있다. 따라서 단순히 그림을 잘 그린다고 해서 심리적으로 아무런 문제가 없는 그림을 그리는 것은 아니라는 것을 볼 수 있다.

3) 그림에는 늘 환상 요소가 들어간다. 그러므로 그림을 이해할 때 부정적인 면만을 부각하지 않도록 주의해야 한다. 환상 요소가 두드러진 그림은 자칫하면 부정적으로 치우친 해석을 하기 쉽다

그림 1-3

[그림 1-3]은 직장생활을 하는 평범한 30대 초반의 남성이 그린 것이다. 공룡의 꼬리가 잘려서 아파하는 모습이라고 한다. 그림에 나타난 공격적, 파괴적 속성 때문에 이 사람이 그러한 성향이 강하다거나 혹은 그런 행동을 할 위험성이 있다고 할 수 있을까? 혹은 피해의식이 심한 사람이라 볼 수 있을까? 대답은 '그렇지 않다'이다. 그림에는 거의 항상 공상이나 환상이 개입하는 것이므로 자신이 그린 그림 내용대로 행동하게 될 것도 아니며, 표현된 내용이 부정적이거나 파괴적이라 하더라도 그것이 그림 그린 사람의 상태라고 직접적으로 해석할 수는 없다(단, 아동의 경우라면 성인에 비해 그림의 표현과 심리적 상태 간의 관계가 훨씬 더 가깝다). 그림의 표현이 가지는 의미는 그 사람의 상황, 처지, 당면한 문제를 종합적으로 고려해서 판단해야 한다.

4) 그림을 이해할 때 가장 중요한 것은 피검자의 말에 귀 기울이는 것이다. 검사자의 일방적인 해석이나 평가는 또 다른 오해가 될 수도 있다. 피검자에게 경청하는 것, 그것이 가장 중요한 미술치료평가의 기술이다

그림 1-4

구체적인 대상을 그리지 않은 그림일수록 피검자의 말을 더 기다리게 된다. [그림 1-4] 역시 그러한데, 구상화라고 보기에는 추상적 이미지가 더 강해 보인다. 피검자는 그냥 손 가는 대로 그려 보고 싶었노라고 했다. 완성한 작품에 대해 어떻게 보이는지, 무엇이 느껴지는지 등을 이야기 나누면서 피눈물이 흐르는 것에 대해서 이야기를 나누게 되었다. 만약 그러한 이야기를 나누지 않고 검사자 홀로 해석을 하게 된다면, 해석의 내용이나 깊이 면에서 방향을 잡기가 어려웠을 것이다.

5) 그림에서 강조되는 것은 의식적, 무의식적 이유가 있다. 강조된 이유와 마음을 알아주는 것이 필요하다

그림 1-5

[그림 1-5]는 남자 아동이 그린 이야기 그림검사 작품이다. 성(城)과 칼을 선택해서 그린 이 그림을 보면, 처음에 칼을 그렸다가 지운 뒤 다시 더 크게 그린 것을 볼 수 있다. 그리고 칼이 정확하게 성을 조준하고 있다는 것도 볼 수 있다. 성보다도 훨씬 크게 그려진 칼은 그렇게 강조해서 그릴 수밖에 없는 이유를 가지고 있을 것이다. 무엇에 대한 분노인지, 왜 그렇게 화가 났는지, 그 마음을 이해하는 것에서부터 깊이 있는 평가가 시작될 것이다.

6) 주어진 주제가 다르다 하더라도 마음에서 표현하고자 하는 욕구와 내용이 같으면, 결국은 같은 그림이 나타난다

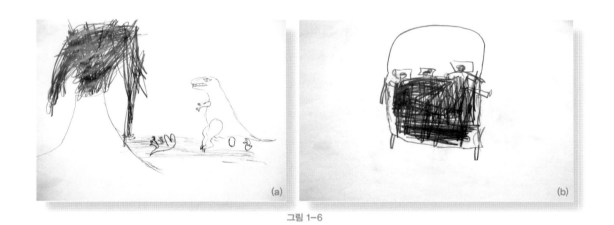

그림 1-6

같은 말을 반복해서 하는 사람처럼, 그림도 결국 같은 내용이 반복되어 나올 때가 있다. 어떤 주제로 그림을 그리든, 어떤 소재로 그림을 그리든, 자기 안에 하고 싶은 이야기가 있다면 그 이야기가 나오게 될 것이다.

[그림 1-6]의 (a)와 (b)는 가족 갈등이 심한 집의 남자 아동이 그린 그림이다. (a)는 이야기 그림검사 작품이고 (b)는 동적 가족화이다. 이야기 그림검사의 내용은 화산이 폭발해서 공룡가족이 해를 입게 된다는 것인데, 벌써 아기 공룡 한 마리는 용암에 불타 죽었

고, 어미가 낳고 있는 공룡알도 깨어졌다. 화산에서 분출되는 용암은 매우 높은 필압으로 진하고 거친 선으로 묘사되었는데, 정말이지 저 용암에 닿는다면 그 무엇이라도 살아남기 어려울 것 같은 인상이다. 한편, 동적 가족화는 가족이 함께 침대에 누워 잠을 자고 있는 모습을 그렸다. 그런데 이불이 거친 선으로 까맣게 칠해져서 뭔가 부드러운 느낌보다는 덮으면 마치 찔릴 것 같은 인상이다.

서로 다른 주제로 그림을 그린 것이지만, 가족 내의 갈등, 폭발할 것 같은 느낌, 분출되려고 하는 분노 등을 두 그림에서 동일하게 느낄 수 있다.

7) 사람들은 누구나 자신을 표현하는 방식을 가지고 있다. 그러므로 피검자의 언어와 방식을 이해하기까지 집중하고 기다리면서 표현할 수 있도록 피검자를 북돋아 주어야 한다

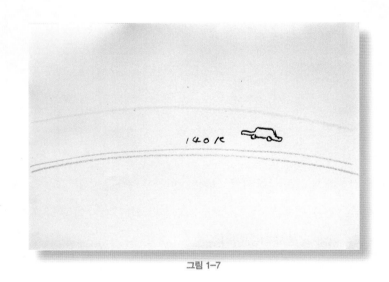

그림 1-7

[그림 1-7]은 불안의 문제로 병원을 찾은 할아버지 환자분의 작품이다. 선, 색, 형태를 통해 감정을 표현해 보십사 말씀을 드렸더니 곰곰이 생각하시다가 흰 선과 노란 선을

긋고 작은 자동차를 그린 뒤 '140k' 라고 적으셨다. 필자는 여기까지 보면서 추상적 사고가 어려우시거나 감정 표현을 어떻게 해야 하는지 익숙하지 않으신가 보다고 짐작했다. 그런데 갑자기 할아버지 피검자가 "고속도로를 140킬로를 놓고 달려 보셨어요?"라고 물었다. 필자는 예상치 못한 질문에 약간 얼떨떨했지만, "자주는 아니지만 몇 번 그렇게 빨리 달려본 적이 있어요."라고 대답했다. 그랬더니 "내 느낌이 바로 그 느낌이야."라고 하셨다. 그러면서 부연설명하시기를, 마치 고속도로를 지나치게 빠르게 달리는 느낌, 그런 불안한 느낌이라고 하셨다.

그제서야 필자는 이 그림이 감정을 표현한 그림이며, 그 무엇보다도 할아버지의 감정을 가장 생생하게 표현한 것이라는 점을 알 수 있었다.

이렇듯 사람들은 각자 자신을 표현하는 방식이 있다. 우리가 선입견 없이 마음을 열고 기다린다면 피검자들은 그들의 방식으로 자신을 열어 보여 줄 것이다.

8) 우리가 배운 그림 해석에 관한 지식을 너무 완고하게 적용하는 것이 아니라면, 그러한 지식은 상당히 의미 있게 활용될 수 있다

그림 1-8

[그림 1-8]은 아동의 동적 가족화 그림이다. 집안에서 가족들은 각자 자신의 공간에서 무엇인가를 하고 있다. 이렇듯 구역을 나누어서 그리는 방식이라든가, 가족들을 배치한 집안 내 공간, 인물의 크기, 인물에 생략된 부분 등은 이 그림을 그리는 아동을 이해하는 데 중요한 열쇠가 될 수 있다. 표준적인 해석에 얽매이는 것은 바람직하지 않지만, 그림 해석에 관한 여러 가지 지식들은 대체로 임상 현장에서 소중하게 사용할 수 있는 자원이 된다.

9) 강조된 것은 무엇인가를 보상하기 위함일 수도 있다. 그러므로 긍정적으로 강조된 것도, 부정적으로 강조된 것도, 나름대로 보상적인 의미를 가진다

그림 1-9

[그림 1-9]를 그린 20대 초반의 여성은 "깨끗한 숲 속에서 깨끗한 공기를 마시며 깨끗한 그네를 타고 있다."고 했다. '깨끗하다'는 점을 매우 강조했는데, 이렇게 강조된 것은 당사자에게 중요한 것이거나 혹은 그러한 부분이 없어서 필요하거나 아니면 그 반대의 것이 많아서 보상하기 위함일 수 있다. 즉, 그림 그린 사람에게 '깨끗하다'라는 점이 매우 중요한 속성이거나 혹은 심리적으로 '더럽다'는 느낌을 상쇄하고 싶은 욕구가 있을 가능성이 있다. '깨끗하다—더럽다'는 것이 어떤 의미일까? 그저 단순히 환경의 문제일까? 아니면, 수치심이나 감추고 싶은 잘못을 지칭하는 것일까? 그것을 이해해야 이 그림을 그린 사람을 이해할 수 있을 것이다.

10) 현실과 반대되는 관계가 그림으로 표현된다면, 마음에서 그만큼 애쓰며 살아가고 있다는 점을 이해해 줄 필요가 있다

그림 속에 공상이나 환상이 많이 나타나는데, 유독 현실과 반대되는 공상이 나타날 때가 있다. [그림 1-10]에서처럼 현실에서의 쥐와 고양이 관계가 역전되어 그림에서 쥐가 포식자가 되고 고양이가 피식자가 된 모습을 볼 수 있다. 고양이보다 크기 면에서나 힘에서나 관계 우위를 점하고 있는 쥐는 어쩌면 피검자가 바라는 자기 모습일 가능성이 높다. 그리고 이러한 그림은 현실에서 그만큼 애쓰

그림 1-10

고 있기 때문에 자연스럽게 나타나는 소망으로 볼 수 있다.

Tip. 요리책 방법(cookbook method)을 피하라.

'그림에 나타난 이 특징이 무슨 의미이지? 어디 한번 찾아볼까?'라는 식으로 그림 특징마다 해석풀이집 같은 책을 참고해서 의미를 해석하는 것을 가리켜 영어 표현으로 'cookbook method'라고 한다.

이러한 방법이 잘못된 것은, 전체적인 맥락을 고려하지 않고 한 가지 특징만 가지고 일대일 방식으로 해석하기 때문이다. 그림에 나타난 특징들 간의 관련성이나 공통점, 차이점을 고려하고 그림검사가 실시된 환경과 맥락, 피검자의 연령과 성별, 사회문화적인 배경 등도 함께 고려해서 종합적으로 평가하는 것이 좋다.

요리를 처음 하는 사람들은 "요리책대로 했는데 맛이 영 이상해요."라고 말하곤 한다. 그것은 음식재료가 요리책에서 제시한 것과 달라서 그렇다. 맛의 종류나 강도에서 똑같은 음식재료는 없다. 그래서 책을 참고하되 간을 보면서 맞추어 가는 것이 중요하다고들 한다. 그림 해석도 마찬가지다. '책에 나온 해석대로 했는데 왜 안 맞지?'라고 생각할 것이 아니라, 작품을 느끼는 눈, 피검자의 마음을 전달받는 공감력, 더불어 전체 맥락을 함께 살피는 자세가 필요하다.

그림 평가의 여러 요소

그림에는 기본적으로 그것을 이루고 있는 요소가 있다. 다양한 종류의 요소들이 합쳐져서 종합적 산물인 게슈탈트를 형성하는 것이 바로 미술작품이다. 이러한 그림을 이해하기 위해서는 그것을 이루는 각각의 개별 요소에 대해 이해하고 평가할 수 있어야 하고, 그림 외적인 부분들 역시 고려해야 한다. 한 장의 그림을 평가하기 위해 고려해야 할 요소들을 정리하면 〈표 2-1〉과 같다.

표 2-1. **그림을 평가할 때 고려해야 할 요소들**

그림 내적 요소	부분	그림의 형식	공간 사용, 대상의 위치, 선택한 재료의 종류, 대상의 크기, 그려진 순서, 필압, 선의 성질, 글씨 삽입
		그림의 내용	통합성, 완성도, 생략, 세부 특징, 추상적 표현, 경직된 대칭, 주제와 제목, 반복, 보속
	종합	그림의 이미지	그림의 부분적 요소들이 종합되어 하나의 전체로서 새롭게 출현하는 요소
그림 외적 요소	언어적 행동	피검자의 말과 관련된 모든 것	말(진술, 질문과 대답, 혼잣말, 언어적 실수, 침묵), 목소리와 음성(높낮이, 세기, 빠르기 등)
	비언어적 행동	그림을 그리는 동안 보여 주는 여러 가지 태도와 행동	표현된 정서, 동작, 자세, 눈맞춤, 시선처리

우선 전체적으로 보았을 때 그림 내적 요소와 그림 외적 요소로 나눌 수 있다. 그림 내적 요소는 다시 부분적인 것과 종합적인 것으로 나뉜다. 부분적인 요소는 그림의 형식과 내용으로 분류할 수 있다. 그림의 내적 요소 중 종합적인 것에 해당하는 것은 그림의 이미지다. 이러한 종류가 그림의 내적 요소라면, 그림 외적 요소는 피검자의 행동에 관한 요소들이다. 피검자의 행동은 언어적 행동과 비언어적 행동으로 구성되어 있다. 언어적 행동은 말로 하는 모든 것과 목소리 및 음성에 해당하는 것들이다. 이를테면 진술, 질문과 대답, 혼잣말, 언어적 실수, 침묵이 있고, 목소리와 음성에는 음의 높낮이, 세기, 빠르기 등이 포함된다. 비언어적 행동은 피검자가 그림을 그리는 시간 동안에 보여 주는 여러 가지 행동을 모두 포함한다. 표현된 정서를 비롯해서 특정한 행동이나 동작, 자세, 눈맞춤, 시선처리 등이 모두 이에 해당된다.

그럼 이제 각각의 그림 요소에 대하여 구체적으로 살펴보도록 하자.

1. 그림의 형식

그림의 형식은 그림의 구조에 기여하는 요소로서 보다 객관적으로 평가가 가능한 요소들이며 그림에서 틀을 잡아 주는 것이라고 할 수 있다. 이에 해당되는 것으로는 공간 사용, 대상의 위치, 선택한 재료의 종류, 대상의 크기, 그려진 순서, 필압, 선의 성질, 글씨 삽입 등이 있다.

1) 공간 사용

그림의 형식요소 중 첫 번째로 살펴볼 것은 공간 사용이다. 공간 사용이란 도화지에 사용된 공간이 어느 정도인가 하는 점을 보는 것이다. 크게 두 가지 방식이 가능한데, 하나는 도화지 화면을 몇 덩어리로 나눈다고 가정했을 때 그 덩어리 내에 사용된 흔적이 있는지 평가하는 것이며, 다른 하나는 화면을 덩어리로 나누지 않고 전체 화면에서 그림이 차지하는 공간 비율을 보는 것이다.

후자의 경우 전체 공간을 덩어리로 나누지 않고 칠해진 정도를 보는 것이므로 '밀도'라는 개념과 중복되는 면이 있다. '밀도'는 공간을 빡빡하게 채워서 그린 정도를 말한다. 도화지의 흰 면이 보이지 않게끔 완전히 다 덮어서 그렸으면 밀도가 높을 것이다. 그에 비해 전자의 방식은 밀도와 다른 개념으로 접근할 수 있다. 즉, 공간을 몇 덩어리로 나누었을 때 그 덩어리 내에 뭔가를 그렸다면, 가득 채우지 않았다고 하더라도 공간을 사용한 것으로 보는 것이다. 이러한 방식은 진단적 그림 시리즈(DDS)와 같은 검사법에서 사용하는 방식이기도 하다. 밀도와 차이를 두어 생각하는 이유는, 빡빡하게 가득 채우지 않더라도 그 공간을 활용한 것으로 평가할 수 있기 때문이다.

공간 사용을 심리적인 측면에서 바라보면, 어느 만큼을 자기 영역으로 활용하고 있는가 하는 관점으로 해석할 수 있다. 심리적으로 위축되어 있다면, 주어진 영역을 자기 것으로 활용하기가 어려울 것이다. 힘이 없고 의욕이 없다면, 도화지의 비어 있는 공간이 뭔가 활용해 볼 수 있는 재료로 느껴지기보다는 오히려 위압감을 주는 것으로 보일 수 있다. 무기력하고 무망감이 크다면, 공간 사용도 낮아진다.

그런데 우울한 사람들의 경우 공간 사용이 낮은 사람도 있고 높은 사람도 있다. 이것은 우울의 색깔이랄까, 특성이 다른 데에 기인한 것이다. 즉, 우울이라고 해서 모두 동일한 것이 아니다. 무망감이 크고 의기소침한 우울이 있고, 다른 한편으로는 화병처럼 분노가 많은 우울이 있다. 따라서 전자의 경우에는 공간 사용이 낮지만, 후자의 경우에는 오히려 공간 사용이 높아질 수 있다.

도화지의 경계를 넘어서서 바깥까지 칠하는 경우도 있는데, 이렇듯 에너지가 조절되지 않는 것은 조절력과 통제력이 극히 저하된 상태이며 정서적으로 불안정하거나 기분이 조중 상태인 경우 등이라고 할 수 있다.

대체로 심리적으로 건강한 사람들은 공간 사용이 70% 전후로 나타난다.

Tip. 통제와 조절의 의미

'조절할 수 있다.'라는 것은 심리적으로 매우 중요한 특성이고 능력이다. 삶에서 생기는 문제는 대부분 조절할 능력이 없었기 때문에 발생한다. 조절이 잘 되지 않는다면, 속도나 방향에서 문제가 생기기 쉽다. 살면서 가장 중요한 것 중 하나가 속도와 방향이 아니겠는가. 방향을 잘못 잡았을 때 속도라도 조절할 수 있다면 다행이지만, 속도조차 조절되지 않는다면 크게 낭패를 보기 쉽다. 어느 쪽이든 극단으로 치닫는 것은 건강한 것이 아니다. 극단적인 것은 잘 조절된 상태에서 나타나는 현상이라기보다는 뭔가 조절되지 않았을 때 보이는 모습이기 때문이다.

2) 대상의 위치

두 번째로 고려해 볼 수 있는 그림의 형식요소로는 대상의 위치가 있다. 대상의 위치를 볼 때에는 그림에서 사용한 도화지의 크기라든가 공간의 사용 정도도 함께 확인하는 것이 좋다. 예를 들어, A4용지에 15cm 정도 크기의 인물을 그렸다면, 이 인물 자체가 어느 정도 크기가 되기 때문에 굳이 도화지에서 대상의 위치가 위에 있다거나 아래에 있다고 평가할 만한 것이 아닐 수 있다. 그러나 4절 정도 크기의 도화지에 15cm 크기의 인물을 그렸다면 그 인물의 위치가 상대적으로 더 중요해질 것이다.

Tip. 종이 크기를 고려하기

심리학 분야에서 주로 사용하는 심리검사 중 그림검사는 대개 A4용지에 연필과 지우개를 사용해서 그림을 그린다. 그 경우는 도화지가 작기 때문에 상대적으로 대상의 위치 요소를 덜 중요하게 평가한다. 이에 비해 미술치료 분야에서 만든 그림검사는 대개 4절지 정도 되는 큰 종이 (아동에게 실시되는 그림검사는 8절지인 경우가 많은데, 8절지라 하더라도 A4용지의 약 두 배가 된다)를 사용하므로 대상의 위치 요소가 더욱 중요해진다.

자, 그렇다면 어느 정도 크기가 되는 도화지에 대상을 그렸는데, 그 대상의 위치가 어디인지 살펴보자.

● 위쪽

도화지의 위쪽에 주로 대상을 그렸다면, 상상해 보라. 도화지의 아래쪽에 그리기가 쉬운지, 위쪽에 그리기가 쉬운지. 대개 테이블 위에 종이를 두고 그림을 그리므로 자신의 몸쪽에 가까운 도화지 아랫부분은 손이 쉽게 가고 상대적으로 윗부분은 팔을 뻗어야만 그릴 수 있다. 이렇게 해서 도화지의 위쪽에만 대상을 그렸다면, 완성된 작품을 봤을 때 왠지 모르게 약간 불안정한 느낌이 들 수 있다. 이러한 느낌은 그리는 사람이 의도적으로 표현한 것이라기보다는, 자신도 의식하지 못하고 불안정한 상태를 전하고 있을 가능성이 높다. 어쨌든 도화지의 위쪽에 사물이 많이 몰려 있다면 정서적으로 불안정한 느낌을 반영한다. 그리고 우울하면서 불안정할 때 이러한 표현은 자주 나타난다.

위쪽에 주요 대상을 그렸을 뿐 아니라 대상의 크기도 크게 그린 경우라면, 목표가 다소 허황되거나 기대치가 높은 상태를 추정해 볼 수 있다.

● 아래쪽

아래쪽에 대상을 그렸다면 소심한 사람이거나, 활동성이 떨어진 상태의 사람, 혹은 우울한 사람일 수 있다. 자신의 몸 쪽에 가까운 영역만 사용한 것이므로 크게 움직이지 않고 그림검사를 완수하고자 했을 수도 있다. 혹은 대체로 늘 불안정한 면이 있으면 아래쪽에 안정감을 주는 도화지 외곽선이 있는 게 좋다고 여기기도 한다.

● 중앙

도화지의 중앙에 대상을 그리는 것은 대체로 평이한 반응이다. 그런데 도화지의 크기와 관련해서 생각해 볼 수 있다. 종이가 작을수록 대상의 위치는 큰 의미가 없지만, 종이가 클수록 위치 정보가 갖는 의미도 커진다. 큰 종이에서 중앙에 대상을 그렸다면, 자신감과 용기, 치료과정에서의 협력적 태도와 적극성을 드러낸 것이다. 그리고 그림에서 중앙에 그려진 대상이 피검자에게 갖는 의미가 크다고 볼 수 있다.

● 가장자리

대상의 위치가 가장자리에 있는 경우다. 도화지 좌우 가장자리나 위아래 가장자리 어디든 외곽선을 따라 오밀조밀하게 대상을 그리는 피검자들이 있다. 이와 같이 도화지 외곽선을 이용한다는 것은 그런 틀이 필요하다는 내면의 욕구를 보여 주고 있는 것이다. 틀이 필요하다는 것은 무엇인가? 외부의 틀이 필요한 만큼 그 사람의 내면은 의존적이거나 불안한 상태일 수 있다. 그래서 불안해하고 눈치를 살피는 아이들이 가장자리를 따라 대상을 그리는 것을 좋아한다. 한발 더 나아가, 보다 분명한 틀을 만들기 위해 선을 길게 긋는 경우도 있다.

● 구석

구석에 그리는 것은 무엇일까? 구석은 두 개의 선이 각을 이룬 코너다. 가장자리도 위축되고 불안한 경우에 사용하는 장소지만, 구석은 가장자리가 두 개 중첩된 폐쇄 공간이라 할 수 있다. 좌우 위아래 어느 쪽 코너이든 구석에 그리는 것은 상당히 부정적인 의미를 가지게 된다. 부적절감, 비관적 느낌, 우울, 자기비하, 의기소침, 불안 등을 추정해 볼 수 있다.

● 반복해서 고정된 위치에만 그리는 경우

피검자가 그림을 그릴 때 대상을 늘 그리던 위치에만 그리는 경우가 있다. 이는 피검자를 몇 회 반복해서 만나다 보면 금방 확인할 수 있는 부분이다. 반복은 여러 가지 종류로 나타날 수 있다. 주제가 반복되거나 대상이 반복될 수 있고, 혹은 그리는 위치가 반복될 수 있다. 어떤 주제나 대상을 반복해서 그리는 경우에 비해, 고정된 위치에 반복적으로 대상을 그리는 경우는 일종의 습관 같은 것이다. 약간은 경직성을 띠는 습관이기도 한데, 심리적으로 변화가 생기면 고정된 위치도 바뀌는 것을 볼 수 있다.

3) 재료의 종류

20세기 중후반까지 그림검사는 주로 다른 심리평가에 보조적인 투사검사로 사용되었기에 재료도 단순했다. A4용지에 연필, 지우개가 전부였다. 그러다가 미술치료 분야가 생기면서 그림검사가 보조검사가 아니라 주된 검사가 되었고 재료도 점점 다양해졌다.

미술치료에서 사용하는 그림검사 중에서도 재료를 정해서 하는 검사들이 있다. 진단적 그림 시리즈(DDS)라든가 울만성격평가절차(UPAP)는 파스텔을 사용하도록 하고, 인물화 검사(DAP)나 이야기 그림검사(DAS)는 연필, 지우개를 사용하도록 한다. 또 사과나무 에서 사과 따는 사람 그림 검사(PPAT)와 얼굴자극평가법(FSA)은 마커를 사용하도록 한다. 이렇듯 재료가 정해진 그림검사가 아닌 경우에는 다양한 미술재료 중에서 원하는 것을 선택하여 작업하도록 한다.

미술재료의 종류가 크레파스, 파스텔, 색연필, 연필, 그림물감, 찰흙 등 여러 가지가 주어졌을 때 어떤 것을 선택하는가? 피검자의 재료 선택도 그 사람의 심리상태에 대해 많은 것을 알려 준다. 재료 선택에 영향을 주는 요인으로는 다음과 같은 것이 있다.

● 재료의 친숙도

한 번도 사용해 보지 않은 재료라서 낯설게 느껴지는지, 아니면 여러 번 써 봤기에 익숙한 것인지에 따라 재료 선택이 달라진다. 이전에 경험해 본 미술재료의 경우, 친숙도가 높아서 사용자들이 선호한다. 특히 검사 상황에서는 친숙하지 않은 재료보다 친숙한 재료가 안전하게 느껴질 것이다. 물론 새로운 재료를 다루는 방식을 보게 되면, 피검자가 낯설고 예측하지 못했던 상황에서 문제를 어떻게 풀어 나가는지를 추정해 볼 수 있다. 재료 선택권이 주어졌을 때, 낯선 재료를 선택하는 피검자는 모험심이 강하고 불안이 크지 않은 사람이거나 혹은 조심성이 없거나 새로운 것에 욕심을 내는 사람일 가능성이 있다.

특정 재료를 사용해서 그림검사를 해야 하는데도, 피검자가 굳이 그 재료가 아닌 다른 것을 쓰겠다고 하는 경우도 있다. 예를 들어, 마커로 그림을 그려야 하는데 연필을 쓰겠다고 한다든가, 파스텔을 써야 하는 그림검사에서 색연필로 그리겠다고 고집을 부리는 경우다. 이와 같은 재료에 대한 집착은 피검자 내면의 불안감을 반영하는 것이며, 환경에 대한 적응력이 낮다는 것을 보여 준다. 간혹 외부 권위자에 대한 갈등이나 마찰을 시사할 때도 있고 전반적인 비협조적 태도 및 수동 공격성을 드러내는 것일 수도 있다.

● 재료의 성질

미술재료가 가진 고유의 성질은 재료 선택에 영향을 준다. 이를테면 수채물감은 흐르고 섞이며 축축하고 유동적이다. 흐트러지는 것을 싫어하는 피검자나 반듯하게 줄을 그으면서 그림을 그리기 좋아하는 피검자 입장에서는 물감이 다루기 어렵게 느껴질 것이다. 이들은 수채물감보다는 색연필 혹은 연필과 지우개를 선호한다. 한편, 유화물감은 미술치료 장면에서 많이 사용되지 않지만, 간혹 유화물감을 사용해서 작업하고자 하는 사람들은 시간이 오래 걸리는 것을 기꺼이 참아 내며 조금씩 변화하는 것을 기대하는 사람들이다. 이들은 실수하더라도 수정할 수 있다는 점에서 안도감을 느끼기도 한다. 파스텔은 부드러운 표현이 가능하지만 가루가 많이 생기고 손이나 옷에 묻기도 쉽다. 그래서 강박적인 성격을 가진 피검자들은 파스텔을 만지는 것도 싫어하곤 한다. 연필은 익숙한 소재이고 지울 수 있어서 수정하기가 용이하다. 실수할까 봐 불안해하거나 무엇이든 통제하려고 하는 피검자들은 연필과 지우개, 자를 선호한다. 이들은 경계가 불분명한 것보다는 분명하게 경계를 짓는 것을 더 좋아한다. 핑거페인팅은 손에 물감을 묻혀서 종이 위에 문지르며 표현하는 것이므로 시각적, 촉각적, 체감각적 요인들을 모두 사용하게 된다. 핑거페인팅은 '도구를 사용하지 않고 직접 손에 묻힌다.'는 성질 때문에 어떤 맥락에서는 퇴행을 가장 잘 일으키는 재료라 할 수 있다. 심리적인 경계가 불분명하거나 퇴행하고 싶은 열망이 있는 경우에 기꺼이 선택하는 재료이기도 하다. 이렇듯 재료의 성질과 피검자들의 심리상태에 따라서 재료 선택에 차이가 나게 된다.

● 유동성

유동성이 높은 재료는 쉽게 움직이고 무른 재료인 반면, 유동성이 낮은 재료는 딱딱하고 잘 움직이지 않는다. 유동성이 낮은 재료를 선택하는 사람들은 통제에 대한 욕구가 높고 조절이 안 되는 것을 싫어한다. 이들은 손에 재료가 묻는 것을 싫어하고 주변이 어질러지는 것을 걱정한다. 대체로 억제하는 성향이 강한 사람들이다. 어쩌면 내면적으로 너무 유약하기 때문에 외적으로 좀 더 조절할 수 있는 것을 선호하는 것일 수 있다.

유동성이 높은 재료는 부드럽고 물기가 있거나 흐르기 쉬운 재료들이다. 예를 들어, 찰흙 중에서 지점토는 유동성이 낮은 편이며 황색 점토는 유동성이 높은 편이다. 유동성이 높은 재료를 좋아하는 피검자들 중에는 경계에 대한 의식이 분명하지 않거나, 조절과 통제에 문제가 있는 경우가 더러 있다.

4) 대상의 크기

그림에서 대상을 어느 정도의 크기로 그렸는지 살펴보는 것은 종종 해석에서 의미 있는 시사점을 던져 준다. '크기'는 심리적인 중요도나 강조점, 팽창되거나 수축된 자아의 모습을 대변하고 있을 때가 많다. 도화지의 크기를 고려해서 봤을 때, 첫눈에 '그냥 보통 정도의 크기로 그렸군.' 하는 느낌이 든다면, 평범한 반응이라 할 수 있다. 만약 그림 속에서 그려진 대상이 많은 경우(인물, 건물, 나무, 산 등 여러 가지)에는, 먼저 그린 사람에게 중요한 대상(혹은 주인공)이 어느 정도의 크기로 그려졌는지 살펴본다. 인물을 여러 명 그렸다면, 각각의 인물이 피검자의 마음속에서 차지하고 있는 비중이 그림 속 크기를 통해 나타나기도 한다. 예를 들어, 아동이 가족을 그렸다면, 자신에게 중요한 사람을 크게 그리고 중요하지 않은 사람은 작게 그린다. 그래서 대개 아동의 그림에서 어머니가 아버지보다 더 크게 묘사되는 경우를 볼 수 있다. 물리적인 키를 비교하면 대체로 아버지의 키가 더 크지만, 그림에 나타나는 것은 심리적인 크기이므로 아이들 그림 속에서는 아버지보다 더 비중을 갖는 어머니가 크게 그려지는 것이다.

크기가 너무 작거나 너무 크다고 느껴진다면, 대상의 크기가 가지는 의미에 대해 다음과 같이 고려할 수 있다.

● 크기가 큰 경우

대상이 크게 그려지다 못해 도화지 가장자리를 벗어나기도 한다. 예를 들어, 8절 도

CHAPTER 3

인물화 검사

1. 인물화 검사의 역사

심리검사를 하는 임상 현장에서 오늘날에도 여전히 많이 사용하는 검사는 인물화라든가 집-나무-사람 그림검사가 있다. 인물화 검사의 역사는 그림검사의 역사를 고스란히 보여 준다. 그만큼 오래되고 가장 기본적인 검사라고 볼 수 있다.

20세기 초반에 개발된 인물화 검사는 처음에 그저 '인물화(drawing of figure)'라고만 불리다가 이후 'Draw-a-Man' 'Draw-a-Person' 'Human Figure Drawing' 등의 명칭으로 불리게 되었다. 개발한 사람들에 따라 인물화 검사의 명칭이 약간씩 다른데, HFD와 DAP가 가장 보편적으로 통용되는 명칭이다. HFD는 Human Figure Drawing이며, DAP는 Draw-a-Person test이다.

개발한 사람과 그림검사 명칭을 정리하면 〈표 3-1〉과 같다. 이 검사들이 실제로 사용되는 방식은 대동소이하다.

표 3-1. 인물화 검사의 명칭과 개발자

검사 명칭	검사 개발자	개발 연도
Draw-a-Man test	Goodenough	1926년
Draw-a-Person test	Machover	1949년
Goodenough-Harris Draw-a-Man test	Harris	1964년
Human Figure Drawing	Koppitz	1968년

가장 먼저 인물화 검사를 개발했던 Florence Goodenough는 인물화를 통해 지능을 평가하고자 했다. 1926년 출판된 Goodenough의 저서[1]는 『그림에 의한 지능 측정』인데, 그림에 나타나는 발달적 측면을 바탕으로 비언어적이면서 간편한 방식을 통해 지능을 평가할 수 있다고 소개했다. 이후 Harris는 Goodenough의 인물화 검사를 개정해서 '남자 인물상, 여자 인물상, 자기 자신을 그린 인물상' 등 세 가지를 그리도록 했다. 이 검사의 명칭은 Goodenough-Harris Draw-a-Man test이다.

Karen Machover(1949)[2]는 인물화 검사의 명칭을 Draw-a-Person test로 했다. 실제 진행방식에 있어서 이전의 DAM 검사와 큰 차이는 없으나, Man이라는 단어에 '사람'이란 뜻도 있지만 '남자'라는 뜻도 있기 때문에 이후에 그것을 감안해서 Draw-a-Person이라고 바꾸게 된 것이다. Machover는 신체상 가설을 사용하여 인물화에 나타난 여러 가지 특징들을 해석하였다. 이후의 연구자들이 이러한 해석의 타당도에 의문을 제기한 여러 연구를 하게 되기도 했다.

---

1) Goodenough, F. (1926). *Measurement of intelligence by drawings*. New York: Harcourt, Brace & World.
2) Machover, K. (1949). *Personality projection in the drawing of the human figure*. Springfield, IL: Charles C Thomas.

Elizabeth Koppitz(1968)[3]는 Human Figure Drawing이라는 인물화 검사를 창안했고, 이전의 인물화가 지능에 초점을 맞추는 것과 달리 정서와 발달적 측면을 평가하는 것에 초점을 맞추었다. Koppitz(1966)[4]는 인물화의 유용성을 평가하기 위해 상당한 양의 인물화 자료를 수집하였고 이를 기반으로 '정서지표'를 만들었다. 그리고 인물 그림에 나타나는 특징들이 아동의 연령이 증가하는 것과 긴밀한 관련이 있음을 밝히고 남녀 아동에 따라 인물의 세부 특징 유무를 정리하였다. 그 외에도 Koppitz는 성취도 여부와 인물화 표현의 관계를 탐색했고, 아동의 성향(수줍어하는지 공격적인지)에 따라 인물화에서 어떤 차이를 보이는지[5] 등을 연구했다.

2. 인물화 검사의 개관

- 재료: A4용지 2장, 연필, 지우개
- 과제: "사람을 그리세요. 전체 인물로 그려야 하고 막대기 모양 사람이나 만화를 그리면 안 됩니다."

1) 재료

인물화 검사에서 사용하는 재료는 연필과 지우개, A4용지(다음 Tip 박스 설명 참고)다.

---

3) Koppitz, E. M. (1968). *Psychological evaluation of children's human figure drawings*. New York: Grune & Stratton.
4) Koppitz, E. M. (1966). Emotional indicators on human figure drawings of children: A validation study. *Journal of Clinical Psychology, 22*, 313-315.
5) Koppitz, E. M. (1966). Emotional indicators on human figure drawings of shy and aggressive children. *Journal of Clinical Psychology, 22*, 466-469.

이와 같은 재료는 준비가 번거롭지 않고 간편하며 다루기가 수월하기 때문에 사용자 편의성이 높다. 색깔이 있는 재료나 다른 회화재료를 사용하지 않는다는 점은 미술치료 분야의 그림검사와 심리학 분야의 그림검사 간에 나타나는 차이점이다. 즉, 20세기 중후반부터 본격적으로 발달한 미술치료 분야에서는 미술이 좀 더 주된 역할을 하므로 검사 반응에서 색깔을 사용하거나 다양한 재료를 사용하여 표현하도록 한다. 그에 비해 심리학이나 정신의학 분야에서 개발된 그림검사는 간단한 재료를 사용하고 어느 누구라도 쓸 수 있는 재료를 선호한다. 그래서 대부분 연필과 지우개, 흰 종이만으로 그림검사를 진행한다.

Tip. 종이 크기

연필로 그리는 투사적 그림검사들은 대부분 8.5x11in 크기의 종이를 사용한다. cm로 환산하면 21.59x27.94cm이며, 우리나라 종이 규격으로는 A4용지(= 21x29.7cm)가 가장 비슷하다. 간혹 임상장면에서 B5용지(= 18.2x25.7cm)를 사용하는 경우도 있다.
인물화, 집-나무-사람 그림검사, 동적 가족화, 동그라미 중심 가족화 등이 이에 해당한다.

2) 지시

인물화 검사의 지시는 크게 두 종류가 있다. 하나는 사람을 그리라는 지시만 한 뒤 피검자의 반응에 따라 추가적인 그림을 요구하는 방식이다. 다른 하나는 사람을 그리라고 하면서 전체 인물상을 그려야 하고 막대기나 만화처럼 그리지 말라고 지시하는 방식이다.

먼저 첫 번째 방식을 보면, 인물화 검사의 지시는 다음과 같이 단순하다.

"사람을 그려 보세요."

만약 피검자가 막대기 모양 사람을 그리거나 인물의 전신상을 그리지 않고 부분만 그렸다면, 이 역시 중요한 의미를 지닌 반응이다. 검사 지시에 특정 요구나 제한을 두지 않는 이유는, 제한 없이 인물을 그리도록 요구했을 때 피검자의 반응이 어떤지 살펴보기 위해서다. 이러한 방식은 가능한 한 제한이 없이 많은 선택권이 부여되었을 때 개인이 어떻게 반응하고 행동하는지 살펴볼 수 있는 기회를 제공한다.

막대기 모양이나 만화, 추상적 표현 등으로 인물을 그렸다면, 종이를 새로 제공하고 막대기 등의 방식으로 그리지 말고 다시 인물을 그려 달라고 한다. 전신상을 그리지 않은 경우도 마찬가지로 새 종이에 인물의 전신상을 그려 달라고 요청한다. 전신상에 해당되는 인물 그림은 머리와 몸통, 팔다리가 있어야 한다.

두 번째 방식은 처음 제시하는 지시에서 그림 표현에 제한을 두는 방법이다. 다음과 같이 말할 수 있다.

"여기 종이에 사람을 그려 주세요. 당신이 그리고자 하는 어떤 사람이라도 다 됩니다. 다만 전체 인물로 그려야 하고 막대기 모양 사람이나 만화를 그리면 안 됩니다."

인물화 검사에서 사람을 그려 달라고 요청하면서 막대기 등의 방식은 안 된다고 미리 말한다. 단, 그려야 할 인물이 남자나 여자란 지시는 없다.

지시를 듣고 곧바로 시작하는 사람도 있고, 질문을 하는 사람도 있다. 예를 들면, 이런 질문들이 있다.

- 선생님, 옷 입은 것을 그려야 돼요?
- 그냥 사람이기만 하면 되나요?
- 어떤 모습을 그리더라도 괜찮은 거예요?
- 제가 좋아하는 사람으로 그려도 돼요?

이와 같은 질문을 받았을 때 대답은 피검자가 선택해서 결정할 수 있도록 하면 된다.

즉, 구체적으로 이래라 저래라 하기보다는 무엇으로 그리든지 그리는 사람이 원하는 대로 그리라고 대답해 준다.

피검자가 그림을 완성하고 나면, 그려진 성이 무엇인가에 따라서 그 반대 성의 인물도 그리도록 한다. 예를 들어, 남자를 그렸다면 그다음에 여성을 그려 보라고 요청한다(비고: Koppitz의 인물화 검사에서는 두 장을 그리는 것이 아니라 한 장의 인물만 그리는 것으로 진행했다).

오늘날 임상 장면에서 흔히 사용하는 지시는 두 번째 방식이다. 이 방식으로 지시를 줄 때에는 '전체 인물상'과 '막대기 모양 사람은 안 된다.'는 두 가지를 기억해야 한다. 그냥 사람을 그리라고 하면 상반신만 그리거나 혹은 얼굴만 중점적으로 그리는 사람들이 많다. 하지만 인물 전체를 보아야 평가할 수 있는 검사이므로, 반드시 사람을 전체로 그리도록 피검자에게 요청해야 한다. 또한 사람을 그릴 때 막대기처럼 간략한 형태나 만화같이 그리면 안 된다고 이야기해야 한다. 그림을 잘 그리지 못할까 봐 걱정하거나 혹은 검사를 귀찮게 여기는 사람들은 흔히 동그라미와 직선만으로 막대기 모양의 사람을 그리곤 한다. 이렇게 인물을 그리면 검사에서 얻을 수 있는 정보가 별로 없다. 따라서 그림을 시작하기 전에 피검자에게 인물을 전신상으로 그리고, 막대기 모양처럼 간단한 형태로 그리면 안 된다고 얘기해 주어야 한다.

그 외에는 피검자가 원하는 대로 그리면 된다. 그림을 모두 그리고 나면 그려진 인물의 성격, 배경, 신분은 어떠한지 묻고 이야기를 나누면서 그림 속 대상에게 피검자가 투사해서 이야기할 수 있도록 유도한다.

3. 인물화의 해석

그림에 대한 해석은 크게 다음 두 가지로 나뉜다.

■ 내용중심적 분석법
■ 구조중심적 분석법

그림검사의 초기, 특히 인물화 검사가 개발되던 시기에는 내용중심적 분석법이 주된 해석방법이었다. 내용중심적 분석법은 그림에 그려진 내용이나 인상을 중심으로 그림을 해석하는 방식이다. 내용중심적 분석법에서 가장 보편적으로 사용된 것은 Machover의 '신체상 가설'이다. 이 가설은 현재에도 여전히 사용되고 있다.

신체상 가설은 그림을 그린 개인이 그림 속의 신체상(body image)에 자기가 가지고 있는 충동이나 불안, 갈등을 의식적, 무의식적으로 반영해서 그린다는 가설이다. 따라서 각각의 신체 부위와 관련되어 있는 심리적인 요인들이 그림으로 그렸을 때 나타난다고 본다. 예를 들어, 머리를 작게 혹은 크게 그렸다면 '머리'와 관련된 심리적 기능이 위축 또는 항진되었음을 의심해 볼 수 있다. 그러므로 신체의 각 부분, 즉 머리나 눈, 코, 입, 혹은 손, 몸뚱이, 다리, 발 등등이 가진 주된 기능이 무엇인가 생각을 해 보고 그러한 기능과 의미를 그림에서 상징하거나 함축하고 있을 가능성을 고려해 본다.

구조중심적 분석법은 그림에 나타난 형식요소를 중심으로 여러 가지 가능성을 고려하는 것이다. 이 책의 2장에 소개된 바와 같이 그림의 구조에 기여하는 요소로는 공간 사용, 대상의 위치 및 크기, 그려진 순서, 필압, 선의 성질 등이 있다.

여기에서는 내용중심적 분석법에 해당되는 인물화 해석을 예시 작품과 함께 소개하려 한다.

1) 머리

머리는 신체에서 가장 핵심적인 부분이다. 머리는 '내가 누구인가?'를 느낄 수 있는 중요한 부분이다. 그림을 그릴 때 사람들은 대부분 머리에서부터 시작해서 그림을 그린다. 만약 머리부터 그리지 않고 발부터 그리는 사람이 있다면, 그 사람은 순서에서부터 일반적인 사람들과는 다른 반응을 보이는 것이다. 다른 반응을 보이는 것은 어떤 의미인가? 좋은 것인가, 아니면 나쁜 것인가? 이에 대해서는 피검자의 현재 상황에 비추어 평가해야 할 것이다. '남들과 다르다.'라는 것은 개성이나 두드러진 능력이 되기도 하지만, 어울리지 못하고 소속하지 못함을 의미하기도 한다.

머리를 매우 크게 그리는 것은 여러 가지 가능성이 있다. 우선 초등학교 연령의 아동은 대부분 머리가 큰 가분수형 인물상을 그린다. 그리고 인물을 그릴 때 흔히 처음 그리는 부위가 머리인데, 전체 비율을 생각하지 못하는 경우에 머리가 커지기도 한다. 얼굴을 자세하게 묘사하고 싶어서 머리가 커지기도 하고, 그림 표현에 정성을 기울이지 않고 신경을 쓰지 않는 사람들도 대충 그리면서 머리를 크게 그리기도 한다. Buck은 머리가 지나치게 큰 것이 지능에 대한 지나친 평가와 지적 열망을 의미하기도 하고, 신체에 대한 불만족을 암시하기도 한다고 보았다.

머리를 작게 그린 경우에는 큰 것과 반대가 된다. 성인은 대체로 머리를 작게 그리는 편이지만, 한눈에 보기에도 많이 작게 그렸다면 얼굴을 자세하게 보여 주고 싶지 않아서일 수 있다. 정체성이 나타나는 얼굴, 그리고 얼굴이 있는 머리가 작다는 것은 결국 피검자의 내면에 부적절감이나 무력감이 있을 가능성을 시사한다. 머리가 모든 것을 지시하고 통제하며 조절하는 중심기관이라는 점을 생각해 볼 때, 그러한 중심기관이 작다면 어떠하겠는가? 능력이 저조하거나 열등감이 있거나 숨고 싶은 마음, 피하고 싶은 마음 등을 유추할 수 있다.

머리를 뒤돌려서 뒤통수를 그리는 것은 어떠한가? 이는 눈, 코, 입을 생략하기 쉬운 방법이기도 한데, 정도에 따라서 비협조적인 자세라거나 귀찮아하는 태도, 혹은 부정적인 자세, 세상을 등지거나 세상으로부터 한 발짝 떨어져서 관조하는 듯한 태도를 나타낸다.

하지만 [그림 3-1]의 경우는 단순히 그림을 그리기 귀찮아
서 뒤돌아선 모습을 그린 것이 아니다. 오히려 특정한 자세를
취함으로써 무엇인가 이해받고 싶은 메시지를 전달하고 있는
경우라 볼 수 있다. 물론 그림을 그린 사람이 상당히 묘사력 있
게 그렸기 때문에 그렇게 보이는 것인지도 모른다. 하지만 그
림 속 인물의 자세라든가 그림에 대해 피검자가 붙인 제목('무
엇인가를 바라보며 생각하고 있는 사람')도 관심을 유발하는 것이
다. 뒤돌아선 자세에서 팔 한쪽은 올리고 다리 한쪽을 옆으로
돌려 꺾은 자세는, 그 자체가 에너지가 더 들어갔다고 볼 수 있
다. 피검자는 그림 속 인물이 무언가를 바라보며 생각하고 있

그림 3-1

는 사람이라고 했다. 이런 경우 무엇을 생각하는지 좀 더 직접적으로 질문해도 좋다. 왜
냐하면 그림을 그리면서 피검자의 정신과정에서 이미 이 문제를 어느 정도 계속 생각해
와서 이야기를 나눌 준비가 되었기 때문이다.

2) 얼굴이 생략된 그림

얼굴은 그 사람의 정체성을 보여 주는 가장 중요한 신체 부위다. 인물의 전신상을 그
렸는데 얼굴만 생략하는 경우가 더러 있다. 얼굴은 다른 어떤 신체 부위보다도 생략되었
을 때 두드러지게 눈에 띄는 부분이다. 얼굴의 생략은 정체성과 관련해서 부정적으로 평
가될 가능성이 있다. 만약 얼굴이 생략되어 있다면, 표면적으로는 그림 실력에 대한 자
신감이 없는 것이지만 보다 심층적으로는 자신의 정체성이 흔들리거나 자신감이 없고
부적절감이 높은 경우라고 할 수 있다. 자신에 대해 기준이 지나치게 높은 사람이든, 자
존감이 낮은 사람이든, 혹은 정체성이 혼란스럽거나 심하게 우울한 사람들은 인물화에
서 얼굴을 그리지 않고 생략하곤 한다.

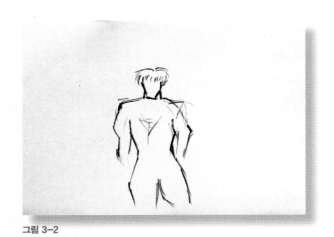

그림 3-2

[그림 3-2]를 그린 피검자는 20대 후반의 남성으로 오랜 구직활동에 지친 상태였으며 현재는 집 밖으로 잘 나가지도 않고 대인관계가 거의 없다시피 해서 가족들이 걱정하며 심리검사를 의뢰하였다. 피검자는 5분 정도의 시간에 간단하게 그림을 그린 뒤 "때로는 날카롭게 때로는 부드럽게 조화의 상징"이라고 언급했다. 그림을 보면 생략된 부분이 두드러지게 눈에 띈다. 일단 얼굴이 생략되었을 뿐 아니라 손과 무릎 아랫부분이 생략되었다. 그림 속 인물의 어깨나 가슴팍, 허벅지 근육은 다소간에 강조된 것과 대조되어 생략된 부분이 두드러져 보인다. 전신상을 그리라는 지시를 주었다는 점을 고려할 때, 무릎이하 부분은 비율이 맞지 않아서 그리지 못한 셈이다. 처음에 그릴 때 전체 비율이나 종이 길이를 생각지 않고 그렸다고 볼 수 있다. 이것은 그림 그리기가 익숙하지 않거나 검사에 비협조적이거나 충동적인 면이 있을 때 나타나는 반응이다. 가족들의 손에 이끌려온 20대 후반의 남성이라는 점을 고려하면, 크게 이상한 반응도 아닌 셈이다. 하지만 얼굴의 생략과 손의 생략은 단순히 비협조적 태도만으로 설명할 수는 없다. 그보다는 자신에 대한 지각, 자기평가, 정체성 등을 반영한 것으로 보인다. 즉, 피검자는 현재 자기 자신에 대해 상당히 부정적인 관점을 가지고 있는 것으로 보이고, 무기력감도 높은 것으로 보인다. 오랜 구직활동에도 불구하고 직장을 찾을 수 없었다는 점이 피검자의 자존감과 자기평가에 부정적인 영향을 준 것으로 보인다. 피검자의 실제 외모와 달리 강조된 근육과 남성성은 강력한 힘에 대한 열망과 환상을 드러낸 것으로 보인다. 험난한 현실에 굴복하지 않고 당당히 맞서 싸우며 더 나아가 현실을 바꾸기도 하는 슈퍼맨 같은 영웅이

되고 싶은지도 모르겠다. 그러나 마음 한편에서 '나는 그런 영웅이 아니야.'라고 자조하듯 영웅의 얼굴도 없고, 현실을 바꿀 수 있는 손도 없는 인물이 되었다.

　　[그림 3-3]은 30대 중반의 여성 피검자가 그린 인물화다. 사람을 그려 달라는 말에 피검자는 첫 번째 인물로 남자를 그렸다(두 번째 인물화인 여자 그림은 [그림 3-7]에 제시되었다). Levy(1958)[6]는 5,500명의 성인 피검자들에게 인물화를 실시한 뒤 89%의 피검자가 자신과 동일한 성의 인물을 그린다고 보고했다. 따라서 피검자가 자신과 다른 성의 인물을 먼저 그린 것은 흔치 않은 반응이라고 보아야 한다.

　　그림 속 남성은 넥타이를 매고 가디건을 입고 있다. 복장을 상세히 묘사한 것에 비하면 얼굴을 생략한 것이 상대적으로 두드러진다. 이 피검자는 오랜 연애에 실패하고 될 대로 되라는 심정으로 선을 봐서 결혼을 했다고 한다. 이후 배우자 및 시댁

그림 3-3

관계에서 갈등이 심하고 피검자 스스로도 그 당시의 선택을 후회하고 있다고 했다. 어쩌면 인물화로 남자를 먼저 그린 것이나, 그 남자의 얼굴이 생략되어 있는 점은 결혼과 관련해서 피검자가 하고 싶었던 이야기를 표현하는 것인지도 모른다.

---

6) Levy, S. (1958). Projective figure drawing. In Hammer, *The clinical application of projective drawings*. Springfield, IL: Charles C Thomas.

3) 눈

눈은 외부의 자극을 받아들이는 주요한 감각기관이다. 눈이 큰 사람은 겁이 많다는 말을 들어 본 적이 있는가? 그림에서도 마찬가지로 눈이 매우 큰 경우는 심리적으로 불안함을 내포하고 있으며, 의심이라든가 편집증적 특성을 의미할 수 있다. Griffith와 Peyman(1965)[7]은 눈이라든가 귀를 강조한 것이 관계사고(idea of reference)를 의미한다고 했다.

참고하기. 관계사고와 관계망상

관계사고란, 자신과 상관이 없는 일상적인 일이나 우연의 일치를 자신과 상관이 있는 것으로 잘못 생각하는 것이다. 관계사고가 심한 경우에는 '관계망상'이라고 분류한다. 예를 들면, 다른 사람들이 이야기를 하고 있으면 그것이 자신을 욕하거나 비웃는 것이라고 생각하는 것이다.

반면에 눈을 작게 그린 경우, 외부보다 자신의 내부에 더 집중하는 내향적 경향이 있다. 그리고 눈을 그렸지만 눈동자나 동공을 생략한 경우는 주변에 무관심하거나 내향적일 가능성이 있다.

4) 입

입은 신체 내부 및 외부로 향하는 두 가지 방향의 작용을 모두 수행한다. 신체 내부로

---

7) Griffith, A., & Peyman, D. (1965). Eye-ear emphasis in the DAP test as indicating ideas of reference. In Murstein, *Handbook of Projective Techniques*. New York: Basic Books.

향하는 작용은 음식물을 섭취하는 것이며, 신체 외부로 향하는 작용은 소리를 내는 기관으로 생각과 감정, 의견, 태도를 표현하는 것이다. 따라서 입에 대한 해석은 내부지향적 기능과 관련한 해석, 외부지향적 기능과 관련한 해석 두 가지가 모두 가능하다.

입이 강조되었다면 구강기적 방어, 구강기적 특성, 언어적 문제 등을 내포하고 있을 수 있다. 다른 사람으로부터 상처가 되는 말을 많이 들었던 사람 중에서도 입을 두드러지게 강조해서 그리는 사람도 있다.

만약 입이 생략되었다면 표현에 있어서 문제가 있을 가능성이 있다. 우울증적 상태이거나 대화를 거부하는 표시일 수도 있다.

입을 그리고 치아를 그린 경우, 유아적 경향이나 공격적 경향을 나타낸 것일 수 있다.

[그림 3-4] (a)와 (b)는 학업성적이 우수해서 특수목적 고등학교에 입학한 남학생 피검자의 그림이다. 이 피검자는 입학식 당일 쓰러졌고 이후 계속 불안해하며 잠꼬대도 심

(a)　　　　　　　　(b)

그림 3-4
전체 도화지 중 인물 부분만 확대해서 제시함

해서 심리평가를 받았다. 피검자는 남자를 먼저 그리고, 그다음 장에서 여자를 그렸다. 남자 인물의 세로 길이는 7cm, 여자 인물의 세로 길이는 약 9.5cm이다. 두 그림 모두 인물의 코와 입을 생략하였다. 가로로 선을 그은 것은 눈인지 눈썹인지 불확실하지만 눈이라고 묘사한 것 같다. 인물상은 매우 단순하게 묘사되어 있어서 다른 신체부위(손, 발)도 생략되었다. 일자로 된 직선만 아닐 뿐, 내용에 있어서는 막대기 모양의 사람에 가깝다. 주어진 지시(막대기 모양으로 그리지 말 것, 전체 인물을 그릴 것)에 순응했지만 최소한으로 조건을 충족시키는 수준을 보여 줄 뿐이다. 아마도 피검자는 내면에 가용한 심리적 에너지가 거의 없는 상태인 것으로 보인다. 그리고 그렇게 바닥 난 에너지 중에서도 '입'으로 상징되는 표현기관/섭취기관에 문제가 큰 것으로 보인다.

여자 인물상 역시 남자 인물상과 비슷하게 표현했다. 치마와 머리카락을 표시함으로써 '최소한의 에너지'로 성별 구분을 하고 있다. 그 덕분에 머리카락은 그렸지만 얼굴에 눈을 제외한 다른 기관이 없어서 사람 같지 않고 마치 만들다 만 인형 같은 모습이 되었다. 어쨌든 두 번째 여자 그림도 피검자에게 심리적 에너지가 저조하다는 점을 보여 주고 있다. 그림검사를 할 때에도 무표정한 얼굴로 질문에 짧은 단답형 대답만을 했는데, 반항적이거나 비협조적인 자세는 아니었고 상당히 지친 듯한 모습이었다.

5) 코

아동의 인물화에서 코가 생략되는 것은 대체로 흔한 편이다. 특히 그림을 순정만화처럼 예쁘게 그리려고 하는 여자 아동의 경우 코를 잘 그릴 자신이 없어서 생략하는 경우도 더러 있다. 그 외에 코를 생략하는 것은 부끄럽다든가 수줍다든가 하는 태도와 관련이 있고 자신감 및 공격성의 부재와도 관련이 있다.

[그림 3-5]에서도 두 인물 모두 코가 생략되었다. 그림 속 남아와 여아 모두 세로 길

그림 3-5
전체 도화지 중 인물 부분만 확대해서 제시함

이 4.5cm의 작은 인물상으로 묘사되었다. 이 그림을 그린 피검자는 초등학교 4학년 남자 아동인데, 밤중에 깨어서 돌아다니고 이튿날 아침에는 그러한 사실을 기억하지 못한다는 문제로 심리평가에 의뢰되었다. 그림검사에서 특이하거나 두드러지게 이상한 점은 발견되지 않았지만, 초등학교 4학년 발달 단계에 비추어서 조금 미성숙한 수준의 그림이라는 점(학업 수준은 또래보다 오히려 우월한 편이다), 인물화 외에 다른 그림에서도 크기가 매우 작고 위축된 인상을 준다는 점을 발견할 수 있었다. 개인력과 가족력을 조사했더니, 부모가 몇 달 전에 이혼을 했고 이후 아버지와 함께 살면서 정서적인 면에서 우울하고 위축된 모습을 보였다고 한다. 밤중에 깨어서 울 때도 있고 멍하게 앉아 있거나 혹은 주호소에서 말했던 것처럼 돌아다니기도 한다는데, 부모의 이혼과 주거환경의 변화를 고려하면 바뀐 상황에 적응하는 과정에서 스트레스를 심하게 받고 있는 것으로 이해할 수 있다. 그러므로 아동의 그림을 평가할 때 인물상에서 '코를 생략했다.'는 점을 과도하게 평가하지 말고 그림의 형식적 요소나 내용적 요소를 고려하여 전체적인 평가를 함께 진행해야 할 것이다.

6) 머리카락

머리카락은 때로 인물화 검사에서 중요하지 않은 세부 특징으로 취급될 때도 있지만, 간혹 상당한 의미를 지니기도 한다. 머리카락은 우리 몸에서 끊임없이 자라나고, 자르더라도 아픔을 느끼지 않는 부위다. '신체발부수지부모'를 중요시하던 시대에는 머리카락을 자르라는 단발령이 받아들일 수 없는 치욕적인 것으로 여겨지기도 했다. 시대와 문화를 막론하고 '깨달은 사람' 혹은 '신비로운 존재'는 긴 머리카락을 휘날리며 등장한다 (길고 하얀 머리의 산신령을 떠올려 보라). 또 머리카락은 '털'로서의 기능도 하는데 겨울에 따뜻함을 유지하는 보온의 기능도 한다. 그리고 무엇보다도 머리카락은 여성의 성적 매력을 극대화하는 부위다. 길고 풍성한 머리카락은 여성적인 매력을 한층 더 부각시킨다. 불교에서는 머리카락을 '무명초(無明草)'라고 해서 세속적인 욕망의 상징 혹은 번뇌라고 바라보았다. 그래서 삭발을 하게 되면, '세속적인 일과의 결별'을 의미하는 것이다. 비구니나 수녀가 머리를 삭발한다든지 머리카락을 흰 두건으로 감싸는 것도 머리카락이 지닌 여러 가지 상징성 때문이다.

그림 3-6

[그림 3-6]은 상담을 받으러 온 20대 초반 미혼의 여대생이 그린 작품이다. 이 작품 역시 인물의 전신상이 표현되지 않고 허벅지 아랫부분은 비율상 화면에 들어오지 않았다. 피검자의 연령과 미혼상태를 고려할 때 '임신'이라는 주제는 피검자 자신의 관심사이거나 걱정일 수 있다. 물론 그림 속 인물이 자신의 가족이거나 주변 사람들일 수도 있지만, 대개 상담 받으러 온 사람들이 자신의 이야기를 그림으로 표현한다는 점을 고려해야 한다. 또한 그림 속 인물에게 과장이라 할 수 있을 정도로 강조된 부분은 머리카락

과 팔의 형태인데 이 두 부분을 고려하면 그림은 자신의 걱정을 표현한 것으로 보인다. 즉, 화면 전체에 가득한 여자의 머리카락은 여성의 성적 매력을 보여 주고 있다. 또 손이 크게 강조되고, 자신을 감싸 보호하려는 팔의 형태 역시 강조되었다. 아마도 배 쪽을 감싸 안으면서 방어하려고 했던 것 같은데, 이렇게 스스로를 좀 더 보호해야 할 필요를 느끼고 있는 것인가? 피검자가 그림 속 인물이 '자고 있는 상태'라고 했던 점을 감안하면, 팔의 자세는 더욱 인위적인 노력으로 비춰진다.

7) 손

손은 실행기능을 표상하는 부분이다. 무엇인가 생각하고 계획하였다면, 그것을 현실로 옮기는 것은 '손'이다. 손을 그리지 않거나 빼 버렸다면, 그것을 그린 사람의 실행기능을 의심해 볼 수 있다.

손이 그리기에 어려운 부위라는 것도 영향을 미친다. 그런다 하더라도 어색해지기 쉬운 부분이기도 하다. 손가락을 가지런히 붙여서 그려도 어색해지고, 손가락을 벌려서 그려도 어색하기는 마찬가지다. 그래서 피검자들이 손을 그리는 것을 꺼리기도 한다. 열중쉬어 자세를 그려서 등 뒤로 손을 보낸다든가, 주머니에 손을 집어넣은 자세를 그리는 것도 그런 이유로 종종 등장하는 인물 자세다.

하지만 어떤 이유에서든 손을 그리지 않고 생략했다면 자기 자신의 실행기능에 대해 의구심을 가지고 있는 상태라고 볼 수 있다. 스스로에 대해 부적절감을 가지고 있거나 자신감 없어 하는 상태다. 자신의 능력에 대해 스스로 낮게 평가하거나, 자신이 무엇인가 잘 하지 못하는 것에 대해 미리 염려하고 부끄러워하는 사람들도 손을 그리지 못한다. 더 나아가 죄책감이 큰 사람들이나 정신분석적 용어로 거세공포를 지닌 사람들이 손을 그리지 못한다고 해석한다.

반대로, 손을 지나치게 크게 그린 경우를 생각해 보자. 손을 강조해서 그렸거나 크기를 과장해서 그렸다면 실행기능이 과장된 경우다. 상당히 활동적인 경우도 될 수 있지만 정도에 따라서는 공격성을 의미하기도 한다. 연구자들에 따라서는 과장되게 큰 손을 행동화 경향이라고 보기도 한다.

모호하고 희미하게 그려진 손은 사회적 상황에서 신뢰감이 결여된 것을 의미하기도 한다.

그림 3-7

[그림 3-7]은 앞서 [그림 3-3]의 얼굴 없는 남자 그림을 그렸던 피검자가 그린 두 번째 인물 그림이다. 자신이 '욱해서 결혼했다.'면서 결혼을 후회한 그 여성 피검자인데, 그림 속 여성은 결혼식의 신부인 듯하다. 표정은 별로 행복해 보이지 않는데, 손을 몸 뒤로 감추고 있는 점을 볼 수 있다. 그림에 자신이 없는 피검자가 손을 그리기 어려워서 몸통 뒤로 보내는 경우도 있지만, 설사 그러한 이유라고 하더라도 상황을 대처하거나 문제를 해결할 수 있는 자신감이 부족한 상태를 시사하는 것이다. 이 경우에도 손을 생략한 것은 '내 손으로 어떻게 할 수가 없다.'라는 자포자기식 심정이 담겨져 있다고 볼 수 있다.

8) 발

발은 상징적으로나 실제적으로 '이 땅 위에 발을 딛고 선 모습'을 이루는 가장 기본적인 토대다. 발로 지면을 단단히 밟고 서 있어야 사람이 넘어지지 않는다. 또 발은 수평이동을 가능하게 해 주는 이동기관이다. 발을 다쳐 본 경험이 있는가? 그렇다면 발이 아플 때 어디로 이동하거나 서 있는 것이 얼마나 힘든지 알 것이다.

만약 발을 가늘고 길게 그렸다면 안전감에 대한 욕구가 큰 상태라고 볼 수 있다. 몸집에 비해 작은 발은 불안전감을 나타내며, 위축감이나 의존성을 상징하기도 한다. 만약 발이 생략되었다면 불안전감에서 더 나아가 우울증적 경향을 의미하게 된다. 또한 낙담한 상태이거나 현실로부터 도피하려는 마음, 혹은 관계로부터 벗어나고자 하는 마음을 드러내기도 한다. 주어진 환경에 잘 적응하지 못하고 현실을 직면하지 못하는 피검자들 중에서 무릎 아래 다리와 발을 생략하는 경우가 더러 있다.

[그림 3-8]은 직장생활에서 유능하다고 인정받는 30대 초반의 여성 피검자가 그린 인물화다. 눈, 코, 입의 얼굴 묘사를 비롯해서 인물의 다른 신체 부위도 대체로 잘 묘사하였다(팔이 약간 짧은 느낌이 들지만). 그림검사를 했던 시기가 겨울이었기에 부츠를 신은 발로 그리느라 더 크게 강조된 것일 수도 있지만, 이 인물은 발을 꽤 크게 그렸고 정성스럽게 세부묘사를 더하였다. 다리와 팔은 각도를 적당하게 하기 위해 지웠다가 다시 그리는 등 노력을 기울였다. 그려진 인물만 보더라도 발이 크기 때문에 안정감 있게 서 있는 느낌이다. 피검자에게 그런 인상을 전달했더니 자신은 현실적인 사람이라서 현실에 적응하거나 주어진 환경에 자신을 맞추는 것을 잘한다고 했다.

그림 3-8

9) 과도하게 지운 경우

그림을 그리다가 신체의 어떤 부분들을 지우고 다시 그렸다면, 한두 번 정도의 수정은 일반적인 반응이다. 그림검사에서 최선을 다하려고 애쓰는 피검자들 중 그림이 익숙하지 않거나 기대치가 높은 경우에 종종 그림을 수정하곤 한다.

그런데 계속해서 그리고 지우고 다시 그리기를 반복해서 하고 있다면 과도하게 지운 경우라고 보아야 한다. 이런 반응은 단순히 그림 표현에 대한 불만족이라기보다는 피검자 내면에 불확실성과 불안감이 높으며, 불만족감도 큰 상태라고 추정할 수 있다.

그림 3-9

10) 몸의 일부를 안 그린 경우

그림에서 몸의 일부를 그리지 않았다면, 생략된 부분이 가지는 상징성에 대하여 부정하고 있거나 억압하는 경우라 볼 수 있다. 정서적으로 혼란스러운 경우에도 신체의 각 부분을 고르게 표현하지 못하고 일부는 생략하고 다른 부분들은 세밀하게 그리기도 한다.

[그림 3-9]는 만사가 귀찮은 표정의 인물을 그린 인물화다. 피검자는 그림을 그린 뒤 '사람이다. 옷은 입을 필요가 없다. 귀찮다.'라고 했다. A4용지를 절반 넘게 채우는 큰 크기로 그렸고, 그림을 그리는 속도도 꽤 빨랐다. 아마도 그림을 그린 사람이 에너지 없이 축 처져 있거나 위축된 상태라기보다는 어떤 부분에서 좌절하고 불만이 가득하거나 화를 내는 상태에 가까웠을 거라고 볼 수 있다. 피검자가 자기 안에 있는 공격성이나 충동성, 분노의 에너지를 좀 더 조절하고 통제할 수 있다면, 이 그림보다 훨씬 더 분화되고 세밀한 그림을 그렸을 것이다. 막대기 모양의 사람은 아니지만, 그에 거의 버금가는 단순한 형태는 '제가 그래서 뭐 잘못했나요? 시킨 대로 했는데?'라고 반문하는 것 같다.

11) 그 외의 표현들

사춘기가 되면 2차 성징이 나타나고 남녀 간의 신체적 차이에 민감해진다. 사춘기 청소년에게 인물화 검사를 하는 경우 남녀의 성적 특징을 강조하기도 한다. 특히 남자 청소년의 그림에서는 여성의 유방이나 엉덩이에 대한 관심을 볼 수 있다.

그림 3-10

　[그림 3-10]은 중학교 2학년 남자 청소년이 그린 그림이다. 인물화 첫 장에서는 별다른 특이점 없이 남자를 그렸는데, 반대되는 성을 그려 달라는 두 번째 인물화는 여자를 그리고 가슴을 표시한 것을 볼 수 있다.

4. Koppitz의 정서지표

　인물화 해석에서 주요 평가지표로 사용되는 것으로 Koppitz의 정서지표(emotional indicators)가 있다. 이 지표는 Koppitz가 인물화를 개발한 뒤 아동에게 실시하면서 그림에 나타나는 의미 있는 지표들로 정리한 것이다. 특히 정서 문제를 가진 아동의 그림에서 자주 등장하는 것이어서 '정서지표'라고 명명하였다.

　정서지표는 총 30개의 항목이 있으며, 이 항목들은 세 종류의 범주로 묶인다〈표 3-2〉

참조). 첫 번째 범주는 '그림의 질'이며 낮은 통합성, 얼굴/몸통/팔다리/손/목 등에 음영, 팔다리 비대칭, 기울어짐, 투명하게 속이 보임, 인물의 크기가 지나치게 작거나 큰 것 등 아홉 가지로 구성되어 있다. 두 번째 범주는 아동의 인물화에서 잘 관찰되지 않는 '낮은 발생빈도 항목'들로 구성되어 있다. 이를테면 지나치게 작은 머리, 사시, 치아, 짧은 팔, 긴 팔, 몸통 한쪽 면에 달린 팔, 머리만큼 큰 손, 손이 잘렸음, 한쪽에 몰린 다리, 생식기, 괴물, 세 명 이상의 인물, 구름이나 비 등이 여기에 해당한다. 마지막으로 세 번째 범주는 '생략'이며 각기 눈, 코, 입, 몸통, 팔, 다리, 발, 목 중에서 생략된 것을 체크하도록 한다.

표 3-2. Koppitz의 정서지표

구분	정서지표	고려할 연령* (따로 표시가 없으면 만 5세를 기준)
그림의 질	낮은 통합성(신체 부위가 통합되지 않음)	남아 7세, 여아 6세
	얼굴에 음영	
	몸통, 팔다리에 음영	남아 9세, 여아 8세
	손이나 목에 음영	남아 8세, 여아 7세
	팔다리가 비대칭	
	비스듬히(15도 이상) 기운 인물	
	투명하게 속이 보임	
	인물의 크기가 지나치게 작음(2인치 이하)	
	인물의 크기가 지나치게 큼(9인치 이상)	남아 8세, 여아 8세
낮은 발생빈도 항목	지나치게 작은 머리(전체 인물 크기의 1/10 이하)	
	사시(두 눈이 똑바로 정렬되어 있지 않음)	
	치아	
	짧은 팔	
	긴 팔	

낮은 발생빈도 항목	팔이 몸통 한쪽 면에 달려 있음	
	큰 손(머리만큼 큼)	
	손이 잘렸음	
	한쪽에 몰린 다리	
	생식기	
	괴물, 기괴한 인물	
	세 명 이상의 인물을 그림	
	구름, 비	
생략	눈이 없음	
	코가 없음	남아 6세, 여아 5세
	입이 없음	
	몸통이 없음	
	팔이 없음	남아 6세, 여아 5세
	다리가 없음	
	발이 없음	남아 9세, 여아 7세
	목이 없음	남아 10세, 여아 9세

* 고려할 연령은 기본적으로는 만 5세를 기준으로 해서 그 나이 이상인데 인물화에서 해당 지표가 발견되면 유의미한 것으로 본다. 단, 지표에 따라서는 기준 나이가 보다 더 높은 연령으로 정해지기도 한다. 이를테면 '목이 없음'의 경우 남아 9세가 인물화에서 목을 생략하더라도 이 지표에 해당하지 않는 것으로 본다. 하지만 '다리가 없음'의 경우 남아 8세가 인물화에서 다리를 생략했다면 그 지표에 해당하는 것으로 채점한다.

이후 Koppitz(1984)[8]는 정서지표를 행동 및 정서와 관련된 다섯 개의 유목으로 재구분하여 〈표 3-3〉과 같이 제시하였다(이 구분에서 기존 두 개의 지표 —몸통이 없음, 세 명 이상 인물—는 언급되지 않았다. 아마도 한 가지 구분으로 의미 있게 묶이지 않았거나 인물화 검사에서

---

8) Koppitz, E. M. (1984). *Psychological evaluation of children's human figure drawings by middle school pupils.* New York: Grune & Stratton.

나타나는 빈도가 너무 낮았기 때문이라 여겨진다).

표 3-3. 다섯 개의 유목으로 재구분된 정서지표

정서지표	행동/정서와 관련된 구분
낮은 통합성(통합되지 않은 신체)	충동성
팔다리가 비대칭	
투명하게 속이 보임	
인물의 크기가 지나치게 큼(9인치 이상)	
목이 없음	
비스듬히(15도 이상) 기운 인물	불안정성/부적절감
지나치게 작은 머리(전체 인물 크기의 1/10 이하)	
손이 잘렸음	
괴물, 기괴한 인물	
팔이 없음	
다리가 없음	
발이 없음	
얼굴에 음영	불안
몸통, 팔다리에 음영	
손이나 목에 음영	
한쪽에 몰린 다리	
눈이 없음	
구름, 비, 날아가는 새*	
인물의 크기가 매우 작음(2인치 이하)	부끄러움/소심함
짧은 팔	
팔이 몸통 한쪽 면에 달려 있음	
코가 없음	
입이 없음	

사시(두 눈이 똑바로 정렬되어 있지 않음)	
치아	
긴 팔	분노/공격성
큰 손(머리만큼 큼)	
생식기	

* 이후 연구에서 구름이나 비 항목에 '날아가는 새'가 첨가되기도 했다.

5. 성 학대 피해 아동의 그림 특징

인물화 검사에서 가장 큰 관심을 끄는 부분 중 하나가 바로 성 학대[9] 피해 아동이 그리는 인물화 특징이다. 그림검사를 특정 경험의 선별도구로 사용할 수 있는가에 관한 논쟁은 오랜 역사를 지니고 있는데, 특히 성 학대 여부를 감별할 수 있는 도구로서 그림검사의 유효성에 대해 많은 논란이 있었다. 아동의 그림만으로 성 학대 여부를 판단할 수는 없겠지만 그림에서 의심이 가는 점이 나타난다면 아동의 행동(성행동을 하거나 성행동을 연상시키는 행동)을 세밀하게 살펴볼 필요가 있다. 그리고 아동의 경우 언어적으로 자신의 경험을 표현하는 것이 충분치 않을 수 있으며 그림을 통해 더 풍부한 표현을 할 수 있다. 즉, 학대 여부 외에도 현재의 정서적 상태라든가 인지기능, 가해자에 대한 태도, 대처기제, 문제를 인식하는 정도와 세상을 바라보는 시각 등을 표현할 수 있다. 따라서 그림은 성 학대 피해 아동에게 유용한 의사소통 통로가 된다. 더불어 미국의 경우 성 학대 가해자에 대한 재판 과정에서 아동의 그림이 증거로 채택되고 있을 뿐 아니라 미국 재판

---

9) 아동 성 학대란, 아동복지법상 18세 미만의 아동 및 청소년에게 성적 수치심을 주는 성희롱, 성폭행 등의 학대행위를 말하며 아동에게 음행을 시키거나 음행을 매개하는 행위도 포함된다.

부는 아동의 증언을 촉진하기 위해 그림을 사용하는 것을 장려하고 있다(Cohen-Liebman[10], 1995; Malchiodi[11], 1998).

1) Koppitz의 정서지표

Koppitz의 정서지표를 사용해서 성 학대 피해 아동의 그림을 살펴보았더니 인물의 크기가 매우 작음, 손이 없음, 코가 없음, 몸통이 없음 등의 특징이 나타났다. 이와 같은 지표는 불안과 부끄러움을 암시하는 것들이며, 여러 가지 요소들이 반복해서 등장한다. 그 외에 정서지표상의 다른 지표들도 사례에 따라 비일관적이긴 하지만 성 학대 피해 아동의 그림에서 종종 등장하곤 한다. 전체적으로 보면, 피해 아동과 일반 아동의 인물화를 비교했을 때 정서지표상 유의미한 차이가 발견된다고 볼 수 있다.

2) Peterson과 Hardin의 일곱 가지 특징

Peterson과 Hardin(1997)[12]은 성 학대를 당한 아동의 그림에 다음과 같은 일곱 개의 특징이 나타난다고 보고했다.

- 성기를 분명하게 그린다.
- 성기를 숨긴다.
- 성기 주변을 생략한다.

---

10) Cohen-Liebman, M. S. (1995). Drawings as judiciary aids in child sexual abuse litigation: A composite list of indicators. *The Arts in Psychotherapy, 22*(5), 475-483.
11) Malchiodi, C. A. (1998). *Understanding children's drawings.* New York: Guilford Press.
12) Peterson, L. W., & Hardin, M. (1997). *Children in distress: A guide for screening children's art.* New York: W. W. Norton & Co.

- 인물의 중앙 부분을 생략한다.
- 그림에서 마치 캡슐로 싸는 것처럼 둘러싸는 그림을 그린다.
- 과일 나무를 첨가한다.
- 반대의 성을 그린다.

아동의 그림에서 이러한 특징이 나타났을 때에는 성 학대 가능성이 있으므로 신체 검사와 더불어 면담을 하는 것이 필요하다고 보았다.

성 학대 피해 아동의 경우 성기를 묘사하는 비율이 높다. 학대를 당하지 않은 아동도 발달 과정상 성에 대한 관심이 생길 즈음 성기를 묘사하기도 하지만, 학대 여부에 따라 집단으로 나누어 비교해 보면 현저한 차이를 보인다(몇몇 연구에서는 유의미한 차이를 발견하지 못한 경우도 있었다). 성 학대 피해 아동은 성기 외에 유방이나 엉덩이 등 성적 신체 부위를 지나치게 과장하거나 혹은 반대로 축소시켜서 그리기도 한다.

3) 그 외의 연구에서 보고된 성 학대 피해 아동의 인물화 특징

다수의 사례 연구에서 공통적으로 보고되는 것은 '신체 일부의 생략'이다. 특히 손을 생략하거나 발을 생략하는 경우가 많았다. 인물을 그릴 때 신체가 모두 연결되지 않고 부분부분 떨어진 것으로 그리는 경우도 있었다. 상반신과 하반신으로 나누어 살펴보면, 상반신은 자세히 묘사하는 데 비해 하반신은 생략하거나 그리더라도 간략하게 스케치 하는 수준으로만 그리기도 한다. 신체를 제대로 묘사하지 않고 그냥 네모난 박스로 그리는 경우도 있고, 몸을 생략해 버리고 흉상 내지는 얼굴이 있는 두상만 그리는 경우도 있다. 지시는 분명히 "전체 인물을 그려 주세요."라고 들었지만, 상반신, 흉상, 두상만 그리는 경우도 꽤 많다. 그리고 이와 반대로 머리를 생략하는 경우도 있다. 구강성교 피해 아동의 경우에는 인물화에서 입을 생략하거나 큰 동그라미로 입을 그리는 경우가 많다. 인물화 외의 그림에서도 동그라미를 많이 그리거나 강조하는 것은 성 학대 아동의 그림에서 나타나는 특징 중 하나다.

만약 피해 아동이 여아가 아니라 남아인 경우라면, 인물화를 그렸을 때 여성이든 남성이든 분명하게 하나의 성으로 표현하지 못하거나, 혹은 두 개의 성을 섞어서 표현하기도 한다. 이를테면 남자의 몸인데 얼굴의 세부 특징(눈 화장, 입술 화장, 장신구를 착용한 얼굴)은 여성적인 것으로 그리는 식이다. 아마도 이들이 겪는 심리적 혼란에 자신의 성적 정체성 혼란까지 겹쳐져서 그림에서 표현되는 것이 아닐까 추정된다.

특이하거나 두드러진 특징 없이 전반적으로 그림에서 자존감이 낮고 위축된 인상을 주기도 한다. 이를테면 인물이 작고 구석에 그려졌으며 연필선이 약하고 연하게 사용되었고 인물의 표정이 어둡거나 무표정한 것 등을 볼 수 있다.

간혹 매우 우스꽝스럽거나 추악한 인물상으로 표현하기도 한다. 자신에 대해 양가적인 느낌과 스스로를 비하하고 싶은 욕구, 아무렇지도 않은 듯 살고 싶은 욕구, 불안정감 등이 혼합되어서 우스꽝스러운 인물로 그리기도 한다. 눈알이 뱅뱅 돌아간다든가 머리카락이 촌스럽고 큰 파마머리라든가 광대와 같은 인물로 그리기도 한다.

4) 성 학대 피해 청소년

그 외에 성 학대 피해 청소년의 경우에는 아동의 그림보다 덜 직접적인 표현이 나타난다고 알려져 있다. 성 학대 피해 아동의 그림에서 나타나는 특징을 그대로 보여 주는 경우도 있지만, 간접적으로 표현할 때가 더 많다. 또한 청소년기는 성에 대한 관심이 높아지는 시기이므로 성 학대 피해를 경험하지 않은 청소년의 인물화 그림에서도 직간접적인 성적 묘사가 빈번하게 등장한다. 그러므로 그림에서 어떤 특징들이 나타난다고 하더라도 그 해석은 보수적으로 조심스럽게 이루어져야 할 것이다.

성 학대 피해 청소년들의 인물화 특징을 몇 가지 간추려 보면 다음과 같다.

- 인물화에서 자신과 동일한 성을 그리지 않고 다른 성을 그린다.
- 선의 질이 분명하지 않고 매우 희미하며 스케치선을 주로 쓴다.
- 동그라미 형태를 많이 사용한다(단추, 공, 태양 등).
- 손을 생략한다.

반대성을 그린다든가 선의 질이 희미하며 스케치선을 쓰는 것은 자신감이 없고 자존감이 매우 낮은 내담자들의 그림 특징이기도 하다. 동그라미 형태를 많이 사용하는 것은 앞서 구강성교 피해 아동의 그림에 나타난 특징과도 동일하다. 그리고 손을 생략하는 것은 피해 상황에서의 제어력과 통제권이 없었음을 간접적으로 시사하는 것이기도 하다.

인물화가 아닌 자유 주제 그림을 살펴보았을 때 성 학대 피해 청소년이나 성인의 그림에서 자주 등장하는 것은 '눈'이다. 평가하고 감시하며 무섭게 노려보는 눈을 삽입하는 것이 이들의 그림에 종종 등장하곤 한다. 눈의 삽입은 피해망상이 심한 환자들의 그림에서도 종종 나타나며, 비판적인 초자아가 내면에 강하게 자리 잡은 내담자들의 그림에도 나타나곤 한다. 그리고 눈 이외에 'V' 형태의 쐐기 모양 무늬도 성 학대 피해자의 그림에 종종 등장한다.

CHAPTER 4

배경이 삽입된 인물화

인물화 검사는 그 주제 자체가 가지는 중요성 때문에 조금씩 변형되어 다양하게 사용된다. 이번 장에서는 인물화 검사에 특정 환경이 첨부된 그림검사를 살펴보고자 한다. 주로 인물의 상황이나 장소와 결합하여 활용되는데, 여기에는 '빗속의 사람 그림검사'와 '다리 위의 사람 그림검사'가 있다.

1. 빗속의 사람 그림검사

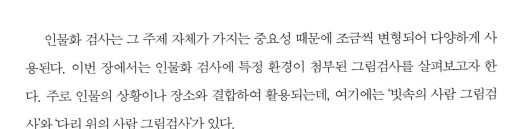

- 재료: A4용지에 연필, 지우개를 제공하는 것이 기본이지만, 연필 대신 12색 크레파스를 제공하기도 한다.
- 과제: "비가 내리고 있는데, 빗속에 있는 사람을 그려 주세요."
- 특징: 스트레스를 주는 상황하에서 어떻게 느끼는지, 어떻게 대처하는지 살펴보기 위해 제시되는 주제다.

이 검사는 Abrams 및 Amchin이 각각 만들었고, 인물화 검사에 비를 첨가한 것이다. 빗속의 사람 그림검사의 영문명칭은 Draw-a-Person-in-the-Rain이다. 줄여서 DAPR[1]이라고 부른 연구자도 있고, PITR[2]이라 부른 연구자도 있다. DAPR이라 부르는 경우에는 이 검사가 '인물화(DAP)' 검사에 '비(rain)'가 더해진 것이라는 점을 강조한다. 즉, DAP + R인 것이다. 그에 비해 PITR이라 부른 연구자는 Person-in-the-Rain의 첫 글자를 따서 불렀으며, 빗속의 사람이라는 주제 자체를 강조한 것이다.

명칭이야 어쨌든, 중요한 것은 빗속의 사람 그림검사가 가지는 특징과 장점이 무엇이냐 하는 점일 것이다. 그것을 이해하기 위해 비가 내리는 상황을 상상해 보자. 어떤 느낌이 드는가? 물론 낭만적일 수 있겠지만 집 바깥에서는 아무래도 스트레스가 될 수 있다. 이 검사에서 '비'는 외부적인 곤경, 스트레스 환경을 의미한다. 빗속의 사람 그림검사에서 평가하고자 하는 것은, 피검자가 스트레스 환경에서 어떻게 자기 자신을 보호하고 스트레스로부터 자기를 지키는가를 알고 싶은 것이다. 불쾌하거나 불안한 환경을 어떻게 대처하는가? 환경을 통제할 수 있는 심리적인 역량은 충분한가? 자아강도는 어떠한가? 그러한 면을 평가하고자 할 때 사용할 수 있는 그림검사다.

표 4-1. Lack의 빗속의 사람 그림 채점 체계

스트레스 척도		자원 척도		대처능력 척도	
항목	항목명	항목	항목명	항목	항목명
S1	비가 없다	R1	보호장비가 있다	R17	나체
S2	비가 있다	R2	우산이 있다	R18	신체 일부의 생략

---

1) Willis, Joy, Kaiser, Kaplan 등의 연구자들이 'DAPR'로 지칭한다.
2) Lack, Weber 등의 연구자들이 'PITR'로 지칭한다.

S3	비가 많다	R3	우산을 들고 있다		(머리, 눈, 코, 입,
S4	비의 스타일	R4	다른 보호장비		몸통, 목, 팔, 손,
S5	비의 방향	R5	적절한 크기의 보호물		손가락, 다리, 발)
S6	비가 닿았다	R6	보호장비가 이상 없다		이 중에서 없는 것마다 1점
S7	사람이 젖었다	R7	비옷	R19	치아가 보인다
S8	바람	R8	비 모자		
S9	물웅덩이	R9	장화		
S10	물웅덩이에 서 있다	R10	인물이 옷을 입고 있다		
S11	다양한 비 스타일	R11	얼굴 전체가 보인다		
S12	다중 강수	R12	얼굴의 미소		
S13	번개가 친다	R13	중심에 있는 인물		
S14	번개에 맞았다	R14	인물의 크기		
S15	구름	R15	전체 인물		
S16	먹구름	R16	선의 질		
스트레스 점수 = S1~S16까지의 합		자원 점수 = (R1~R16까지의 합) ― (R17~R19까지의 합)		대처능력 점수 = 자원 점수 ― 스트레스 점수	

〈표 4-1〉은 Heidi Lack(1996)[3]이 개발한 빗속의 사람 그림검사를 채점하는 채점지표다. 스트레스 점수는 S1부터 S16까지 총 16가지가 있다. 점수를 매기는 방법은 S1~S8까지 그 항목에 해당되는 것이 있으면 1점, 없으면 0점이다. S1과 S2를 보면 서로 상반되는

---

3) Lack, H. (1996). *The Person-in-the-rain projective drawing as a measure of children's coping capacity: A concurrent validity study using Rorschach, psychiatric and life history variables.* Unpublished doctoral dissertation, The California School of Professional Psychology.

항목이므로 둘 중 하나는 반드시 1점을 받게 된다. S1에서 1점을 받는다면 비가 없는 것이므로 S2~S7은 모두 생략하고 곧바로 S8로 진행하면 된다. S3에서 비가 많다는 것은, 인물이 차지한 면적과 비가 그려진 면적을 서로 비교했을 때, 비의 면적이 인물의 1.5배 면적보다 더 넓다면 비가 많은 것으로 평가한다. 그리고 S9부터 S16까지는 해당되는 대상의 숫자만큼 점수를 부여한다. 예를 들어, S9에서 물웅덩이가 4개 있으면 4점이 된다. 스트레스 점수는 S1에서 S16까지 전체를 더한 합이다.

자원 점수는 R1부터 R16까지의 합에서 R17에서 R19까지의 합을 뺀 점수다. 자원 척도의 각 항목은 해당되는 것이 있으면 1점, 없으면 0점을 준다. R14는 인물의 크기인데 우산을 포함해서 인물 전체 크기가 2인치보다 작거나 6인치보다 크다면 인물 크기가 지나치게 작거나 크다고 봐서 0점, 2~6인치 사이라면 1점을 준다. R15에서 사람을 머리끝부터 발끝까지 그렸고 정면을 그렸을 때 1점, 그 외에는 0점이다. R16은 선의 질이 균일하고 연속적이라면 1점, 불안정하거나 스케치 형태라면 0점이다.

스트레스 점수가 높을수록 빗속의 사람 그림에서 스트레스를 많이 표현한 것이며, 자원 점수가 높은 경우에는 스트레스를 다루는 자원이 풍부한 것으로 해석할 수 있다. 대처능력 점수는 자원 점수에서 스트레스 점수를 뺀 것이며, 대처능력이 어느 정도인가 가늠하게 해 준다. 이러한 계산법은 Krom(2002)[4]이 보호장비와 스트레스 지표 간의 균형이 대처능력을 보여 주는 것이라고 주장했던 바와 유사한 방식이다.

또 다른 채점지표로는 Deni Hansen-Gray Weber(2007)[5]의 방식이 있다. Weber는

---

4) Krom, C. P. (2002). *Hospice nurses and the palliative care environment: Indicators of stress and coping in the Draw-a-Person-in-the-Rain test.* Unpublished master's thesis. Albertus Magnus College, New Haven, CT.
5) Weber, D. H.-G. (2007). *The usefulness of the Draw-a-Person-in-the-Rain projective drawing as a screening for special education evaluations.* Unpublished doctoral dissertation. Adler School of Professional Psychology, Chicago.

Lack의 방식을 기본으로 사용하되, 색상을 첨가하고 색상지표를 활용하였다. 색상지표는 채색 정도, 채색 에너지, 채색 안정성, 사용 색상 수 등으로 나눌 수 있다.

그리고 다음과 같이 추가적인 질문을 더했다.

- 그림 속의 사람이 어떻게 하여 빗속에 서 있게 되었을까요?
- 다음에 무슨 일이 일어날까요?

빗속의 사람 그림검사는 전문적인 학술 연구에서도 다수 사용되었다. 그중 Carney (1992)[6]는 121명의 청소년을 대상으로 빗속의 사람 그림검사와 우울증 간의 관계를 조사하였고, 그림에서 보호장비가 없다는 점과 우울증이 정적인 상관관계를 보인다는 것을 밝혔다. 즉, 비가 내리는 상황에서 보호장비가 충분하지 않은 점은 스트레스에 대처하는 능력에서의 결핍을 의미하며 우울과도 관련이 있다고 할 수 있다.

국내에서는 김갑숙(2013)[7], 김순란과 최외선(2004)[8], 주리애(2011)[9] 등의 연구자들이 빗속의 사람 그림검사를 사용해서 연구를 했다.

---

6) Carney, S. M. (1992). *Draw a person in the rain: A comparison of levels of stress and depression among adolescents.* Unpublished doctoral dissertation, Pace University, New York.
7) 김갑숙(2013). 청소년의 정신건강 선별도구로서의 빗속의 사람 그림 활용. **상담학연구, 14**(3), 1755-1771.
8) 김순란, 최외선(2004). 초등학생의 스트레스와 빗속의 아이 그림 반응특성에 관한 연구. **미술치료연구, 11**(2), 185-210.
9) 주리애(2011). 빗속의 사람 그림검사에 나타난 여고생의 비행 및 분노에 관한 연구. **미술교육논총, 25**(3), 217-240.

2. 빗속의 사람 그림 사례

1) 인물이 생략된 그림

[그림 4-1]은 기질적인 뇌병변장애[10]로 진단 받은 20대 중반의 여성 환자가 그린 그림이다. 빗속에 사람은 그리지 않았고 오직 여러 개의 우산들만 있다. 초록색 우산이 크게 중앙에 자리 잡고 있고, 그 외에 빨강, 주황, 보라, 연두, 파랑, 회파랑, 보라색 등의 우산이 있다.

전체적으로 다양하게 색이 사용되었는데도, '알록달록하다'는 느낌보다는 뭔지 모르게 탈색된 듯한 느낌이 든다. 일차색(빨강, 노랑, 파랑)과 이차색(주황, 녹색, 보라) 삼차색(주홍, 청보라, 자주, 청록, 연두, 갈색 등)으로 나누어서 살펴보면, 이 그림은 주로 삼차색 위주로 사용된 것을 알 수 있다. 그리고 몇몇 우산은 파스텔을 문지른 듯한 효과를 내려고 그랬는지 일부러 외곽선 바깥 부분까지 크레파스로 칠을 했는데 이러한 채색 방식도 그림의 탈색된 느낌에 영향을 주고 있다.

그림 4-1

---

10) 기질적인 뇌병변은 organic brain disorder이며, 중추신경계 손상으로 인해 생기는 복합적인 장애로 뇌손상, 뇌졸중, 뇌성마비 등으로 나타난다. 뇌의 기질적 병변으로 발생한 신체적 장애로 인해 일상생활이나 보행에 지장을 초래하고 언어장애나 시각 혹은 청각장애 등이 나타날 수 있다.

이 피검자의 빗속의 사람 그림을 평가하면 다음과 같다. 이 그림에서는 인물을 그리지 않고 생략한 부분이 큰 영향을 끼쳐서 자원 점수가 매우 낮아졌다. 따라서 결과적으로 대처능력 점수도 낮아졌다. 이러한 점수 계산을 보더라도, 배경이 삽입된 인물화에서는 인물 자체를 매우 중요시하는 것을 확인할 수 있다.

	스트레스 척도			자원 척도			대처능력 척도	
항목	항목명	점수	항목	항목명	점수	항목	항목명	점수
S1	비가 없다	1	R1	보호장비가 있다	1	R17	나체	0
S2	비가 있다	0	R2	우산이 있다	1	R18	신체 일부의 생략	11
S3	비가 많다	0	R3	우산을 들고 있다	0		(머리, 눈, 코, 입,	
S4	비의 스타일	0	R4	다른 보호장비	0		몸통, 목, 팔, 손,	
S5	비의 방향	0	R5	적절한 크기의 보호물	0		손가락, 다리, 발)	
S6	비가 닿았다	0	R6	보호장비가 이상 없다	0		이 중에서 없는 것마다 1점	
S7	사람이 젖었다	0	R7	비옷	0	R19	치아가 보인다	0
S8	바람	0	R8	비 모자	0			
S9	물웅덩이	0	R9	장화	0			
S10	물웅덩이에 서 있다	0	R10	인물이 옷을 입고 있다	0			
S11	다양한 비 스타일	0	R11	얼굴 전체가 보인다	0			
S12	다중 강수	0	R12	얼굴의 미소	0			
S13	번개가 친다	0	R13	중심에 있는 인물	0			
S14	번개에 맞았다	0	R14	인물의 크기	0			
S15	구름	0	R15	전체 인물	0			
S16	먹구름	0	R16	선의 질	1			
	스트레스 점수 = 1			자원 점수 = 3 — 11 = -8			대처능력 점수 = -8 — 1 = -9	

2) 빗속에서 울고 있어요

[그림 4-2]는 30대 중반의 미혼 여성이 여러 가지 진로를 두고 고민하는 와중에 그린 빗속의 사람 그림이다. 검은 먹구름 아래 세차게 비가 내리고 있고, 바람까지 불어서 빗줄기가 휘어졌다. 그림 속 인물은 장화와 코트 같은 비옷을 입고 있지만, 우산은 없어서 머리에 비를 맞고 있다. 인물이 서 있는 곳도 작은 물웅덩이라서 빗물이 튀어 오르지 않을까 걱정된다. 이 그림을 Lack 척도에 따라 평가하면 다음과 같다.

그림 4-2

스트레스 척도			자원 척도			대처능력 척도		
항목	항목명	점수	항목	항목명	점수	항목	항목명	점수
S1	비가 없다	0	R1	보호 장비가 있다	1	R17	나체	0
S2	비가 있다	1	R2	우산이 있다	0	R18	신체 일부의 생략	0
S3	비가 많다	1	R3	우산을 들고 있다	0		(머리, 눈, 코, 입,	
S4	비의 스타일	1	R4	다른 보호 장비	0		몸통, 목, 팔, 손,	
S5	비의 방향	1	R5	적절한 크기의 보호물	0		손가락, 다리, 발)	

S6	비가 닿았다	0	R6	보호장비가 이상 없다	1		이 중에서 없는 것마다 1점	
S7	사람이 젖었다	1	R7	비옷	1	R19	치아가 보인다	0
S8	바람	1	R8	비 모자	0			
S9	물웅덩이	1	R9	장화	1			
S10	물웅덩이에 서 있다	1	R10	인물이 옷을 입고 있다	1			
S11	다양한 비 스타일	1	R11	얼굴 전체가 보인다	1			
S12	다중 강수	0	R12	얼굴의 미소	0			
S13	번개가 친다	0	R13	중심에 있는 인물	0			
S14	번개에 맞았다	0	R14	인물의 크기	1			
S15	구름	1	R15	전체 인물	1			
S16	먹구름	1	R16	선의 질	1			
스트레스 점수 = 11			자원 점수 = 9 — 0 = 9			대처능력 점수 = 9 — 11 = −2		

이 사례는 바로 앞의 사례처럼 자원 점수나 대처능력 점수가 낮지 않지만, 스트레스 점수는 훨씬 더 높다. 비와 바람, 물웅덩이, 먹구름 등이 스트레스 점수를 높인 요인이라 할 수 있다. 두 피검자의 상태와 처지를 고려하면 이 결과를 더 이해할 수 있으리라 생각 된다. 즉, 앞의 피검자는 현재 두드러진 생활 스트레스나 당면한 문제가 있다기보다는 지속적인 병으로 인해 장기간의 스트레스에 노출된 상태다. 그래서 스트레스 측면이 높 아지기보다는 개인의 심리적 자원이 줄어드는 것으로 영향을 받았다. 반면에, 두 번째 피검자는 심리적 자원은 충분히 있음에도 불구하고 당면한 진로 문제로 심하게 스트레 스를 받는 상태라 할 수 있다. 이 두 그림을 함께 비교해 보면 개인의 상태와 그림 속 표 현, 그리고 척도를 통해 평가한 결과가 어떤 의미로 해석될 수 있는지를 알 수 있다.

3) 빗속을 걸어요

그림 4-3

이번에는 대처능력 점수가 높은 그림 사례를 살펴보고자 한다. [그림 4-3]은 20대 중반의 일반 여성이 그린 빗속의 사람 그림검사다. 비 오는 날씨를 좋아하는 소녀가 한껏 멋을 내고 나와서 누군가를 만나러 가는 길이라고 한다. 소녀는 망토를 입고 있고, 망토 중간에 손을 꺼낼 수 있는 부분이 있어서 두 손을 모두 밖에 꺼내 두었다. 비가 많이 내리지 않아서 기분 좋게 길을 가고 있다고 한다.

이 그림을 채점해 보면 스트레스 척도 점수 4점, 자원 점수 13점, 대처능력 점수는 9점이라는 것을 알 수 있다. 무엇보다도 자원 척도에서 높은 점수를 받은 것이 결과에 영향을 미쳤다. 그림 속의 인물은 자신을 보호할 수 있는 다양한 대비책을 지니고 있다. 큰 우산에 모자와 우비를 갖추고 있어서 빗길을 걷는 동안 비를 맞을 것 같지는 않다. 소녀의 표정과 노랫가락으로 보아 기분도 매우 좋아 보인다.

한편, 인물 묘사가 만화나 동화의 일러스트처럼 귀엽게 표현되었는데, 그러다 보니 얼굴에서 코와 손가락이 생략되었다. 이러한 비사실적 묘사는 대처능력을 평가할 때 마이너스로 작용했다. 사실, 어린아이 같은 천진난만함이나 순수함은 긍정적인 면도 있지만, 실생활에서는 성숙한 모습이 삶의 문제를 풀어 가는 데는 더 좋은 것이 아닐까. 그림도 마찬가지다. 그림검사에서 귀엽고 앙증맞게 그림을 그리려는 경우가 더러 있는데, 그렇게 꾸미지 않고 그저 그릴 수 있는 대로 소탈하게 그리는 것이 더 건강한 경우가 많다.

본 사례에서는 자신의 나이보다 좀 더 어려 보이는 그림 표현이 있기는 했지만, 전체적으로 보았을 때 스트레스 표현이 적고 자원을 충분히 갖추고 있으므로 대처능력이 우수하게 나타났다고 평가된다.

스트레스 척도			자원 척도			대처능력 척도		
항목	항목명	점수	항목	항목명	점수	항목	항목명	점수
S1	비가 없다	0	R1	보호 장비가 있다	1	R17	나체	0
S2	비가 있다	1	R2	우산이 있다	1	R18	신체 일부의 생략	2
S3	비가 많다	0	R3	우산을 들고 있다	1		(머리, 눈, 코, 입,	
S4	비의 스타일	1	R4	다른 보호 장비	1		몸통, 목, 팔, 손,	
S5	비의 방향	0	R5	적절한 크기의 보호물	1		손가락, 다리, 발)	
S6	비가 닿았다	1	R6	보호장비가 이상 없다	1		이 중에서 없는 것마다 1점	
S7	사람이 젖었다	1	R7	비옷	1	R19	치아가 보인다	0
S8	바람	0	R8	비 모자	1			
S9	물웅덩이	0	R9	장화	0			
S10	물웅덩이에 서 있다	0	R10	인물이 옷을 입고 있다	1			
S11	다양한 비 스타일	0	R11	얼굴 전체가 보인다	1			
S12	다중 강수	0	R12	얼굴의 미소	1			
S13	번개가 친다	0	R13	중심에 있는 인물	1			
S14	번개에 맞았다	0	R14	인물의 크기	1			

S15	구름	0	R15	전체 인물	1		
S16	먹구름	0	R16	선의 질	1		
스트레스 점수 = 4			자원 점수 = 15 — 2 = 13			대처능력 점수 = 13 — 4 = 9	

3. 다리 위의 사람 그림검사

이 검사는 Hays와 Lyons(1981)[11]가 만든 '다리 그림검사'에 인물을 결합한 것이다. '다리'라는 건축물은 도시 생활에 익숙한 현대인들에게 친숙한 소재일 뿐 아니라 이쪽과 저쪽을 연결해 주는 연결물이라는 의미도 가지고 있다. 그래서 이 검사는 상징적인 의미에서 연결성과 관계 맺기, 진행과정, 변화 등의 의미를 보여 준다.

Hays와 Lyons가 사용했던 검사의 지시문은 다음과 같다.

- 한 장소에서 다른 장소로 연결되는 다리를 그리세요.
- (다리를 건넌다고 가정하고) 화살표로 진행 방향을 표시하세요.
- 그림 속에서 당신의 위치를 점으로 표시하세요.
- 종이 뒷면에 나이와 성별을 적고, 원한다면 그림에 대해 설명을 써도 좋습니다.

완성된 그림에 대한 평가는 〈표 4-2〉와 같이 총 12가지 변인으로 이루어진다. 이후

---

11) Hays, R. E., & Lyons, S. J. (1981). The Bridge Drawing: A projective technique for assessment in art therapy, *The Arts in Psychotherapy, 8,* 207-217.

점으로만 사람을 나타내지 않고 인물상을 그리는 것으로 변형되면서 인물 평가 척도가 추가되었다.

표 4-2. **다리 위의 사람 그림검사 채점 체계**

Hays & Lyons 평가 척도		인물 평가 척도	
항목	항목명	항목	항목명
B1	진행방향	P1	전신상 여부
B2	인물의 위치	P2	신체 일부의 생략 (머리, 눈동자가 있는 열린 눈, 코, 입, 목, 몸통, 팔, 손가락, 다리, 발 등)
B3	다리 양쪽에 그린 장소		
B4	연결 부위의 견고성	P3	인물의 크기
B5	상세한 강조		
B6	다리 재료		
B7	다리 종류		
B8	다리 아래에 있는 것		
B9	시점		
B10	도화지 방향		
B11	전체적 일관성		
B12	그림에 대해 글로 쓴 것		

각각의 항목에 대해 살펴보면 다음과 같다. Hays와 Lyons의 연구에서는 청소년을 대상으로 그림 특징을 알아보았다.

B1. 진행방향

'진행방향'은 다리를 건널 때 어느 방향으로 건너고 있는지 화살표로 표시하도록 하는 것이다. 대개 (청소년의 약 75% 정도) 왼쪽에서 오른쪽 방향으로 진행한다고 하며, 응답자의 20%는 양방향으로 화살표를 그렸다. 양방향 화살표는 두 방향으로 모두 오갈 수 있다는 의미로 그리는 경우가 많다.

B2. 인물의 위치

Hays와 Lyons의 다리 그림검사에서는 그림 속 위치를 점으로 나타내도록 하는데, 이처럼 점의 위치나 사람으로 그렸을 때 인물의 위치를 살펴보는 지표다. 대부분의 반응은 다리의 중간쯤에 점을 찍거나 인물을 그린다. 진행방향과 결부해서 살펴보면, 어느 쪽에서 출발해서 인물이 어느 만큼 왔는지 알 수 있다. 앞으로 가야 할 거리가 더 많이 남은 것인지, 혹은 지나온 거리가 더 많은지에 따라 피검자 내면의 목표 지점까지의 거리나 문제 해결까지의 과정을 상징적으로 풀이할 수 있다.

B3. 다리 양쪽에 그린 장소

이 변인은 다리 양쪽에 그린 장소가 어떤 곳인지를 살펴보는 것이다. 사람에 따라서는 다리만 그리느라 다리 양쪽 장소를 생략하는 경우도 있고, 혹은 이와 반대로 다리 양쪽 장소를 훨씬 더 정교하고 두드러지게 그리는 경우도 있다. 흔히 다리 양쪽에 그린 장소는 상징적인 의미에서 피검자가 도달하고자 하는 목표 혹은 현재의 심리적 상태를 보여 준다고 알려져 있다. 그래서 절벽이라든가 위험해 보이는 벼랑을 그리는 경우가 있고, 천국이라든가 낙원, 아름다운 땅을 그리는 경우도 있다.

B4. 연결 부위의 견고성

연결 부위의 견고성은 그림 속 다리가 양쪽에 어느 만큼 단단하게 연결되었는가를 평가하는 지표다. 세 가지로 평가할 수 있는데, 견고하고 단단하게 연결되었거나 빈약하게 연결되었거나 아니면 연결되지 않았거나 등이다.

B5. 상세한 강조

그림에서 어떤 부분이 상세하게 그려졌고 세부 묘사가 곁들여졌는지 살펴보는 항목이다. 대개 상세하게 세부 묘사가 된 부분은 피검자의 관심사를 반영한다. 사람에 따라서는 주제와 관련 없는 부분을 상세하게 강조하기도 하고, 주제 자체를 강조하기도 한다. 어느 경우든, 자신의 심리적 관심에 따라 강조하는 것이므로 세부 묘사가 들어간 부분은 유의해서 살펴보아야 한다.

B6. 다리 재료

이 변인은 다리가 어떤 재료로 만들어졌는지 살펴보는 것이다. 강철 같은 금속류 다리, 나무로 만든 다리, 밧줄로 된 다리, 돌다리, 여러 가지 재료를 섞어서 사용한 다리, 알 수 없는 재료로 만든 다리 등으로 나눌 수 있다. 대개 금속으로 된 다리를 많이 그리고, 나무다리도 흔한 반응이다(실생활에서 나무다리가 흔하지는 않지만, 전형성이 높은 반응이라 할 수 있다). 때로 심리적인 긴장이 높거나 불안이 큰 피검자들은 밧줄로 된 다리를 그리기도 한다.

B7. 다리 종류

다리의 형태에 따라 현수교, 사장교, 아치교, 거더교, 트러스교 등으로 나눌 수 있다. 구체적인 형태는 〈표 4-3〉과 같다. 아치교는 곡선이 두드러지므로 여성의 그림에서 자주 나오고, 간략하게 그리는 형태로는 거더교가 흔하다. 미국의 피검자들은 현수교를 자

주 그리는데, 샌프란시스코의 금문교가 워낙 유명하고 사진으로도 익숙해서 그런 것이

아닐까 한다.

표 4-3. 다리의 형태에 따른 종류

1. 현수교: 남해의 남해대교, 인천의 영종대교, 부산의 광안대교, 여수의 이순신대교, 미국 샌프란시스코의 금문교 등이 있다.
주탑과 주탑 사이에 케이블이 있고, 그 케이블에 작은 케이블이 달려서 상판과 연결된다.

2. 사장교: 서울의 올림픽대교가 대표적이다.
현수교와의 차이점은 주탑에서 나온 케이블이 바로 상판에 연결된 형태라는 점이다.

3. 아치교: 경주 불국사의 청운교와 백운교, 로마의 아치형 다리 등이 있다.
활처럼 둥근 부분을 가진 다리다. 아치 형태가 상판 아래에 있는 경우도 있고 상판 위나 중간에 있는 경우도 있다.

4. 거더교: 가장 간단한 다리 형태다. 곧고 단단한 다리가 건너야 할 곳을 가로질러 설치된 모습이다. 우리나라에서는 고속철도 교량으로 많이 사용되었다.

5. 트러스교: 서울의 한강철교와 동호대교 등이 있다. 삼각형 뼈대를 사용한 다리 형태다.

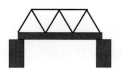

이 외에 박스교, 보도교, 라멘교, 슬래브교 등이 있다.

B8. 다리 아래에 있는 것

다리 아래에 있는 것이 어떤 것인지를 평가하는데, 위험한 정도를 중점적으로 살펴

본다. 예를 들어, 강물을 그렸는데 심하게 소용돌이치며 격랑이 이는 강물이라거나 천길 낭떠러지라면 '위험한 것'으로 평가할 수 있다.

B9. 시점

그림의 시점은 세 가지로 나뉘는데, 눈높이, 위에서 내려다본 시점, 아래에서 올려다본 시점 등이다. 눈높이 시점이 가장 흔한 반응이지만, 간혹 하늘 위에서 내려다본 모습을 그리기도 한다. 이러한 시점은 '새의 시점'이며 대략 10% 정도의 그림에서 나타나는데, 통제욕구나 힘에 대한 소망을 시사하는 것이라고 볼 수 있다. 이와 반대로 아래에서 올려다보는 시점의 그림은 '벌레의 시점'이며, 열등감을 상징하는 것으로 해석된다.

B10. 도화지 방향

도화지를 가로로 길게 두고 그렸는지, 세로로 두고 그렸는지를 평가한다. 대체로 다리라는 주제를 그리기 위해서는 가로로 긴 방향을 사용한다. 간혹 세로로 그리는 경우에는 절벽에 놓인 다리처럼 높이를 강조하기 위해서 그렇게 하기도 한다.

B11. 전체적 일관성

그림의 구성요소들이 서로 어울리는지, 일관성이 있는지를 평가한다. 이 평가요인은 통합성 정도를 평가하는 것이라 할 수 있다.

B12. 그림에 대해 글로 쓴 것

이것은 그림에 대한 평가라기보다는 추가적인 서술에 해당된다. 피검자가 그림에 대해 쓰고 싶은 것을 자유롭게 쓰도록 한다.

4. 다리 위의 사람 그림 사례

1) 새의 시점으로 그린 다리 그림

그림 4-4

　[그림 4-4]는 직장생활에 일주일의 대부분을 할애하는 30대 미혼 여성이 그린 그림이다. 넓은 바다 같은 강 위로 아치형 다리가 펼쳐져 있고, 자신은 아침 일찍 조깅하고 있다고 한다. 다리의 난간도 꼼꼼하게 그렸고 다리 위의 가로등도 군데군데 서 있다. 다리의 위치가 화면의 중앙이 아닌 점은 눈에 띄며, 좌측에서 우측으로 더 높이 올라가게끔 그린 점도 눈에 띈다. 상승에 대한 욕구랄까, 미래의 성공에 대한 갈망처럼 보이기도 한다(대개 그림의 좌측은 과거와 좀 더 관련이 있다면, 우측은 미래와 관련이 있다고 보는 점도 작용한다). 또 그림의 시점을 보더라도 새의 시점을 채택한 것—완전히 수직으로 내려다본 것은 아니지만—을 볼 수 있는데, 이러한 관점은 권력에 대한 욕구를 나타내는 것일 수 있다. 다리 양쪽으로는 어떤 곳이 연결되었는지 보이지 않아서 마치 시작과 끝을 알 수

없는 긴 다리처럼 보이기도 한다. 그래도 웃으면서 신나게 달리고 있어서 큰 문제는 없으리라 여겨지지만, 달리다 보면 언젠가는 지칠 수 있고 혹은 돌아오고 싶을 수도 있을 것이다. 그럴 때 큰 어려움 없이 무사히 돌아올 수 있기를 바란다.

2) 자동차를 타고 다리 위를 달리는 그림

[그림 4-5]는 졸업을 앞둔 남자 대학생이 그린 다리 위의 사람 그림이다. 사람은 자동차를 운전하고 있고, 자동차는 헤드라이트를 켠 채 다리 위를 질주하고 있다. 다리가 세워진 곳은 부산의 광안대교처럼 바다 위인데 파도가 세지 않아서 무섭거나 하지는 않다고 했다. 흔히 다리 위의 사람 그림은 다리를 길게 그려야 하기 때문에 세로보다는 가로로 많이 그리는데, 이 그림의 경우에는 세로 방향으로 그렸고 다리 양쪽은 생략되었다. 피검자는 다리의 양쪽으로 무엇을 그려야 할지 감이 오지 않아서 다리만 그렸다고 한다.

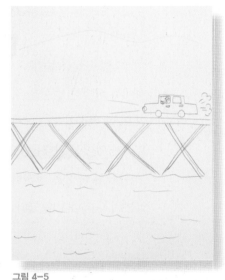

그림 4-5

그림에서 가장 상세하게 강조된 것은 다리도 사람도 아닌 자동차다. 어떤 의미에서는 다리 위의 사람이라는 주제에 맞기는 하지만, 정확히 말하면 다리 위의 자동차에 탄 사람이 되는 셈이다. 아마도 피검자는 인물만을 그리기보다는 그 인물을 보호해 주거나 그 인물이 원하는 바를 성취해 줄 수 있는(빨리 가고 안전하게 가는) 것이 더 필요하다고 느끼는 듯하다. 어두운 밤인지는 모르겠지만 헤드라이트를 켜고 가는 것도 피검자의 '안전에 대한 욕구'를 보여 주는 것 같다. 그러한 점을 고려한다면 다리가 꽤 높고 바다 위라는 점도 불안하게 느낄 수 있는 환경이 될 것이다. 또 진행방향을 보면 오른쪽에서 왼쪽으로 가고 있다. 만약 왼쪽이 상징적인 의미에서 과거를 뜻한다면, 피검자는 의식하지 않았지만 과거로 회귀하고 싶은 마음을 표현한 것일 수 있다. 어쩌면 그러한 방향 선택은 당연한 것으로 보이기도 한다. 이제 대학을 졸업하고 여러 가지 어려움과 책임이 기다리는 사회로 진출해야 하는 입장에서는 안전에 대한 욕구라든가 과거로 돌아가고 싶은 마음이 들게 되지 않을까?

3) 검은 회오리 배경에 있는 붉은 다리 그림

[그림 4-6]은 물감을 사용해서 채색된 다리 위의 사람 그림이다. 사귀는 남자와의 관계에서 상당한 갈등을 겪는 30대 여성이 그린 그림이다. 그림에는 중간에 붉은 다리가 있고, 양 가장자리로 남자와 여자가 서 있다. 두 사람 사이에는 소용돌이 같은 검은색 회오리가 있어서 위태롭게 느껴진다. 피검자는 운명의 소용돌이를 묘사하려 했다고 한다. 두 사람의 운명은 어지럽고 위태로워 보인다. 이 그림에서도 다리 양쪽에 어떤 장소가 있는지 나타나지 않았다. 따라서 연결 부위의 견고성을 평가하기 어렵다. 다리는 가장 간단한 거더교 타입으로 그려졌고, 난간이라든가 다른 세부 사항을 묘사하지 않아서 약간 위태롭게 보이기도 한다. 우리나라 속담에 '원수는 외나무 다리에서 만난다'에 가까운 느낌이랄까? 두 인물의 자세는 서로에게 달려온다든가 반가워하는 느낌이 아니라, 자기 자리에 서 있는 상태다. 그림 속 두 사람은 힘

그림 4-6

겨루기를 하는 것일까? 그런데 자세히 보니 여자의 발이 남자에게 향하고 있지 않고 반대쪽으로 향해 있다. 즉, 여자는 남자에게 등을 보이고 있다. 어쩌면 피검자는 관계를 정리하고 싶은 욕구가 더 큰지도 모르겠다. 여러 가지 복잡한 생각이 있지만, 그 생각에는 우울함이 강하게 결부된 것으로 보이고, 더불어 상당한 양의 원망이나 분노도 느껴지는 듯하다. 특히 다리의 색 선택이 검정과 빨강으로 이루어진 것이나 검은 회오리에 더해진 빨강과 파랑에서 그런 인상을 받는다. 만약 관계를 정리한다 하더라도 마음속의 부정적인 감정을 풀어 가는 것이 큰 숙제가 될 듯하다.

4) 붉은 다리 위에 흰 옷을 입은 여자 그림

[그림 4-7]은 크레파스를 사용해서 그린 다리 위의 사람 그림이다. 붉게 칠한 다리가 두드러지고, 그 위를 흰 옷을 입은 여성이 건너가고 있다. 다리가 놓인 양쪽은 묘사가 거의 없어서 어떤 곳인지 알 수 없다. 다리는 마치 위태로운 건널목처럼 난간이 없이 덩그러니 놓여 있다. 이 그림을 그린 사람은 17세 남자 청소년이다. 이 그림은 현재 그가 여러모로 스트레스를 많이 받고 있는 게 아닌가 하는 의구심을 갖게 하는데, 자신과 다른 성의 인물을 그린 점이나, 인물이 착용한 흰 의복과 맨발의 모습에서 자기보호가 잘 되지 않는 느낌이 들고, 다리의 형태라든가 연결 부위가 견고하지 않은 점, 인물의 방향도 좌측으로 향하고 있는 점, 주조색이 붉은 계열의 갈색에 치우친 점, 전체적인 완성도가 높지 않은 점 등을 종합해서 고려하면 그렇게 평가할 수 있다.

그림 4-7

사과나무에서 사과 따는 사람 그림

세계를 변화시킨 4개의 사과가 있다. 첫 번째는 아담과 이브의 선악과다. 물론 선악과가 사과란 이야기는 없지만 후대의 화가들이 묘사할 때 사과로 그리곤 했다. 아마도 사과가 과일의 대표성과 전형성이 높아서 그랬을 것이다. 두 번째는 그리스 신화의 황금사과인데 트로이 목마가 나오는 전쟁의 시초가 되었다. 가장 아름다운 여성에게 황금사과를 주라고 해서 사랑의 여신 아프로디테가 받았고, 이로 인해 제우스의 부인 헬레나가 화가 나서 결국 전쟁으로 번지게 되었다. 세 번째는 뉴턴의 사과로 뉴턴이 사과나무에서 사과가 떨어지는 것을 보고 만유인력의 법칙을 발견했다는 이야기가 있다. 네 번째는 윌리엄 텔의 사과다. 폭정을 일삼는 군주로 인해 아들의 머리 위에 사과를 올려놓고 활을 쏠 수밖에 없었던 사연이 깃든 사과다. 이러한 이야기들을 통해 생각해 볼 수 있는 점은 그만큼 사과와 사과나무가 우리에게 친숙한 주제라는 것이다.

그림검사에도 사과나무를 사용하는 검사가 있다. 바로 사과나무에서 사과 따는 사람 그림검사다.

1. PPAT의 개관

- 재료: 8절[1] 흰 도화지 1장, 12색 마커(빨강, 주황, 노랑, 연두, 초록, 밝은 파랑, 어두운 파랑, 보라, 자주, 분홍, 갈색, 검정)
- 과제: "사과나무에서 사과를 따는 사람을 그려 보세요."

사과나무에서 사과 따는 사람 그림검사는 영어로 The Person Picking an Apple from Tree이고, 줄여서 PPAT라고 부른다.

이 주제를 처음 사용한 사람은 미술교육가인 Lowenfeld이며, 이후에 미술치료 분야에서 심리검사로 사용하기 시작한 사람은 미국의 미술치료사 Gantt이다. Gantt는 이 검사와 채점 척도를 개발하여 표준화시켰다.[2]

PPAT에서 사용하는 재료는 8절 흰 도화지와 12색 마커다. 12색은 빨강, 주황, 노랑, 연두, 초록, 밝은 파랑, 어두운 파랑, 보라, 자주, 분홍, 갈색, 검정 등이다.

---

1) PPAT 개발자들이 정한 도화지는 12×18in이며 우리나라에서는 그에 가장 가까운 8절 도화지를 사용하면 된다.
2) Gantt, L. (1990). *A validity study of the Formal Elements Art Therapy Scale (FEATS) for diagnostic information in patients' drawings*. Unpublished doctoral dissertation. University of Pittsburgh, PA. Gantt, L. (2001). The Formal Elements Art Therapy Scale: A measurement system for global variables in art. *Art Therapy: Journal of the American Art Therapy Association, 18*(1), 50–55.

Tip. 재료에 대해서 잠깐 소개합니다

마커는 미국에서 흔하게 쓰는 미술 재료인데 보통 유성이 아닌 수성이라서 그 성질이 무르고 쓰기 편하다. 우리나라의 크레파스처럼 손이 쉽게 가고 많이 쓰는 재료다.

유성마커는 딱딱하고 진하게 칠해져서 그리기가 쉽지 않다면, 수성마커를 찾아보자. 아래 사진 속의 마커도 쉽게 칠해지는 국산 브랜드 마커다(컬라펜이라는 제품명으로 판매된다). 아니면 사인펜으로 그리는 것도 한 가지 대안이 될 수 있다.

Gantt와 Tabone은 Sanford사에서 나오는 'Mr. Sketch'라는 브랜드의 향기 나는 수성마커를 사용했다. 미국에서는 흔히 사용하는 마커 브랜드 중 하나로, 향이 첨가되어 있어서 아동과 청소년이 좋아하는 재료이기도 하다. 하지만 연구자들이 이 브랜드로 한정짓지는 않았으므로 각자 자신이 사용할 수 있는 마커를 사용하면 된다.

PPAT 그림에 대한 지시는 다음과 같다.

"사과나무에서 사과를 따는 사람을 그려 보세요."

이 지시 외에 PPAT에서 특별히 준수해야 할 제한점은 없다. 도화지의 방향이라거나 시간 제한이 없으므로 피검자가 원하는 대로 할 수 있게끔 허용한다.

사과나무에서 사과를 따는 사람을 생각해 보면 나무, 사람, 사과 따는 동작이 나오게 되므로 한 장의 그림만으로 많은 정보를 얻을 수 있다. 여기에 등장하는 주제는 집-나무-사람(HTP) 검사에서 제시하는 나무와 사람이 있을 뿐 아니라, 동적인 움직임 요소가 함께 결합되어 있다.

- 나무: 나무는 대부분의 사람들에게 친숙한 대상일 뿐 아니라 전통적인 그림검사 주제다. HTP 검사나 DDS 검사에서 두 번째 그림이 나무인데, 이 두 번째 과제에 대해 어려워하거나 거부하는 사람들은 거의 없다. 그만큼 나무에 대해서는 편안하게 여긴다는 뜻이다. 또 나무가 보여 주는 성장 과정이나 생애 주기(뿌리를 내린다, 가지를 뻗는다, 과실을 맺는다 등)가 사람의 일생과도 닮아 있어서 상징성이 풍부한 대상이다.
- 사과: 사과는 과일 중에 가장 대표성이 강한 종류다. 만약 본 그림검사 주제가 "바나나 나무에서 바나나를 따는 사람을 그리세요."라고 했다면 어떻게 되었을까? 열대 지방의 모습을 떠올리거나 혹은 바나나 나무가 어떻게 생겼지 하는 의문을 가지게 될 것이다. 그에 비해 사과나무는 실제로 본 적이 없는 사람들조차도 그리기를 망설이지 않는다(대부분의 현대 도시인들은 사과나무를 실제로 단 한 번도 본 적이 없다. 그래서 종종 키가 굉장히 커서 사다리를 타고 올라가야만 되는 나무를 그린다. 과수원에 가 보면, 자신의 상상보다 사과나무의 키가 작아서 놀랄 것이다). 이렇게 대표성을 지니고 있는 것을 '원형(prototype)'이라고 부른다. 사과는 과일 중에서도 가장 과일다운 과일이므로 전형성이 높은 대상이다.
- 사람: 그림 속에 그려진 사람은 언제나 그것을 그린 사람의 자화상이라고 할 수 있다.
- 동작: 사과를 따는 동작이 가미되어 있다. 동작의 크기나 강도, 종류에 따라 그림을 그린 사람의 심리적인 역동성을 추측할 수 있다.

예전에 필자가 만났던 어떤 남자 환자는 PPAT를 그리면서 한쪽 끝에서 총을 쏴서 사과를 떨어뜨리는 모습을 그렸다. 이러한 행위를 그리는 것은 어떤 의미가 있는가? 주어진 그림 주제에 대해 공격적이면서 비틀린 유머를 구사하는 방식은 그 사람의 심리 내면과 어떤 관련이 있을 것인가? 어쨌든 PPAT는 친숙하면서도 각자의 심리 내면을 표현할 수 있는 기회를 제공하는 주제라고 볼 수 있다.

PPAT를 평가하는 것은 크게 두 가지 방식으로 이루어진다. 하나는 FEATS라는 채점 지표를 사용해서 형식 요소를 평가하는 것이며, 다른 하나는 내용 지표에 따라 그림 내용을 살펴보는 것이다.

2. FEATS를 사용한 형식 요소 평가

형식 요소는 FEATS라는 채점지표를 통해 평가한다. FEATS는 Formal Elements Art Therapy Scale(형식 요소 미술치료 척도)을 줄인 말이며, 이 지표는 PPAT를 만든 Gantt와 Tabone[3]이 개발했다. 그림에 나타난 여러 요소들 중에서 내용이나 인상에 근거하지 않고 보다 객관적으로 평가 가능한 요소를 모아서 14가지 채점 항목을 제시한 것이다. FEATS는 개발될 때 정신과 진단체계(그 당시 DSM-IV)를 사용해서 여러 가지 정신과 증상을 고려하고 환자들의 그림 특성에 관한 논문과 임상 경험을 기반으로 만들어졌다. 그래서 14개의 FEATS 항목을 통해 어떤 패턴이나 차이를 보여 주는가에 따라 피검자에 대해 전체적인 평가 방향을 잡을 수 있도록 했다. FEATS는 PPAT를 기반으로 해서 만들어

---

3) Gantt, L., & Tabone, C. (1998). *The Formal Elements Art Therapy Scale: The rating manual.* Morgantown, WV: Gargoyle Press.

지고 발전되었지만 다른 그림검사법에도 적용해 볼 수 있는 지표들이다.

　　FEATS의 14가지 항목 각각에 대해 0~5점으로 평가할 수 있다. 이 점수는 산수에 밝은 우리나라 사람들이 생각하는 것처럼 숫자로서의 정교한 의미가 있다기보다는 몇 개의 카테고리로 나누는 것이다. 물론 점수가 높을수록 좀 더 고등한 차원이나 기능을 보여 주는 것이지만, 이러한 점수가 정교하고 세밀한 평가점수로서 의미를 지니는 것은 아니다. 모든 척도에 걸쳐서 0점인 경우는 그림을 안 그렸거나 지시대로 안 해서(예: 마커가 싫다고 하면서 연필로만 그린 경우) 결과를 분석할 수 없는 경우다. 구체적인 내용을 살펴보면 다음과 같다.

표 5-1. FEATS의 개관

항목	채점 기준
1. 채색 정도	0점: 그림을 그리지 않았거나 지시 외의 재료를 사용함(이하 모든 척도에서 동일) 1점: 외곽선만 그렸고 속을 칠하지 않음 2점: 한 가지만 채색함 3점: 두 가지 이상을 채색함 4점: 모든 대상을 채색함 5점: 배경까지 채색함
2. 색 적절성	1점: 한 가지 색만 사용—밝은 파랑, 어두운 파랑, 보라, 자주, 주황, 노랑, 분홍 중 한 가지 2점: 한 가지 색만 사용—검정, 초록, 빨강, 연두, 갈색 중 한 가지 3점: 몇몇 색이 적합하게 사용됨 4점: 대부분 적합하게 사용됨 5점: 모든 색이 적합하게 사용됨
3. 함축된 에너지	1점: 최소한의 에너지 2점: 적은 에너지 3점: 보통 에너지 4점: 상당한 에너지 5점: 지나친 에너지
4. 공간	1점: 공간의 25% 사용 2점: 공간의 25~50% 사용 3점: 공간의 50% 사용 4점: 공간의 75% 사용 5점: 공간의 100% 사용

5. 통합성	1점: 통합되지 않음 2점: 두 개의 대상이 다소 관련성이 있음 3점: 두 개의 대상이 분명하게 관련 있음 4점: 세 가지 이상이 분명하게 관련 있음 5점: 전체가 통합되어 있음
6. 논리성	1점: 주제와 맞지 않는 대상이 네 가지 이상 2점: 주제와 맞지 않는 대상이 세 가지 3점: 주제와 맞지 않는 대상이 두 가지 4점: 주제와 맞지 않는 대상이 한 가지 5점: 주제와 맞지 않는 대상이 없고 논리적
7. 사실성	1점: 무엇을 그린 것인지 알아볼 수 없음 2점: 대상을 알아볼 수 있겠지만 매우 단순하게 그렸음 3점: 대상을 알아볼 수 있고 간단한 세부 묘사도 있음 4점: 대체로 사실적 묘사 5점: 상당히 사실적으로 묘사, 3차원 대상을 표현
8. 문제 해결력	1점: 사과를 따지 못했음 2점: 사과를 땄지만 어떻게 해결했는지 알 수 없음 3점: 사과를 따는 방법이 있지만 비현실적임 4점: 현실적 방법으로 사과를 막 따려고 함 5점: 현실적 방법으로 사과를 따며, 사과에 손이 닿음
9. 발달 단계	1점: 난화기 2점: 전도식기 3점: 도식기 4점: 청소년기 5점: 성인기이며 예술적으로 세련됨
10. 세부 묘사 및 환경 묘사	1점: 사과, 사과나무, 사람만 있음. 2점: 사과, 사과나무, 사람 외에 지평선이나 풀이 있음 3점: 지평선이나 태양, 꽃 등의 대상을 1~2개 더 그렸음 4점: 세부 묘사나 환경 묘사가 더 많이 표현됨 5점: 세부 묘사와 환경 묘사가 풍부하고 많음
11. 선의 질	1점: 통제력이 보이지 않는 선 2점: 끄적이며 그었거나 손떨림이 보이는 선 3점: 부분적으로 끊겼거나 짧게 그은 선 4점: 무난하게 그은 선 5점: 유연하게 흐르는 듯 잘 그은 선
12. 사람	1점: 사람을 알아보기 어려움 2점: 신체 일부만 단순하게 그림 3점: 막대기 모양 사람. 눈, 코, 입 묘사가 없음 4점: 막대기 모양 사람.눈, 코, 입 묘사가 있음 5점: 신체 각 부분을 모두 묘사. 3차원적 대상의 인물

13. 회전	1점: 축이 90° 기울었음 2점: 축이 65∼70° 기울었음 3점: 축이 45° 기울었음 4점: 축이 20∼25° 기울었음 5점: 기울어진 대상이 없음
14. 보속	1점: 보속성이 매우 심함 2점: 보속성이 상당히 있음 3점: 보속성이 어느 정도 있음 4점: 보속성이 조금 있음 5점: 보속성이 전혀 없음

1) 채색 정도

1번 척도는 '채색 정도'로서 그림에 색을 어느 만큼 칠했는가에 따라 나뉜다. 1점은 그림에서 대상의 외곽선만 그린 경우로 대상의 속까지 색을 칠하지는 않았다. 예를 들어, 인물을 그리면서 색칠하지 않고 선으로만 그린 경우이거나 사람이나 나무 같은 대상을 그리지 않고 선만 쭉쭉 그어져 있는 경우다. 1점은 채색 정도에서 가장 낮은 점수다.

2점은 그림 속 대부분의 대상을 외곽선만 그렸는데 어쩌다 한 가지 정도가 속에 조금 칠해진 경우다. 예를 들어, 전부 외곽선만으로 그렸는데, 나무 기둥은 속까지 칠했다면 2점에 해당된다. 만약 한 가지 대상이 아니라 두 가지 이상의 대상을 안쪽까지 채색했다면 3점이 된다.

3점과 4점의 구분은 그림 속 모든 대상을 속까지 칠했는가 여부다. 3점은 두 가지 이상의 대상을 속까지 색칠했지만 그림 속의 대상을 전부 칠한 것은 아니다. 4점은 그림 속의 대상은 모두 그 속까지 칠해진 경우다. 만약 배경까지 모두 채색되었다면 5점이 된다. 그런데 배경까지 모두 칠했지만, 그림 속의 대상 중에 채색되지 않은 대상이 하나 있다면 몇 점이 될까? 그 경우에는 3점이 된다. 비록 배경까지 색칠했다 하더라도 모든 대상을 속까지 칠한 것이 아니라면 3점이다.

이와 같이 1점에서 5점 쪽으로 갈수록 점점 채색 정도가 높아진다. PPAT에서 사용하는 종이는 8절 도화지이기 때문에 바탕까지 색을 다 칠한다고 하더라도 그다지 힘든 일이 아닐 수 있다. 그래서 심리적으로 건강한 사람들은 채색 정도에서 대개 4점 정도를 받는다. 그에 비해 의욕이 낮고 검사 동기가 저조하거나 심리적으로 위축된 경우는 1~2점 정도의 낮은 점수를 받는다.

그림 5-1

[그림 5-1]은 별다른 심리적 문제가 없는 40대 초반의 남성이 그린 PPAT 작품이다. 사람과 사과는 속까지 다 채색되었으므로 1번 척도에서 3점에 해당된다. 대체로 사람들은 편하게 색칠할 수 있는 것만 칠한다든가 아니면 자신이 중요하게 생각하는 것만 색칠하는 경향이 있다. 그래서 나무에만 색을 칠한다든가 사과만 색을 칠하는 모습을 보이곤 하

는데, [그림 5-1]을 그린 사람은 인물을 색칠했다는 점, 사다리 위의 인물과 아래쪽 인물(각각은 자신과 아내라고 지칭함)에게 색깔을 달리해서 구별해 준 점, 사과에도 색칠한 점 등을 종합하면 가장 핵심적인 것에 색을 칠했다고 할 수 있고 이는 정서적으로 건강한 모습을 나타내는 것이다. 두 인물 간의 크기에 차이를 둔 것—실제적인 차이보다 더 크게 차이를 표현함—은 가장으로서의 책임감을 상징적으로 보여 주는 것이기도 한 것으로 여겨진다.

2) 색 적절성

2번 척도는 '색 적절성'이며 색을 적절하게 사용했는가를 평가하는 지표다. 한 가지 색으로 그림 전체를 다 그렸을 때는 1점이나 2점이 주어진다. 차이점은 사용된 색이 어떤 것이냐에 따라 달라진다. 흔히 쓰는 색이거나 사과나무에 나오기 쉬운 색(검정, 초록, 빨강, 연두, 갈색)으로 전체를 그리면 조금 더 높은 점수인 2점, 그 외의 색으로 전체를 그린 경우는 1점이다. 따라서 1점은 밝은 파랑, 어두운 파랑, 보라, 자주, 주황, 노랑, 분홍 중에서 한 가지 색만으로 그림을 그린 경우다. 예를 들어, 노란색으로 사람, 나무, 사과를 모두 그린 경우 색 적절성은 1점이 된다.

3점은 그림의 전부는 아니지만 그래도 몇몇 색이 적절하게 사용된 경우이며, 4점은 대부분 적절하게 사용되었고 한 가지 정도 이상한 경우, 5점은 모든 색이 그림 속의 대상물에게 적합하게 사용된 경우다.

앞서 살펴본 [그림 5-1]의 경우, 색 적절성은 5점이 된다. 사람의 피부색을 핑크로 칠한 점을 부적절하게 볼 것인가를 고민해 볼 수 있겠지만, 아마도 피검자는 주어진 마커 색 중에서는 그 색이 피부색에 가장 가깝다고 여겨서 칠했을 것이다. 따라서 모든 색을 대상물에 적합하게 사용하려고 애썼다는 점을 알 수 있다.

그에 비해서 [그림 5-2]의 경우에 사용된 색을 보면 사과나무를 모두 파란색으로 그렸다. 어쩌면 그림을 처음에 그릴 때 색깔에 대해 생각하지 않았거나, 그냥 그림 전체를 파란색으로 그리려는 의도였는지도 모르겠다. 그러다가 사과를 빨강으로 그리고, 나무 아래 풀도 연두색으로 그렸을 것이다. 그 덕분에 나무와 사람에 사용된 파란색은 대상과 맞지 않아 보이는 색이 되었다. 따라서 이 그림은 색 적절성 지표에서 3점에 해당된다. 이 그림 역시 40대 초반의 남성이 그린 PPAT이다.

그림 5-2

3) 함축된 에너지

3번 척도는 그림에 '함축된 에너지'로, 그림 속에 어느 정도로 에너지가 실려 있는가를 평가한다. 에너지의 사용은 다른 요인들과도 중복되는 측면이 있다. 이를테면 공간의 사용이라든가 채색 정도가 높을수록 에너지의 사용도 높게 나타난다.

이 척도를 평가하는 것은 다소간에 주관적인 면이 개입할 수 있겠지만, 가장 쉽게 하는 방법은 종합적인 측면을 고려하는 것이다. 그림에 투자된 시간, 주의집중의 정도, 그림에 표현된 내용 등을 종합해서 살펴본다. 그리고 그림만 놓고 보았을 때 만약 이러한 그림을 그리려면 어느 정도의 노력이 필요한지 검사자가 스스로의 경험에 비추어 평가해 본다. 대충 아무렇게나 쓱쓱 그릴 수 있는 것인지, 꼼꼼히 하나씩 해야만 하는 것인지, 시간은 얼마나 들 것인지 등 그러한 질문에 대해 답변할 때, 최소한의 노력으로 가능하게 된다면 1점, 약간의 적은 노력으로 된다면 2점, 보통 정도의 노력이 필요하다면 3점, 꽤 노력이 필요하면 4점, 그리고 엄청나게 필요하면 5점이 된다.

3번 척도는 다른 척도들과 다른 점이 한 가지 있다. 대체로 모든 척도들은 점수가 높을수록 기능이 더 잘 되는 것을 의미하는 데 비해, 3번 척도의 경우는 다르다. 이 척도에서 5점은 너무 과한 것이므로 오히려 건강하지 않은 것으로 해석한다. 우리말에 과유불급이라는 표현이 여기에 해당된다. 임상적으로는 조증 상태를 추정해 볼 수 있다. 이렇듯 지나치기 때문에 도리어 건강하지 않은 것으로 평가하는 척도는 FEATS에서 3번과 10번 척도 두 가지다.

[그림 5-1]과 [그림 5-2]를 비교해 보자. 누가 보더라도 5-2에 비해 5-1은 많은 에너지가 투여되었다. 그러므로 5-1이 함축된 에너지에서 4점이라면, 5-2는 함축된 에너지 3점이 될 것이다.

4) 공간

4번 척도는 '공간' 지표다. 그림을 그리면서 전체 도화지 화면의 어느 정도를 사용했는가에 따라서 평가한다. 도화지 면적의 25% 이하를 사용한 경우에 1점, 25% 정도 사용했으면 2점, 대략 도화지의 절반 정도(약 50%)를 사용한 경우는 3점, 75%쯤 사용했으면 4점, 전체 면적을 사용한 경우는 5점이 된다.

[그림 5-3]은 주중에는 밤늦게까지 일하고 주말에도 대부분 일을 하면서 바쁘게 살아가는 미혼의 직장 여성이 그린 PPAT 작품이다. 화면 윗부분이 사과나무로 가득 차 있는 점이 두드러지고, 사람들은 일하느라 챙이 넓은 모자를 눌러써서인지 얼굴이 보이지 않는다. 공간 사용은 대체로 75% 정도에 해당하므로 4점으로

그림 5-3

채점한다.

5) 통합성

5번 척도는 '통합성'인데, 그림 구성요소들 간에 어떤 방식으로 관련성을 보여 주는지를 평가한다. 이 요소는 PPAT뿐 아니라 다른 평가 검사에서도 중요하게 다루는 지표다.

통합성에서 1점인 경우는 통합이 전혀 되어 있지 않고 전체적인 구성도 없는 것처럼 보인다. 즉, 그림에 어떤 요소들이 있지만 상호 간에 관련성이 없으면 1점이 된다. 이에 비해 통합이 매우 잘 되어 있고 잘 짜여 있어서 그림 속 요소들이 시각적으로 연관되어 있는 경우는 5점이 된다.

그 중간점수인 2~4점을 살펴보면 다음과 같다. 2점의 경우, 두 가지 정도의 요소가 관련성을 가지고 있는 것 같지만 겉으로 분명하게 보이지는 않는다. 만약 두 대상이 분명하게 관련성을 가지고 있다면 3점이며, 세 가지 대상이 분명하게 관련이 있으면 4점, 그 이상은 5점이 된다. 예를 들어, 그림 속에 지평선과 나무가 있는데, 나무가 지평선을 가리고 있는 것을 분명하게 볼 수 있으면 두 요소가 서로 관련성이 있는 것이다.

[그림 5-3]의 경우, 상자와 사람의 손, 사과와 손, 나무 앞에 선 사람과 나무 등 중첩된 부분들이 분명하게 보이며 전체적 구성에서 균형이 잘 맞고 통합도 잘 이루어졌다. 그러므로 통합성에서 5점이 된다.

[그림 5-4]는 50대 후반의 남성이 그린 PPAT인데, 사람과 사과나무가 가깝게 있기는 하지만 시각적으로 분명하게 관련성을 보이는 것은 아니다(중첩되지 않았고 한 공간 내에서의 관계가 분명하지 않다). 따라서 이 그림은 통합성에서 2점에 해당된다.

그림 5-4

6) 논리성

6번 척도는 '논리성'인데, 그림 내용이 어느 정도로 논리가 있는지 살펴보는 것이다. 그림 속에 비논리적이거나 혹은 주제에 맞지 않는 대상이 있다면 점수가 낮아진다. 주제와 맞지 않는 대상이 없고 논리적이라면 5점이다. 주제와 맞지 않는 대상이 몇 가지냐에 따라서 점수는 달라진다. 주어진 주제와 맞지 않는 대상이 한 가지 존재하지만, 대체적으로 논리적이라 할 수 있다면 4점, 주제와 맞지 않는 대상이 두 가지라면 3점, 세 가지라면 2점으로 점차 점수가 낮아진다. 맞지 않는 대상이 세 가지보다 더 많다든가, 혹은 그림이 주어진 주제에 전혀 적합하지 않은 경우라면 1점이 된다.

앞서 [그림 5-2]의 경우에는 화면 좌측 아래에 쥐가 있는데 피검자는 그냥 재미삼아 그렸다고 한다. 논리성 척도에서는 주어진 주제와 맞지 않는 대상이 한 가지 존재한 것이므로 4점에 해당한다.

7) 사실성

7번 척도는 '사실성'으로 어느 만큼 실제적으로 묘사했는지를 평가하는 것이다. 만약 무엇을 그리려고 했는지 그림만 봐서는 잘 모르겠다면 1점이다. 2점은 무엇을 그렸는지 대상을 알아볼 수 있겠지만 매우 단순하게 그려진 경우다. 이를테면 나무를 그렸는데 마치 열쇠구멍처럼 그린 경우로, 나무 기둥을 표시하는 선을 하나 긋고 그 윗부분은 동그라미로 그린 경우라고 할 수 있다. 3점은 무엇을 그렸는지 그림만으로도 알아볼 수 있고 어느 정도 간단한 세부 묘사도 있을 때 해당된다. 예를 들면, 나무의 가지라든가 기둥, 잎

등을 알아볼 수 있는 그림이다. 4점은 대상을 훨씬 더 사실적으로 묘사한 경우다. 큰 가지, 작은 가지를 알아볼 수 있거나 나무 기둥에서 표면결도 묘사한 경우에 해당되는데 5점과의 차이는 입체적으로 표현했는가 여부다. 즉, 5점은 상당히 사실적으로 그려서 3차원 대상을 잘 표현한 것이다. 4점도 사실적으로 그렸지만 3차원 대상이라는 점이 뚜렷하지 않은 경우에 해당된다.

[그림 5-4]의 경우에는 사실성이 2점에 해당될 것이다. 사람을 묘사한 것이라든가 나무를 묘사한 것에 있어서 대상을 알아볼 수 있지만, 매우 단순하게 그렸다.

8) 문제 해결력

8번 척도는 '문제 해결력'이다. '사과나무에서 사과 따기'라는 문제를 어느 정도를 잘 해결하고 있는지 평가한다. 1점은 문제 해결이 되지 않은 상태이고, 2~5점은 문제 해결이 된 상태다.

1점은 사과를 따지 못한 경우로서 바닥이나 통에도 사과가 없고 사람이 사과를 손에 쥐지 못했다. 2점과 3점은 비록 문제가 해결되긴 했지만 문제 해결력은 낮은 경우다. 2점은 어떻게 해서 사과를 가지게 되었는지 그림에서 보여 주지 못한다. 그림 속 표현으로 보면 이 사람이 사과나무에 닿을 수 없다거나 혹은 사과가 바닥이나 통 속에 우연히 떨어지는 것 외에 해결 방법이 없다. 그리고 이렇게 우연이나 운에 기대는 경우는 문제 해결력이 낮은 것으로 평가한다. 주도적으로 일을 처리해 나갈 수 있어야 문제 해결력이 높다고 할 수 있다. 3점 이상은 보다 주도적인 문제 해결 방법이 제시되어 있다. 3점의 경우, 우연보다는 주도적인 해결책이 나타나지만 실제로 실현될 가능성은 낮은 방법이다. 예를 들어, 사람이 있는데 만화 가제트 형사처럼 팔이 늘어나서 사과를 딴다든가, 아니면 사과 가지들이 모두 위쪽으로 나 있는데 유독 한 가지만 내려와서 사과를 딸 수 있다든가 하는 식이다. 이렇듯 실현 가능성이 낮은 방법으로 문제를 해결한다면 3점이 된다.

4점과 5점은 사과를 따는 데 있어서 현실적이면서 실현가능한 방법을 사용한다. 사람이 땅바닥에 있든 사다리에 올라갔든 바위 같은 지지대에 올라갔든 실현 가능한 방법을 사용해서 사과를 딴다. 만약 사과에 손이 닿았다면 5점, 손을 뻗어 막 따려고 한다면 (그러나 손에 닿지는 않았다면) 4점이 된다. 즉, 4점과 5점은 문제 해결 방식에 있어서 차이가 없지만, 성취를 했느냐 여부에서 판가름이 난다. 사과를 따고 있는 현재형인지, 사과를 따려고 하는 미래형인지를 보아야 한다. 미래형이라면, 문제 해결 방법은 제시되어 있지만 아직 사과를 손에 넣지 못했으므로 4점이 된다.

[그림 5-5]는 손에 사과가 있으므로 문제 해결에서 5점인 작품이다. 이 그림은 취업을 준비하는 20대 중후반의 여성이 그렸다. 그림 속 문제 해결력이 높은 것처럼 자신의 삶에서도 좋은 소식이 있을 거라 기대한다.

그림 5-5

9) 발달 단계[4]

9번 척도는 미술 발달 단계에 따라 1~5점으로 구분하고 있다. 미술 발달 연령을 보면, 태어나서 처음에 그림을 못 그리던 유아가 만 2세 전후로 그림을 그리기 시작한다. 그때 그리는 선은 무엇을 상징한다기보다는 그저 이리저리 그은 것에 불과한데 이 시기를 '난화기'라고 부르고 9번 척도에서는 1점을 부여한다. 그다음 2점은 발달 단계상 '전도식기'에 해당하는 것으로 어렴풋이 알아볼 수 있는 어떤 형태나 모양이 나타난다. 그림에 기저선은 아직 없고 사람을 그리는 경우에는 오징어를 그리듯이 사람 머리에 몸통도 팔도 모두 붙어 있는 형태로 그리곤 한다. 3점은 '도식기'인데 초등학생 정도의 연령에 해당되는 발달 단계다. 도식기 아동은 사람을 그리고 난 뒤 아랫부분에 줄을 쭉 그어서 기저선을 그리곤 하며 하늘 부분에도 줄을 그어 하늘선을 표시하곤 한다. 이 시기를 지나면 청소년기에 접어드는 작품이 나오는데 가장 큰 특징은 공간 개념이 생기는 것이다. 이 단계는 본 지표에서 4점에 해당된다. 마지막 5점은 성인의 그림으로 예술적인 세련된 표현이 있다.

발달 단계 지표는 아동의 인지기능을 평가하려 할 때, 특히 언어적으로 확인하기 어려운 경우라면 그림 발달 단계를 참조해서 추정할 수 있기 때문에 중요하다. 혹은 성인의 경우에도 그림에 나타나는 발달 연령을 기초로 그 사람의 심리적인 성숙도를 추측할 수 있기 때문에 중요한 정보가 된다.

그림 5-6

---

4) 미술 발달 단계는 이 책 13장에 상세히 소개되었다.

[그림 5-6]은 만 5세 여자 아동이 그린 PPAT 그림이다. 하지만 사람을 분명하게 알아볼 수 있을 뿐 아니라, 기저선과 하늘선의 사용(나무 아래 핑크색으로 줄을 그은 것은 기저선이고, 나무 위쪽 하늘에 초록색으로 선을 그은 것은 하늘선으로 보인다) 등으로 평가해 보면, 도식기 아동의 그림 특징을 보이고 있다. 따라서 이 그림은 발달 단계 지표에서 3점에 해당된다.

10) 세부 묘사 및 환경 묘사

10번 척도는 '세부 묘사 및 환경 묘사'다. 10번 척도는 앞서 살펴보았던 3번 척도와 마찬가지로 과유불급에 해당되는 척도다. 즉, 세부 묘사 및 환경 묘사가 어느 정도까지 표현되는 것이 좋지만 지나치다면 오히려 불필요한 것이 된다. 과하게 풍부한 세부 묘사는 평가 점수에서 5점이 되겠지만, 이러한 높은 점수가 반드시 심리적으로 건강하다는 것을 의미하는 것은 아니다.

점수별 기준은 다음과 같다. 1점은 세부 묘사나 환경 묘사가 별로 없다. 예를 들어, 사과나무를 그렸는데 기둥 하나에 윗부분을 그냥 둥글게만 표현했다면 1점이다. 1점 작품은 환경 묘사도 빈약해서 사과와 사과나무, 사람 외에 다른 것은 없다. 만약 지평선이나 풀과 같은 것을 그렸다면 이는 2점에 해당된다. 지평선이나 태양, 꽃 등의 대상을 1~2개 더 그렸다면 3점, 그 외의 세부 묘사가 조금 더 들어왔다면 4점, 세부 묘사가 풍부하고 많으면 5점이다.

앞의 [그림 5-5]는 다람쥐와 토끼를 더 그렸으므로 세부 묘사 4점에 해당한다. [그림 5-7]의 경우는 태양과 사과 바구니를 더해서 넣었으므로 세부 묘사 3점에 해당한다.

그림 5-7

11) 선의 질

11번 척도는 '선의 질(質)'이다. 그려진 선이 어떤 성질을 가지고 있는지, 어느 정도로 매끄럽게 그었는지에 따라 1~5점으로 나뉜다. 선을 그린 사람이 어떠한 통제력도 지니지 못한 것 같은 선이라면 1점이다. 선을 끄적이듯 그렸고 손 떨림이 보이면 2점이 된다. 그림 속에 어떤 선은 연속적으로 잘 이어져 있고 다른 선은 끊겼거나 짧게 그은 선들이 있다면 3점이다. 4점이나 5점은 선을 잘 통제하고 있는 경우인데, 대체로 무난하게 그은 선들이라면 4점, 유연하게 흐르듯이 잘 그은 선은 5점이 된다.

치매 노인이라든가 뇌손상과 같이 인지기능에 장애가 있는 경우라면 선의 질에서 그러한 면을 확인할 수 있다. 이들은 11번 척도에서 낮은 점수를 받는다. 그 외에는 대부분 4점이나 5점 작품으로 평가된다.

12) 사람

12번 척도는 그림 속 '인물'에 대해 평가하는 지표다. 사과 따는 사람을 그리도록 했으므로 모든 PPAT 그림에는 사람이 포함되어 있을 것이다. 어느 정도의 완성도를 가진 사람으로 표현되었는지, 사람 표현에 나타난 생략이나 왜곡은 없는지 등을 종합해서 평가하도록 한다.

사람을 그린 것 같기는 한데 확실하지 않으면 1점이다. 2점은 사람의 몸 전체를 그리지 않고 일부분만 그렸는데 굉장히 단순하게 그린 경우, 손만 그리거나 얼굴만 그리거나 다른 신체 일부분을 굉장히 단순하게 그린 경우다. 3점과 4점은 막대기 모양의 사람을 그린 것인데 눈, 코, 입 묘사 없이 머리에 해당되는 동그라미만 있는 정도는 3점이고, 눈, 코, 입 묘사가 있으면 4점이다. 5점으로 평가하는 경우는 신체의 각 부분이 다 묘사된 사람을 그렸다든가, 사람을 3차원적 대상으로 묘사한 경우다.

그림 5-8

[그림 5-8]에 나타난 사람은 전체적인 형태는 비록 막대기 모양의 사람이 아니지만, 얼굴의 눈 코 입이 생략되어 있다. 따라서 사람 묘사에서는 4점에 해당된다.

13) 회전

13번 척도는 '회전'이다. 그림에 그려진 대상의 축이 기울어지는 경우를 평가하는 것이다. 정상적인 경우라면, 그림 속에 기울어진 대상이 없고 대상의 축은 모두 종이의 세로축에 맞게 그려질 것이다.

사람이나 나무 중에서 거꾸로 그려진 것이 있거나 대상의 축이 90° 정도 기울어졌으면 1점, 65~70° 정도 기울어져 있으면 2점, 45° 정도로 기울어지면 3점, 20~25° 정도로 조금 기울어져 있으면 4점, 기울어진 대상이 없으면 5점이다.

14) 보속

'보속(perseveration)'은 의미 없는 단순 반복적 표현을 말한다. 주로 짧거나 긴 선을 반복해서 긋거나, 동그라미와 같이 단순하게 그릴 수 있는 도형을 반복해서 무한히 그리곤 한다. 인지적 손상이 있는 환자의 경우 그림에서 종종 보속적 표현이 보이곤 한다.

보속이 매우 심하면 1점으로, 이를테면 선을 계속 반복해서 그리다가 심지어 종이에 구멍이 뚫리기도 한다. 보속적인 표현이 상당히 나타나면 2점, 보속이 어느 정도 있다고 하면 3점, 조금 있으면 4점이며 전혀 없을 경우 5점이 된다. 즉, 보속은 전혀 나타나지 않는 것이 가장 건강한 표현이라 할 수 있다.

3. 내용 척도를 사용한 요소 평가

PPAT를 평가하는 방식 두 번째는 내용적 요소가 있다. PPAT에서는 내용 척도(content scale)라고 해서 다음과 같은 요소들을 평가하도록 한다.

- 용지의 방향
- 전체 그림에 사용된 색
- 인물을 그렸는지 여부
- 인물을 그리면서 사용한 색
- 인물의 성별
- 인물의 실제적인 에너지
- 인물의 얼굴 방향
- 나이

- 옷
- 사과나무
- 사과나무의 색
- 주변 환경의 묘사
- 기타 형태의 삽입

1) 용지의 방향

종이 방향을 가로로 사용했는가, 아니면 세로로 사용했는가? 검사 용지가 A4용지라면 세로로 그리는 경우가 많지만 PPAT는 8절 도화지를 사용하므로 가로로 길게 사용하는 경우가 더 많다. 만약 피검자가 세로로 놓고 그렸다면 무엇을 더 강조하거나 크게 보이게 하려고 그렇게 한 것인지 살펴본다. 나무를 더 강조하고 싶어서 그랬나? 혹은 이쪽과 저쪽의 거리를 더 강조하기 위해서였나? 필자가 만났던 환자 중에 절벽을 그린 뒤, 이쪽 끝에는 사과나무, 반대쪽 끝에는 쭈그리고 앉아 있는 사람을 그린 경우가 있었다. 그 사람은 용지의 방향을 세로로 함으로써, 절벽을 사이에 두고 사과나무와 사람이 뚝 떨어진 모습을 더 두드러지게 하고자 했다.

2) 전체 그림에 사용된 색

어떤 색이 사용되었는지 살펴본다. 제공된 12가지 색 중에 사용된 색들을 살펴봄으로써 색과 연관된 심리 상태를 추정해 볼 수 있다.

3) 인물을 그렸는지 여부

주제가 '사과를 따는 사람'이었으니까 당연히 인물을 그릴 것 같지만, 간혹 인물을 그리지 않는 피검자들도 있다. 의외로 나무만 그리는 사람들도 있으므로 인물을 그렸는지 안 그렸는지 확인하도록 한다. 그림 속에서의 인물은 다른 어떤 사물보다도 그린 사람의 자화상을 보여 준다. 그러므로 인물을 생략했다는 것은 심리적으로 어떤 부분을 회피하거나 심리적으로 불안하거나 부정적이라고 볼 수 있다.

4) 인물을 그리면서 사용한 색

전체 그림에 사용된 색도 보아야겠지만, 인물을 그리면서 어떤 색을 사용했는지 살펴본다. 앞의 그림 5-8 작품을 보면 나무에는 여러 가지 색이 사용되었지만 인물은 검정색만으로 그렸다. 사과나무와 사과는 색의 전형성이 높기 때문에 실제 사과의 색이 연두색이거나 빨갛거나 혹은 갈색이거나 등에 상관없이 그림에서는 빨갛게 그리곤 한다. 나무를 그리는 데 사용되는 색도 전형적인 색으로 연두색, 초록색, 갈색이다. 이러한 전형적인 색은 그 사람의 마음을 표현한다기보다는 도식적인 표현에 가깝다. 그런데 인물을 그리는 데 사용하는 색은 전형적인 색이 있는 게 아니므로 피검자의 개인적 취향이나 선호색, 심리적 상태를 나타낼 확률이 높다.

5) 인물의 성별

인물의 성별을 평가해 볼 수 있다. 남자인지 여자인지, 약간 모호하지만 남자 같은지, 혹은 모호하지만 여자 같은지, 아니면 성별을 평가할 수 없는지 살펴본다. 일반적으로 자신과 동일한 성별의 인물을 그림에 그리는 경향이 있다. 모호하게 표현한 경우는 인물을 구체화하지 못했으므로 피검자의 자기개념에 모호하거나 혼란스러운 면이 존재할 가능성도 있고 불안감이 높거나 심리적으로 취약할 수 있다.

6) 인물의 실제적인 에너지

그림 속 인물의 실제적인 에너지는 다음과 같이 세분화해서 볼 수 있다. 땅에 신체 일부가 붙어 있는 경우는 엎드려 있다든가 앉아 있다, 서 있다, 사다리에 서 있다 등이 해당된다. 지면에서 떨어진 경우로는 둥둥 떠 있다든가 매달려 있다, 뛰어오른다, 뛰어내린다, 기어오른다, 날고 있다 등이 있다. 그 외에 다른 묘사는 분명하지 않고 사과나무를 향하고 있다든가 방향이 없는 것으로 평가할 수 있는 인물도 있다.

이와 같이 그림 속의 인물이 취하고 있는 자세와 행동에서 보여 주는 에너지가 그림을 그린 사람의 마음속에서 쓸 수 있는 에너지를 대변하는 것일 수 있다. 이를테면 사과나무를 향하고 있고 사다리에 서 있으면서 따려고 손을 뻗은 인물의 에너지에 비교했을 때, 그저 땅바닥에 앉아 있거나 엎드려 있는 인물의 에너지는 더 낮은 편이라고 할 수 있다.

7) 인물의 얼굴 방향

얼굴 방향이 정면을 향하고 있는지, 아니면 얼굴을 180도 돌려서 머리 뒷면을 보여 주고 있는지, 옆면을 보여 주는지 살펴볼 수 있다. 흔히 '사람을 그리세요.' 했을 때 많이 그리는 얼굴 방향은 정면이지만, PPAT는 사과나무를 함께 그리기 때문에 옆면이나 뒷면도 흔히 나타나는 얼굴 방향이다. 단, 인물이 사과를 따려는 적극적인 행동 없이 옆면이나 뒷면이 나온다면, 일반적인 인물화에서와 마찬가지로 건강하지 않은 형태의 그림이다.

8) 나이

때로는 그려진 사람의 나이를 평가하는 것이 불가능한 경우도 있지만, 연령이 추정 가능하다면 어린아이인지, 혹은 청년이나 성인에 해당되는지 볼 수 있다.

9) 옷

사람이 입고 있는 옷은 어떻게 묘사가 되었는가? 간혹 옷을 묘사하지 않는 경우도 많지만, 묘사를 했다면 어떻게 했는지, 세부 묘사는 어느 정도로 자세히 되었는지 살펴볼 수 있다.

10) 사과나무

사과나무에 가지나 줄기가 있는지 없는지, 사과를 단 줄기와 가지만 있는지, 사과나무 기둥이 한 개가 있고 사과가 딱 하나 달려 있는지, 아니면 2~10개 정도로 달려 있는지, 혹은 10개가 넘게 과도하게 많은 사과들이 달려 있는지, 사과가 수관 주변의 끝에 달려 있는지 살펴볼 수 있다.

11) 사과나무의 색

사과나무의 색은 구체적으로 어떤 색을 사용했는지 살펴본다. 사물을 묘사하는 데 사용된 색들은 그 색과 관련된 심리적 반응이나 상태를 드러낼 때가 많다. 전형적인 나무색을 사용하지 않고 특이한 색을 사용했다면 이 역시 눈여겨봐 둘 사항이다. 대개 특이한 색 사용은 그림을 그린 사람의 심리적인 상태, 특히 정서적인 상태를 알아 달라는 호소일 때가 많다.

12) 주변 환경의 묘사

주변 환경은 어떻게 묘사를 했는지 보도록 한다. 평범한 반응에서는 특이할 만한 주변 환경 묘사는 없다. 하지만 사람에 따라서는 주변 환경을 높은 절벽으로 그리기도 하고 아니면 전쟁터라든가, 울타리가 둘러쳐진 목장으로 그리기도 한다.

13) 기타 형태의 삽입

기타 형태의 삽입에는 글쓰기가 있는지, 숫자가 그림에 포함되었는지, 기하학적 형태나 기호 혹은 그 외의 특정 형태가 들어 있는지 살펴보도록 한다.

이상과 같은 13가지 요소들이 내용 척도에 해당되는 것들이다. 이러한 요소들을 종합하여 사용함으로써 PPAT 그림을 평가할 수 있다.

4. PPAT 사례

1) 나무가 없어요

[그림 5-9]는 20대 후반의 남성이 그린 PPAT 작품이다. 사과나무에서 사과를 따는 사람이라는 지시를 분명히 들었지만, 정작 그림에서는 나무를 그리지 않고, 사과가 가득 든 큰 통을 매고 있는 남자를 그렸다. 남자의 이마에서는 구슬 같은 땀방울이 흐르고 있다. 이처럼 PPAT 그림에서 나무를 그리지 않는 경우는 흔치 않다. 사과나무의 사과를 그리지 않는다거나, 사람을 그리지 않는 경우도 드물게 나타나긴 한다. 어쨌든 중요한 주제를 생

그림 5-9

략하는 것은 그러한 생략 자체에 의미가 있거나, 아니면 그려진 대상에 큰 의미를 부과하는 경우다. 이 사례의 경우는 '땀 흘리는 인물'과 '가득 찬 사과'를 강조해서 표현하고

싶었던 것 같다. 그래서 이것을 먼저 그리다가 공간이 모자랐거나, 혹은 나무에서 따는 장면을 그릴 생각조차 하지 않았을 수 있다. 그만큼 이 피검자에게는 '내가 노력하고 있다.'라는 점과 '그래서 이러한 열매를 성취했다.'라는 것이 중요한 주제인 것으로 보인다.

FEATS 척도에 따라 이 그림을 평가해 보면 〈표 5-2〉와 같다. 표에서 볼 수 있듯이, 대부분의 지표가 4점 이상의 높은 점수를 받은 것에 비해, 문제 해결력은 2점을 받았다. 즉, 사과나무에서 사과를 어떻게 땄는지에 대해 이 그림은 설명이 없다. 물론 문제 해결력 지표에서 점수가 낮다는 것만으로 피검자의 문제 해결력이 낮다고 해석할 수는 없을 것이다. 그러나 다른 지표에 비해 낮은 점수는 유의해서 살펴보아야 할 것이다. 어쩌면 이 피검자는 주어진 과제나 해야 할 일들을 자기만의 방식으로 해석하거나 혹은 마음이 급하거나 서두르는 사람일 수 있다. 성취에 초점을 맞추다 보면 마음이 급해질 수밖에 없을 것이다(색을 칠한 방식과 함축된 에너지도 '급하다'는 점을 보여 준다). 하나씩 차근차근 해 나가는 것이 일관된 문제 해결력을 가지도록 하는 반면, 급하고 빠르게 처리하다가는 생각지 못한 난관에 부딪힐 수 있고 문제 해결력이 들쭉날쭉해지기도 한다. 어쨌거나 이 피검자의 PPAT 그림을 통해 알 수 있는 것은, '성취'와 관련해서 여러 가지 심리적 이슈들이 있겠구나 하는 점, 그리고 문제 해결력이 낮을 가능성이 있다는 점 등이다.

표 5-2. FEATS 척도에 따른 [그림5-9]의 평가

1번. 채색 정도	3점	두 가지 이상의 대상이 색칠되었다. 모자와 얼굴, 손은 칠해지지 않았다.
2번. 색 적절성	4점	대부분의 색이 적절하게 사용되었다. 아마도 얼굴이나 손을 칠하지 않은 것은 '살색'에 해당되는 색이 없다고 여겨서일 것이다.
3번. 함축된 에너지	3점	전체적으로 도화지 화면을 다 사용하긴 했지만, 색칠하는 방식에서 여백이 많고, 선이 빠르고 급하게 칠해진 것으로 보아 에너지를 '많이' 사용했다고 평가하기는 어렵다. 그보다는 '어느 정도 에너지를 사용함'으로 평가하는 것이 적절해 보인다.

4번. 공간	5점	전체 면적의 100%를 사용했으므로 5점이 된다.
5번. 통합성	4점	세 가지 이상의 요소에서 시각적인 관련성이 보인다.
6번. 논리성	5점	주어진 주제와 맞지 않는 대상은 없다.
7번. 사실성	4점	대상을 현실적으로 그렸다.
8번. 문제 해결력	2점	그림 속 인물이 사과를 가지게 된 것은 분명하지만, 사과를 어떻게 얻었는지는 분명하지 않다.
9번. 발달 단계	4점	청소년기에 해당하는 그림으로 볼 수 있다. 대상들의 공간적 관계와 사물의 상대적 크기가 표현되어 있다.
10점. 세부 묘사 및 환경 묘사	3점	인물과 사과 외에 태양과 구름, 풀 같은 것을 그렸다. 모자를 그렸지만, 세부 묘사가 되어 있지 않고 간단한 외곽선만 표현되었다.
11번. 선의 질	4점	선이 대체로 잘 그려졌고, 통제력을 발휘한 것으로 보인다.
12번. 사람	5점	비록 발이 화면에 나타나지 않았지만, 분명히 막대기 모양의 사람보다는 자세한 묘사가 나타나 있고, 3차원적인 대상으로 묘사되어 있으므로 5점에 해당한다.
13번. 회전	5점	기울어진 대상이 없고, 사람이 세로축에 맞게 그려졌다.
14번. 보속	5점	보속이 전혀 없다.

2) 인물이 잘 안 보여요

[그림 5-10]은 13세 초등학교 6학년 남학생의 작품인데 사과나무와 사다리를 매우 길고 높게 그린 것이 특징이다. 이렇게 긴 사과나무라면, 사다리도 매우 길고 높아야 했을 것이다. 사다리 가장 윗부분에 사람이 있는데, 노란색으로 그려서 눈에 잘 띄지 않는다.

FEATS 상에서 두드러지게 낮은 점수를 받은 척도는 채색 정도(1점), 함축된 에너지(2점), 공간(2점), 사람(3점) 등이다. 피검자가 초등학교 6학년이라는 점을 감안하면 발달 단계에 있어서도 낮은 점수를 받았다.

함축된 에너지와 공간에서 점수가 낮은 점으로 미루어 보면, 전반적으로 활력이 부족해 보인다. 채색 정도에서 낮은 점수를 받았는데, 정서적으로도 메마르거나 위축된 것으로 보인다. 자신에 대한 평가와 인식이 부정적이거나 생각이 깊지 않을 가능성이 있다고 여겨지는데, 그 이유는 사람에 대한 묘사가 지나치게 간략하고, 사람을 묘사한 색깔도 눈에 잘 띄지 않기 때문이다. 목표에 대한 기대치는 높은데, 그것을 성취하는 것을 어렵게 여길 가능성이 있는 것으로 보인다. 특히 나무가 매우 높고, 과일을 따려면 인물의 키 2~3배 되는 사다리에 올라가야 한다는 것을 볼 때 그렇게 추정된다.

그림 5-10

표 5-3. FEATS에 따른 [그림 5-10]의 평가

1번. 채색 정도	1점	색채가 사용되었지만 속까지 칠해진 것은 없고 외곽선을 그리는 용도로만 사용되었다.
2번. 색 적절성	4점	비록 외곽선을 그리는 데에만 사용되었지만 대부분의 색이 적절하게 사용되었다.
3번. 함축된 에너지	2점	상대적으로 적은 에너지를 사용해서 그림을 그린 것으로 보인다.
4번. 공간	2점	전체 면적의 25%를 사용했으므로 2점이 된다.
5번. 통합성	4점	사람, 사과나무, 사다리 등 세 가지 요소들 간에 시각적 관련성을 볼 수 있다.
6번. 논리성	5점	주어진 주제와 맞지 않는 대상은 없다.

7번. 사실성	3점	그림 속 요소들이 어느 정도 복잡성을 띠고 있다. 이를테면 나무가 롤리팝 사탕 모양이라면 2점이겠지만, 그보다는 더 세분화된 표현이 나타난다.
8번. 문제 해결력	4점	그림 속 인물은 사다리에 올라서서 사과를 막 따려고 하고 있다.
9번. 발달 단계	3점	도식기 아동의 그림 발달 단계에 해당한다.
10점. 세부 묘사 및 환경 묘사	3점	인물과 나무, 사과 외에 사다리를 추가해서 그렸다.
11번. 선의 질	4점	선이 대체로 잘 그려졌고, 통제력을 발휘한 것으로 보인다.
12번. 사람	3점	거의 막대모양에 가깝게 인물을 묘사했다. 4점은 막대모양일 때 얼굴 세부 묘사가 있어야 하므로 4점은 아니다.
13번. 회전	5점	기울어진 대상이 없고, 사람이 세로축에 맞게 그려졌다.
14번. 보속	5점	보속이 전혀 없다.

3) 돌을 던져 사과를 따기

그림 5-11

[그림 5-11]은 군 복무 중 충동조절 문제로 의무대에 입원한 20대 초반의 남성이 그린 PPAT이다. 중·고등학교 시절 폭력조직에서 활동한 이력이 있고, 가족력을 살펴보면 아버지가 지속적으로 알코올 문제를 일으켰으며 어머니에게 폭력을 행사하는 일도 잦았다고 한다. 군대 생활을 하면서 특히 상사가 강압적인 자세를 취하거나 부당한 일을 시키면 분노가 폭발하곤 한다.

PPAT 그림을 살펴보면, 가장 눈에 띄는 것은 사과를 따는 방법이다. 우측에 그린 인물이 사과를 따려고 돌을 던지고 있다. 돌에 맞아 떨어지는 사과는 상처가 생길 수도 있을 텐데 그런 점은 고려하지 않는 것 같다. 그림에서 떨어지는 사과도 있고, 아래쪽에 다른 돌들도 있다. 그다음으로 눈에 띄는 것은 공들여서 그림을 그린 흔적이 보인다는 점이다. 대체로 남성의 그림이 여성의 그림보다 기술적인 면에서 서툴러 보이거나 묘사가 부족할 때가 많은데, 이 피검자의 그림은 예술적인 감각도 느껴진다. 나무의 전체 형태라든가, 나뭇결의 묘사, 가지의 모습 등이 그러하다. 어쩌면 내면이 섬세하거나 예민한 사람인데 자라온 가정 환경이 너무 큰 스트레스가 아니었을까 조심스레 생각하게 되는 대목이다. 그 사람의 고통을 상징하듯, 사과나무는 중간에 옹이가 있고 거기서부터 휘어서 자랐다. 돌을 던지는 사람은 얼핏 소년 같아 보인다. 힘이 좋은 청년이라기보다는 재미삼아 (혹은 배고파서) 사과를 먹으려는 소년 같은 모습이다. 야구모자 때문에 그런 인상이 들기도 하고, 얼굴과 몸의 비율 때문에 그런 인상이 들기도 한다. 얼굴과 몸의 비율 차이가 적을수록 어리게 느껴지니까 말이다(이를테면 성인은 7등신, 8등신, 갓 태어난 유아는 2등신, 어린아이들은 4~6등신이다). 인물의 얼굴에서 전체적인 실루엣은 있지만 눈과 입은 생략되었다.

정리하면, 공격적이거나 폭력적인 행위가 나타나긴 하지만, 그 아래에 상처받고 휘어져서 자란 과거사가 영향을 주는 것으로 보인다. 공격적 행동과 결부된 미성숙한 자아가 정체성을 찾아갈 때 행위에 대한 통제력도 더 커질 것으로 보인다.

표 5-4. FEATS에 따른 [그림 5-11]의 평가

1번. 채색 정도	2점	사과만 색칠했고 나머지는 색칠하지 않았다.
2번. 색 적절성	3점	전부 다는 아니지만 사과는 적절하게 색칠되었다.
3번. 함축된 에너지	4점	나무의 묘사라든가 사람의 묘사 등 상당한 양의 에너지를 사용해서 그림을 그렸다.
4번. 공간	4점	전체 면적의 75%를 사용하였다.
5번. 통합성	4점	세 가지 이상의 요소들 간에 시각적 관련성이 있다.
6번. 논리성	5점	기괴하거나 비논리적인 요소는 없다.
7번. 사실성	4점	나무 기둥에 무늬라든가 가지의 표현 등으로 평가할 때, 대상을 현실적으로 그렸다.
8번. 문제 해결력	4점	그림 속 인물이 사과를 따려 하고 있다.
9번. 발달 단계	4점	청소년기에 해당하는 그림으로 볼 수 있다. 대상들의 공간적 관계와 사물의 상대적 크기가 표현되어 있다.
10점. 세부 묘사 및 환경 묘사	3점	인물과 사과나무 외에 돌을 그렸고 사람도 모자를 쓰고 있다.
11번. 선의 질	5점	선이 상당히 유연하고 흐르듯이 그려졌다.
12번. 사람	4점	인물을 잘 묘사했지만 생략된 부분이 존재한다.
13번. 회전	5점	기울어진 대상이 없고, 사람이 세로축에 맞게 그려졌다.
14번. 보속	5점	보속이 전혀 없다.

4) 저는 그림을 잘 못 그려요

그림 5-12

　[그림 5-12]는 40대 중반의 남성이 그린 PPAT 그림이다. 처음에는 그림을 잘 못 그린다며 부담스럽다고 거절했지만, 나중에 한번 해 보고 싶다며 자발적으로 시작하였다. 결혼해서 부인과 두 명의 자녀와 함께 생활하고 있다. 젊은 시절에는 힘들고 어려운 일도 많이 했다고 하며 현재는 어느 정도 안정된 생활을 하고 있다. 잘 웃고 친절한 편이며 자녀들에게도 화를 잘 내지 않는 아버지라고 한다. 내성적인 편인데, 술 마시는 것을 좋아하며 심하지는 않지만 알코올에 의존하는 경향도 있다.

　사과나무와 인물을 그린 뒤, 예쁜 옷을 입혀 주겠다며 보라색 반팔과 까만 바지, 빨간 신발을 그렸다. 사과나무에 손이 닿지 않은 것은 이제 막 따려고 준비하는 중이라서 그렇다고 한다.

　그림에서 가장 높은 점수는 논리성, 회전, 보속이며, 가장 낮은 점수는 세부 묘사 및 환경 묘사다. 그 외의 척도에서는 모두 3~4점을 받았다. 이러한 결과로 미루어 보면, 피검자가 비록 미술작업에 경험이 별로 없고 잘하지는 못하지만 주어진 과제에 충실하고 그런대로 만족할 만한 결과를 내고 있다는 것을 보여 준다. 정서적인 면에서도 메마르거나 넘치지 않고 그런대로 충분한 감정 표현이 보이며, 에너지 사용에 있어서도 모자라거나 과도하지 않은 모습이다.

표 5-5. FEATS에 따른 [그림 5-12]의 평가

1번. 채색 정도	3점	두 가지 이상의 대상이 색칠되었지만 전부 다 색칠한 것은 아니다. 나무 기둥과 가지는 색칠한 것이라고 보기에는 빈 공간이 많으므로 무늬를 표현한 것이거나 색을 약간 더한 정도로만 평가한다.
2번. 색 적절성	4점	대부분의 색이 적절하게 사용되었다.
3번. 함축된 에너지	3점	평균적인 양의 에너지를 사용한 것으로 평가한다.
4번. 공간	3점	전체 면적의 50%를 사용했으므로 3점이 된다.
5번. 통합성	3점	두 요인 간에 시각적 관련성이 있다.
6번. 논리성	5점	주어진 주제와 맞지 않는 대상은 없다.
7번. 사실성	4점	대상을 어느 정도 현실적으로 그렸다.
8번. 문제 해결력	4점	그림 속 인물이 땅에 서 있으면서 사과를 따려고 한다.
9번. 발달 단계	4점	대상들의 공간적 관계와 사물의 상대적 크기가 표현되어 있는데 5점이 되기에는 사람 묘사에서 부족한 면이 있다.
10점. 세부 묘사 및 환경 묘사	1점	인물과 사과, 사과나무 외에 다른 어떤 것도 그리지 않았다.

11번. 선의 질	3점	어떤 선은 길고 지속적으로 잘 그렸고, 다른 선은 중간에 끊어진 것도 있다.
12번. 사람	4점	그런대로 사람을 잘 묘사했지만, 5점인 3차원적 인물 표현에는 다소 미치지 못하는 면이 있다. 그리고 손을 동그라미로만 묘사한 점이라든가, 얼굴 세부 특징이 생략된 점 등으로 미루어 볼 때 4점에 해당한다.
13번. 회전	5점	기울어진 대상이 없고, 사람이 세로축에 맞게 그려졌다.
14번. 보속	5점	보속이 전혀 없다.

5) 그림에서 강조된 것

PPAT 그림에서 중요한 것은 FEATS를 따라서 분석하는 것이기는 하다. 하지만 때로는 그림에서 가장 강조된 것이 무엇일까 하는 점을 관찰하는 것이 가장 중요할 때가 있다. 이번에는 FEATS를 통해 평가하지 말고 그림에서 두드러진 점을 살펴보자.

[그림 5-13]에서 가장 강조된 것은 무엇인가?

그림 5-13

독자들도 한눈에 '막대기'가 강조되었음을 보았을 것이다. 막대기에는 여러 번 반복해서 색칠한 흔적이 있다. 그리고 막대기 아래에 떨어지는 사과도 빨갛게 색칠했다. 아무래도 색칠하면서 밀도가 높아지다 보니 이 부분이 강조되었구나 하고 느낄 수 있다. 그 외에 이 그림의 특징으로는 나무에 달린 사과의 개수가 매우 많다는 것도 볼 수 있다. 색 사용은 대체로 적절하게 했지만 대상물의 안쪽까지 채색한 것은 거의 없다. 주변 환경의 묘사로 태양이나 풀밭, 집 등을 그린 것도 눈에 띈다.

이 그림을 그린 피검자는 40대 중반의 가정주부인데, 결혼해서 지방으로 내려간 뒤 직장생활을 더 하지 못하고 가정생활만 하게 되었다. 처음에는 답답하게 느끼기도 하고 불만이 많았지만 어느 정도 적응해서 이제는 스트레스를 덜 받는다고 한다.

그림에 나타난 것도 그러한 개인사를 요약해 둔 것만 같다. 하고 싶은 일도 많고 이루고 싶은 꿈도 많았던 것은 사과나무에 많이 매달린 열매를 통해 짐작 가능하다. '사과를 따기', 즉 목표를 이루기에 집약된 관심은 사과를 따는 막대기에서 잘 느낄 수 있다. 한편으로는 파란색과 갈색으로 두 번 그린 집도 피검자에게는 중요한 공간인 것 같다. 그래서 결국 피검자는 자신이 딴 사과만 빨갛게 칠해 주었다. 여전히 바깥에는 많은 사과가 있지만 그것은 내 사과가 아닐 수도 있으므로 빨간 색을 더해 주지 않은 게 아닐까?

뭔가를 하고 싶다는 바람, 목표에 대한 의지가 이 피검자에게 가장 큰 부분을 차지하는 것으로 보인다. 그리고 그 목표를 결정하는 과정에서 목표치를 조정하는 데에는 가정의 영향도 큰 것으로 보인다. 더불어 이미 어느 만큼의 많은 성과를 얻은 것을 알 수 있다.

CHAPTER 6.

얼굴자극평가법

얼굴자극평가법은 미국의 미술치료사 Donna Betts[1]가 창안한 그림검사법으로 다른 그림검사들에 비해 비교적 최근인 1998~2000년에 개발되었다. 그런 뒤, 학회와 학술지에서 발표 및 출간되었다.[2] 검사 원제목은 Face Stimulus Assessment이며, 줄여서 FSA라 부른다.

1. FSA의 개발 배경

FSA를 개발한 Betts는 조지워싱턴대에서 미술치료 석사를 받고 플로리다 주립대에서 박사를 받았다. 그 과정에서 Betts는 주로 대도시 지역의 아동을 대상으로 수년간 미

---

1) Donna Betts의 홈페이지는 http://donnabettsphd.wordpress.com/이다.
2) Betts, D. J. (2003). Developing projective drawing test: Experiences with The Face Stimulus Assessment. *Art Therapy: Journal of the American Art Therapy Association, 20*(2), 77-82.

술치료를 했다. 미국의 대도시에는 문화적으로 이질적인 다양한 인종의 사람들과 다양한 사회 계층이 섞여 있으며 이들을 이해하기 위해 '다문화적 접근'이 강조되곤 한다. Betts도 문화적으로 다양한 아동들을 이해하기 위해서는 그림과 같은 비언어적 의사소통이 중요하다고 여겼다. 그러면서 한편으로 그저 백지만 제공하는 것보다는 무엇인가 따라 그리거나 참조할 수 있는 '자극'이 있는 편이 더 수월하게 접근할 수 있다고 보았다. Betts는 Silver처럼 자극과 그림을 따로 제공한 것이 아니라 그림을 그리는 용지 자체에 그림 자극이 있도록 꾸몄다.

2. FSA의 개관

- 재료: FSA 자극 그림 3장, 크레욜라 색마커(16색)
- 과제: ① 첫 번째 과제 — "이 종이랑 마커를 사용하세요."

  (완성 후에는 첫 번째 그림을 치우고 두 번째 그림 종이를 준다.)

  ② 두 번째 과제 — 얼굴 외곽선만 주어진 자극 그림

  (완성 후에는 두 번째 그림을 치우고 세 번째 그림 종이를 준다.)

  ③ 세 번째 과제 — 자유화

FSA에 사용하는 재료는 FSA 용지 세 장과 크레욜라 색마커다. Betts는 여러 종류의 색마커 중에서 크레욜라(Crayola) 브랜드의 색마커([그림 6-1] 참조)로 한정지었다. 크레욜라 색마커는 우리나라에서 크레파스를 흔히 쓰는 것처럼 미국에서 흔히 쓰는 미술재료다. 끝이 도톰한 원뿔처럼 되어 있고 수성재료라서 부드럽게 그려진다([그림 6-2] 참조).

유성마커처럼 진하거나 딱딱한 느낌이 아니다. 싸고 흔히 쓸 수 있는 재료인데다가 파스텔처럼 손에 묻거나 다루기 어려운 재료가 아니므로, 특히 인지장애 아동에게 많이 사용하는 그림검사에서 '크레욜라 색마커'라고 제한을 둔 것은 좋은 재료 선택이라 여겨진다. 색마커는 총 16색인데, 8개의 기본색과 8개의 보충색이 있다.

그림 6-1

그림 6-2

FSA는 세 장의 그림으로 구성된다. 모두 A4용지[3] 사이즈이며 그림의 주제는 각각 다

---

3) 미국에서는 Letter Size(8 1/2 x 11in)를 사용한다. 이 크기에 가장 가까운 우리나라 종이는 A4용지다.

르다. 첫 번째 종이와 두 번째 종이는 FSA 원 자극을 그대로 사용하도록 한다(세 번째 장은 백지다).

FSA의 그림 자극은 저작권이 있는 것으로 이 책에서 소개하지 못했다. 미술치료 회기에서 사용하기 원하거나(임상가용 패킷), 연구 목적으로 사용하기 원할 경우(연구자용 패킷) 각기 20달러에 FSA 자극판을 구입할 수 있다.

- 구입처: http://www.art-therapy.us/FSA.htm
- 저작권자 이메일: DonnaBettsATRBC@aol.com
- 저작권자 주소: Donna Betts, PhD, ATR-BC, The George Washington University, Art Therapy Program, 1925 Ballenger Ave., Suite 250, Alexandria, VA, 22314.

첫 번째 그림에서는 기본 얼굴 형태가 주어진다. Betts는 얼굴 형태가 특정 인종을 대표하지 않게끔 신경을 썼다고 한다. 그 얼굴을 보면, 남자인지 여자인지, 백인인지 흑인인지 혹은 히스패닉이나 아시안계인지 분명하지가 않다. 머리카락은 생략되어 있고, 눈, 코, 입, 귀는 분명히 보인다. 하지만 사람의 얼굴이라는 점은 뚜렷하게 보인다.

두 번째로 제공되는 그림에는 얼굴 외곽선만 있다. 앞서 첫 번째 장의 얼굴 외곽선을 그대로 사용했는데, 눈, 코, 입, 귀는 생략된 상태라고 할 수 있다. 이 실루엣이 얼굴이라는 점을 쉽게 알아차리는 사람도 있고, 혹은 그렇지 않은 경우도 있다.

마지막 세 번째 종이는 아무것도 그려지지 않은 용지를 제공한다. 이렇게 차례차례 한 장씩 세 장을 주게 되는데, 한 장을 완성하면 그 옆에 두는 것이 아니라 그림이 보이지 않게끔 치워 줘야 한다. 왜냐하면 첫 번째 그림을 완성하고 난 다음에 그 자리에서 보이지 않는 곳으로 옮겨 두고 두 번째 종이를 가져왔을 때 첫 번째 그림을 기억해서 두 번째 그림에 적용하는지 여부도 인지기능을 평가해야 될 때 중요한 포인트가 되기 때문이다.

3. 검사 대상 및 실시 방식

FSA 검사를 실시하는 대상은 자신의 마음을 언어로 표현하기 어려워하는 사람들, 특히 인지기능에 장애가 있는 사람들, 그리고 다문화 사회에서 문화적 배경이 다른 사람들 등이다. 이들에게 얼굴이라는 자극을 주었을 때 그것을 보고 어느 정도로 활용해서 그림을 그리는지 알아봄으로써 말로 다 표현하지 못한 그 사람의 심리적 기능을 평가하고자 한다.

인지기능을 알아보는 검사로 지능검사와 같은 평가방법이 있지만, 이러한 검사들은 언어적인 검사가 많기 때문에 만약 언어적 장벽이 있거나 말을 잘 하지 못한다면 그 사람이 가진 능력이 평가절하 당할 수도 있다. 따라서 시각적인 자극과 회화적 반응만으로 문제 해결과 자기표현을 평가하고자 한 것이다. 예를 들어, 어떤 아동이 말을 잘 하지는 못하지만, FSA 그림검사를 했을 때 시각 자극을 이렇게 이해하고 잘 표현하는 것으로 보아 인지기능이 많이 저하된 것은 아니라는 점을 밝히고자 한 것이다. 만약 인지적인 문제를 가진 아동이라면, 사람 얼굴이라는 점을 인식하지 못한 듯 그저 색깔을 칠하기도 한다. 그 아동이 주어진 얼굴 형태를 보고도 자신의 마음에 들지 않아서 그냥 무시하고 색칠했을 수도 있겠지만, 대부분의 일반 아동은 얼굴 형태에 주의를 기울인다는 점에서 뚜렷한 차이를 보여 주는 것이다.

다르게 표현하면, 주어진 그림 형태를 어떻게 다루느냐 하는 점은 그림검사를 받는 사람의 '문제 해결 능력'을 보여 주는 것이기도 하다. 그래서 FSA는 자폐증이나 그 외의 전반적 발달장애를 겪는 아동의 인지 능력을 평가하기 위해 많이 사용되었다.

FSA는 개인용으로도 쓸 수 있고 집단용으로도 쓸 수 있다. 시간제한은 세 장을 전부 다 해서 대략 50분을 넘기지 않으면 된다(학교에서 사용할 때는 수업시간 한 시간을 넘기지 않는다). 최대 60분까지 쓸 수 있지만, 만약 한 장의 그림에 지나치게 오래 걸리는 것 같으면, 시간을 배분할 수 있도록 남은 시간을 피검자에게 알려 준다.

4. FSA 평가방법

FSA는 그림을 그린 사람의 문제 해결 능력, 기억력, 시각적인 인지 능력, 조직화 능력 등을 평가할 수 있고, 전반적인 발달 단계와 자기개념을 평가할 수 있다. 더불어 창조성도 평가할 수 있다.

표 6-1. FSA에서 고려해 볼 점

첫 번째 그림	두 번째 그림	세 번째 그림
-선 안쪽에 색칠을 할 수 있을 만큼 운동기술이 있는가 -그림이 사람 얼굴이라는 것을 인식했는가 -자연스러운 색깔을 사용했는가 -머리카락이나 보석 같은 요소를 더했는가 -인종이나 성별을 고려할 때 피검자가 그림의 얼굴을 자신의 얼굴과 유사하게 만들었는가 -배경을 칠했는가	-피검자가 제시된 종이에 나타난 얼굴 형태를 무시하는가(예: 황칠), 아니면 얼굴의 요소를 더해서 사람 얼굴로 만드는가 -얼굴을 만들었다면 첫 번째 그림 평가 요소를 고려한다 -얼굴이 아니라면 그림의 형식 요소들을 고려한다	-얼굴을 그렸는가 -만약 그렇다면 이전의 그림과 유사점/차이점은 무엇인가 -얼굴이 아닌 것을 그렸다면 반항 혹은 창조성을 의미한다 -그림의 형식 요소들을 고려한다 -피검자가 그림의 방향을 바꾸거나 혹은 접거나 찢었는가

이러한 질문들은 FSA에서 어떤 점을 눈여겨볼 수 있는지 제시한 것이다. 더불어 PPAT에서 평가했던 방식과 마찬가지로, FEATS를 사용하며 총 14개 평가항목 중 9개만 사용한다. 즉, 채색 정도라든가 색의 적절성, 그림에 함축된 에너지, 논리성, 사실성, 발달 단계, 세부 특징, 선의 질, 보속성 등을 평가한다.

1) 첫 번째 그림

첫 번째 그림에는 사람의 얼굴선이 있었다. 그 선의 안쪽에 색깔을 칠할 수 있을 만큼 손의 움직임을 조종하는 운동기술이 있는지 살펴볼 수 있다. 또 주어진 그림이 사람의 얼굴이란 것을 아동이 인식하고 그림을 그린 것인지 평가할 수 있다. 색채 측면에서도 볼 수 있는데, 사람을 묘사하는 데 자연스러운 색깔을 사용했는가? 예를 들어, 얼굴을 칠했는데 초록색으로 칠했다면 그것은 특이하고 부적절한 색이 된다. 그림 전체에 사용된 색은 어느 정도인가? 채색 정도에서 아주 낮은 면적만 칠해졌다거나 혹은 그림의 대부분을 색칠했을 수도 있다. 그리고 이와 관련해서 그림에 함축된 에너지를 평가해 볼 수 있다. 그다음, 얼굴을 구성하는 요소들이나 세부 장식들을 더했는지 볼 수 있다. 머리카락을 그렸는가? 장식하는 보석이나 장신구를 더했는가? 그리고 인종이나 성별을 고려했을 때(미국이 다인종 사회라는 점을 고려) 피검자가 자신과 동일한 인종이나 성별을 그렸는가? 주어진 FSA 용지는 남자인지 여자인지 모호하게 그려져 있는데, 대개 사람들은 자신과 동일한 성별의 대상을 그린다. 얼굴에 대한 묘사는 어느 만큼 사실적인지 살펴볼 수 있고, 전체적으로 보았을 때 그림에 나타난 발달 단계는 어느 수준인지 평가할 수 있다.

2) 두 번째 그림

두 번째 그림은 얼굴에 외곽선만 제시되었다. 첫 번째 그림에 비해서 눈, 코, 입과 같은 얼굴 요소들이 생략되었으므로 외곽선을 얼굴로 인식할 수도 있고 그렇지 않을 수도 있다. 피검자가 종이 속의 선을 무시하고 그 위에 난화를 그리듯이 황칠을 하면서 얼굴 형태를 무시하는가, 아니면 얼굴 형태를 살리는가? 대개는 눈, 코, 입을 더해서 사람 얼굴로 만들곤 한다. 그러한 경우에는 인지기능이 양호한 편이라고 볼 수 있다. 만약 얼굴로 만들었다면 첫 번째 그림에서 평가했던 요소들을 동일하게 적용해서 평가할 수 있다.

그리고 얼굴을 그린 게 아니라면 일반적으로 평가하는 그림의 형식 요소들을 사용해서 평가할 수 있다(사이즈, 선의 질, 공간 사용, 색깔 사용, 색 가짓수 등).

3) 세 번째 그림

세 번째 그림은 백지를 제공한 것이다. 피검자가 무엇을 그렸는가? 만약 얼굴을 그렸다면 이전 그림과의 유사점이나 차이점은 어떤 것들이 있는지 살펴볼 수 있다. 얼굴이 아니라면 이전의 주제에 대해서 거부하거나 반항적인 반응인지 아니면 창조적인 반응인지 생각해 볼 수 있다. 창조적인 반응이라면, 그림의 질에 있어서 이전의 것과 유사하거나 최소한 이전의 것보다 더 좋은 양질의 작품이 나왔을 것이다. 그리고 그림의 형식 요소를 고려해 볼 수 있다. 그 외에 도화지의 방향을 바꾸거나 종이를 접거나 찢었다면, 검사 과정에서 스트레스를 받았거나 충동성, 좌절을 잘 참아 내지 못하는 면을 반영하는 것이다.

5. FSA의 활용

FSA는 검사 목적으로도 사용할 수 있지만 그림을 어려워하는 내담자에게 그림을 쉽게 시작할 수 있는 테마로도 사용할 수 있다. 또한 자유화라든가 난화와 같은 다른 그림 기법과 마찬가지로, 그것을 그리는 사람의 심리 내면을 표현하도록 하는 데 도움이 된다. 그 예로 FSA를 사용한 Robb(2001)[4]의 연구를 들 수 있다. Robb은 미국에 이주하게 된 러시아 출신 고아들을 대상으로 FSA를 실시했다. 참여한 아동은 러시아에서 미국으로

---

4) Robb, M. (2001). Beyond the orphanages: Art therapy with Russian children. *Art Therapy: Journal of the American Art Therapy Association, 19*(4), 146–150.

이주하게 되면서 언어도 다르고 문화도 다른 낯선 땅에 적응해야 하는 상황이었다. Robb은 아동이 느끼는 불안감이 FSA에 잘 나타난다고 했다. 따라서 FSA가 단순히 발달장애 아동의 인지기능을 평가하는 것뿐만 아니라 아동의 심리 내면—우울, 불안, 고립감, 소외감 등— 을 표현하는 것도 도와준다고 주장했다. 그러므로 FSA는 공식적인 평가절차로만 사용되지 않고 다양한 방식으로 활용될 수 있다.

원저자인 Betts는 다음과 같이 언급했다.

"FSA는 그림 그리기 기법으로 모든 미술치료사가 사용할 수 있다. 그 경우에는 꼭 평가를 해야 한다거나 공식적인 평가절차로 사용되는 것은 아니다. 나의 동료들이 가르치는 학생들 중에서도 이러한 방식으로 FSA를 사용하는 사람들이 많다."

6. FSA 사례

1) 결혼을 앞둔 여성의 FSA

[그림 6-3]은 결혼을 앞두고 고민이 많은 30대 중반의 미혼 여성이 그린 FSA 그림이다. 첫 번째 그림에서 화장한 여성을 그렸고, 두 번째 그림은 남성을, 그리고 세 번째 그림은 두 사람이 가정을 이루어 살게 될 미래 도시의 집을 그렸다. 첫 번째와 두 번째 그림에서는 각각 남녀 얼굴의 특징을 잘 묘사하고 있으며, 주어진 자극을 십분 활용하고 있는 점을 볼 수 있다. 더불어 세 번째 그림에서 이러한 이야기의 흐름이 계속 진행되고 있다는 점도 확인할 수 있다. 피검자의 가장 큰 관심이 결혼과 새로운 가정을 꾸미는 것이라는 점도 그림을 통해 확인할 수 있었는데, 현실적인 기대라기보다는 공상과 환상이 어우러진 기대라고 여겨진다.

그림 6-3

2) 스트레스가 높은 30대 여성의 FSA

[그림 6-4]는 직장생활과 가정생활을 병행하며 여러 가지 스트레스를 경험하는 30대 후반의 여성이 그린 FSA 그림이다. 첫 번째 그림에서 처음에 노란색으로 얼굴을 칠한 뒤, 그 위에 진한 색으로 여러 가지 무늬를 채워 넣었다. 긴 눈썹과 수염, 얼굴의 무늬(혹은 문신), 대머리 등의 특징이 결합되어 프로레슬링 선수 혹은 아메리카 원주민 같은 인상을 풍긴다. 어쨌든 여성스러운 특징을 더하지 않은 것은 확실하다.

두 번째 그림에서는 얼굴 전체를 검정과 청색으로 칠하고 세부 특징은 전혀 그리지 않았다. 얼핏 그림자 같은 느낌을 주기도 하는데, 앞서 첫 번째 그림에서 노란색으로 전체 바탕을 칠했던 것과 색이 달라졌을 뿐 유사한 방식으로 완성한 셈이다. 다른 묘사 없이 검정과 청색만으로 두상을 완성한 것이 우울한 느낌과 더불어 자기 부정, 파괴 내지는 비하 등의 인상을 주기도 한다.

마지막 세 번째 그림은 첫 번째와 두 번째 그림에서 대표색으로 사용했던 노랑과 검정을 각기 사용해서 원을 그렸는데, 원의 중심은 밀도가 더 높게 채색되었다. 비록 색깔 사용은 눈동자를 묘사한 것이라 볼 수 없지만, 원의 중앙에 진한 색으로 칠한 것이라든가 둥근 형태가 눈동자를 연상하게 만든다. 어쩌면 평가, 감시, 비판 등의 이미지로 눈동자 같은 형태를 그린 것이 아닐까 하는 추측도 해 보게 된다. 전체적으로 세 장의 그림 모두 이 여성이 경험하는 여러 가지 스트레스를 시각적으로 표현하고 있는 것으로 보인다.

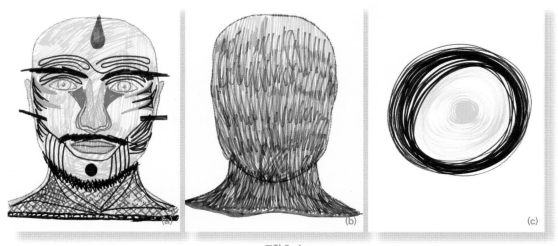

그림 6-4

3) 일반 아동의 세 번째 작품 예시

[그림 6-5]와 [그림 6-6]은 각기 초등학교 3학년생과 여섯 살 아동이 그린 FSA 세 번째 그림이다. 이들은 생활상의 문제나 인지적 문제가 없는 일반 아동들인데, 이처럼 FSA 첫 번째와 두 번째 그림을 그리고 난 뒤 세 번째 그림에서는 대부분 사람을 그리는 것이 일반적인 반응이다.

그림 6-5   그림 6-6

Part 3
주제에 따른 그림검사

3부에서는 인물화를 제외한 다른 주제를 가진 그림검사를 살펴보려 한다. 주로 한 장으로 이루어진 그림검사들인데, 그림 작업에 국한하지 않는 검사도 있다. 살펴 볼 그림 검사는 이야기 그림검사(DAS)와 믿음미술치료평가법(BATA), 그리고 자유화다.

Part 3
주제에 따른 그림검사

이야기 그림검사

1. DAS의 개관

- 재료: DAS 자극, DAS 용지(혹은 A4용지), 연필, 지우개
- 과제: 주어진 자극그림을 사용해서 이야기를 만들고 그리기

  "자, 여기 그림을 보시면 사람들이랑 동물, 장소, 사물 그림이 있습니다. 이 중에서 두 개를 선택하고 그 둘 사이에 어떤 일이 벌어지고 있는지 이야기를 상상해 보세요. 이제 상상한 그림을 그려 보세요. 어떤 일이 일어나고 있는지 보여 주시면 됩니다. 카드에 있는 그림을 조금 바꾸어도 되고 아이디어를 덧붙여서 그려도 됩니다."

이야기 그림검사는 미국의 미술치료사 Rawley Silver[1]가 만들었다.[2] 영어 명칭은 Draw-a-Story test이며 약자로 DAS라 부른다.

DAS가 개발된 배경에는 비언어적 심리검사로서 그림검사의 매력이라든가 자극그림을 제시했을 때의 장점 등이 있다. 아동은 성인과 달라서 우울하다고 느낄 때 우울하다고 말하거나 울적한 표정을 짓기보다는, 문제 행동을 통해 표출할 때가 많다. 그런데 아동이 보이는 행동상의 문제가 비슷하더라도 심리적인 문제는 다를 수 있다. 이를 밝히기 위해서 언어적인 질문이 아닌 다른 방식으로 아동에게 접근해야 할 필요가 있다. 이를테면 아동의 상상과 생각, 느낌을 드러낼 수 있도록 그림을 사용하는 것이 한 가지 방법이 된다. 그리고 아동이 보다 쉽게 그림을 시작할 수 있도록 자극그림을 제공해 주는 것이 도움이 될 수 있다. 백지만 제공하고 그림을 그리도록 하는 것이 아니라, 무언가 참고할 수 있는 자극을 제공하고 그것을 활용해서 그림을 그리도록 함으로써 초기의 부담을 상쇄하고 그림 과정에 보다 용이하게 몰두할 수 있도록 돕는 것이다. Silver는 간단하게 그려진 자극그림을 아동에게 제시하고 그것을 변형하거나 따라 그리도록 하는 검사 기법들을 개발해 왔다. DAS도 그러한 일련의 개발 과정에서 만들어진 검사방법이다.

DAS 검사의 대상은 그림을 그리기 어려워하는 사람들, 자기 마음을 표현하기 어려워하는 사람들, 언어적으로 표현하기 어려워하는 사람들이다. 앞서 언급했던 바와 마찬가지로 아동의 경우 자신의 내면을 말로 잘 표현하지 못한다. 그러므로 행동 문제를 보이고 있을 때 그 이면에 주된 원인이 우울과 같은 정서적인 것인지 아니면 훈육이 부족한 데에서 기인한 것인지 판단하기가 쉽지 않다. 그러한 경우 DAS를 실시하면 도움이

---

1) Silver, R. (2009). 그림 속 우울과 공격성: 재미난 DAS 이야기. 주리애 역. 서울: 학지사.
   Silver, R. (2007). 세 가지 그림심리검사. 이근매, 조용태, 최외선 역. 서울: 시그마프레스.
2) Silver의 개인 홈페이지는 http://www.rawleysilver.com/이다.

된다.

DAS의 도구는 자극그림 A형, B형과 자극용지, 연필, 지우개 등이다. 자극 유형을 보면 A형과 B형이 있다([그림 7-1]과 [그림 7-2] 참조[3]). Silver는 DAS를 개발하면서 연구에서 사전검사와 사후검사로 사용할 수 있게끔 두 종류의 자극 유형을 만들었다.[4] 대체로 많은 연구에서 A유형의 자극그림으로 검사가 실시되었다. 자극의 종류를 보면 인물 5명(중성적으로 보이는 아이, 면사포를 쓴 여자, 파이프를 물고 있는 남자, 카우보이, 낙하산을 탄 사람), 동물 5종류(뱀, 고양이, 쥐, 병아리, 공룡), 무생물 및 배경 4종류(칼, 나무, 화산, 성)가 있다. 이러한 14가지 자극들 중 두 가지를 선택하도록 한다.

[그림 7-3]처럼 DAS 용지를 사용해서 그리기도 하는데, A4용지 위쪽의 네모 칸 안에 그림을 그리도록 하고, 그 아래에는 이야기 내용을 적도록 한다. 마지막으로 자신의 이름, 성별, 나이, 거주지와 날짜를 적고, 자신의 기분에 가장 가까운 상태를 '매우 좋다, 괜찮다, 화가 난다, 무섭다, 슬프다' 등 다섯 가지 중에서 체크하도록 한다.

DAS는 실시조건이 자유로워서 개인 면담에서 실시해도 되고 집단으로 시행해도 된다. 시간제한은 따로 없다.

---

3) [그림 7-1]과 [그림 7-2]는 Silver, R. (2002). *Three Art Assessments: The Silver Drawing Test of Cognition and Emotion, Draw a Story, Screening for Depression, and Stimulus Drawing Techniques.* Brunner-Routledge의 허락하에 실었음을 밝힌다.
4) A유형과 B유형이 동일한가에 대해서는 아직 연구가 더 필요한 상태다.

이야기 그림검사
(A형)

그림 7-1

이야기 그림검사
(B형)

그림 7-2

이야기 그림

이야기: ___ 부자 아저씨가 새로 구매한 애완용 너방을 안 고 만족스러위하고2rth
담배를 피고 있다 _____

다음 빈칸을 채우세요.
이름:_____ 성별:_____ 나이:_____ 거주지:_____ 날짜:_____
나는 지금 기분이   매우 좋다_____   팬찮다_____   화가 난다_____   무섭다_____   슬프다_____

그림 7-3

검사의 지시는 다음과 같다.

"자, 여기 그림을 보시면 사람들이랑 동물, 장소, 사물 그림이 있습니다. 이 중에서 두 개를 선택하고 그 둘 사이에 어떤 일이 벌어지고 있는지 이야기를 상상해 보세요. 이제 상상한 그림을 그려 보세요. 어떤 일이 일어나고 있는지 보여 주시면 됩니다. 카드에 있는 그림을 조금 바꾸어도 되고 아이디어를 덧붙여서 그려도 됩니다."

검사의 지시에서 중요한 것은 세 가지다. 총 14개 중에서 2개를 선택한다는 점과, 어떤 일이 벌어지고 있다는 점, 카드 속 그림을 변형시켜서 된다는 점이다.

DAS의 가장 큰 강점은 시각적인 자극을 제시한다는 점이다. 그리고 그 자극들은 그리기 어렵지 않아서 누구나 쉽게 따라 그릴 수 있다. 피검자들이 그림검사를 하게 되어 긴장했을 때에도 자극그림을 보고서 이내 안도감을 느끼고 쉽게 시작하는 것을 볼 수 있다.

2. 채점 척도

DAS의 그림평가는 다음과 같은 세 종류의 평가 척도를 통해 이루어진다.

- 정서내용 척도(Emotional Contents)
- 자기상 척도(Self-Image)
- 유머사용 척도(Use of Humor)

DAS가 처음 만들어졌을 때는 정서내용 척도만 있었다. 이후에 연구가 진행되면서 자기상 척도가 분리되었고 유머사용 척도도 추가되었다.

1) 정서내용 척도

표 7-1. 정서내용 척도[5]

1점: 매우 부정적인 주제
혼자 있는 대상이 슬프거나 무기력하거나 죽었거나 치명적인 위험에 노출되어 있다.
관계가 파괴적이거나 삶을 위협하는 관계, 치명적인 관계 혹은 타살하는 관계다.

2점: 다소 부정적인 주제
혼자 있는 대상이 무서워하거나 화가 났거나 좌절했거나 불만이 있거나 걱정한다.
관계가 스트레스를 주거나 적대적인 관계, 불편한 관계다.

3점: 중립적인 주제
양가적인 것으로 부정적인 것과 긍정적인 것 두 가지 다 있는 경우다.
혹은 정서가 드러나지 않은 경우, 애매모호하거나 분명하지 않은 경우다.

4점: 다소 긍정적인 주제
혼자 있는 대상이 운이 좋지만 수동적인 모습으로 표현되었다.
관계는 우호적이거나 즐겁다.

5점: 매우 긍정적인 주제
혼자 있는 대상이 행복하거나 능력이 있거나 목표를 성취했다.
관계를 그린 경우 보살펴 주거나 사랑한다.

〈표 7-1〉은 DAS의 정서내용 척도다. DAS 그림에서 표현된 내용이 어떤 것이었냐에 따라서 1~5점을 준다. 낮은 점수일수록 더 부정적인 내용이고, 높은 점수일수록 긍정적인 내용이 표현된 그림이다. DAS 그림은, 살아 있는 두 종류의 대상(사람이든 동물이든)을

---

5) Silver는 정서내용 척도에 2.5점과 3.5점을 추가하기도 했다. 양가적인 주제인데 그 결과가 부정적이거나 희망이 없을 경우 2.5점, 양가적인 주제인데 결과가 긍정적이거나 희망적인 경우는 3.5점으로 나누어 보았다.

선택해서 표현했을 수도 있고, 혹은 살아 있는 대상 하나와 배경(혹은 무생물)을 선택했을 수도 있다. 전자는 '관계'를 살펴서 정서내용을 평가하고, 후자는 '혼자 있는 대상의 상태'를 살펴서 정서내용을 평가한다.

1점과 2점은 둘 다 부정적인 내용을 그린 것인데, 더 강력하게 부정적 주제인 경우 1점을 주게 된다. 한 가지 특이한 사항은, 혼자 있는 대상의 경우 죽었거나 치명적인 위험에 처했을 때뿐 아니라 굉장히 슬프거나 무기력한 경우도 1점에 해당된다는 점이다. 이러한 평가는 서양 문화권에서 자기결정권을 중요시하고 통제권을 스스로 가지는 것을 높게 평가하기 때문인 것으로 보인다. 무슨 말이냐 하면, 체념한다거나 아무것도 하지 못하는 무기력한 상태를 평가할 때 매우 부정적인 것으로 여긴다는 점이다. 우리나라 문화권에서는 그렇게까지 부정적으로 평가하지 않지만, 어쨌든 DAS를 만든 미국 문화에서는 상당히 부정적인 것으로 평가한다.

1점에 비해서 2점은 비록 부정적이기는 하지만 그렇게까지 심하지 않은 경우다. 혼자 있는 대상을 그렸다면 1점의 경우는 죽었거나 치명적인 위험에 노출된 것인데, 그에 비해 2점은 일상생활을 하면서 경험할 수 있는 부정적인 감정으로서 '무서워한다, 화났다, 좌절했다, 불만이 있다, 걱정한다' 등이 된다. 두 대상 간의 관계를 그린 경우에는 스트레스를 주는 관계, 적대적인 관계, 서로 간의 불편한 관계 등이 2점 작품이 된다.

앞서 수동적이거나 무기력한 것은 굉장히 안 좋은 상태로 1점이라 평가한다고 언급했다. 자신의 문제를 어떤 식으로든 해결해 보고자 애쓰는 자세가 있으면 상대적으로 더 건강한 것이고, 체념하거나 운명으로 받아들이고 아무렇게 던져 버리거나 무기력하거나 슬퍼하기만 한다면 더 건강하지 않은 것이다. 다음 그림을 보면 확실하게 차이가 난다. [그림 7-4]의 (a)와 (b)는 모두 화산 위로 낙하산이 떨어지는 장면인데, 하나는 그저 수동적으로 체념한 채 운명을 맞이하고 있다면, 다른 하나는 어떻게든지 살아 보겠다고 팔다리를 휘젓고 있다. 그래서 (a)가 죽을 수밖에 없는 상황을 그린 것이라면, (b)는 불운한 상황이지만 완전히 치명적인 것은 아니라고 본다. 따라서 (a)는 정서내용 척도 1점, (b)는 2점이 된다. 이러한 점수 차이의 배경에는 환경을 어떻게 받아들이고 노력하는가 하는 점이 고려되었다. 즉, 사람이 자신을 둘러싼 환경이 부정적이거나 불운한 경우에, 그저 체념하고 숙명적인 태도를 지니는 것과 지푸라기라도 잡는 심정으로 노력을 해 보는 것은 다르다고 보는 것이다. 후자는 환경에 대응하는 마음의 힘이 있다고 볼 수 있으므로 보다 높은 점수를 줄 수 있다.

그림 7-4

3점은 긍정과 부정의 중간이다. 둘 다 없거나 둘 다 있는 양가적인 그림이 3점이 된다. 정서가 드러나지 않았거나 애매모호하거나 분명하지 않은 경우에도 3점으로 묶을 수 있다.

마지막으로 4점과 5점은 긍정적인 정서내용이 표현된 것으로 그 정도에 따라서 다소 긍정적인 경우는 4점, 매우 긍정적이면 5점이 된다. 4점 작품에서는 수동적이거나 운이 좋은 것은 정서내용 4점에 해당되고, 그보다 적극적이거나 성공/소원을 성취하는 것은

5점이 된다. 둘 이상의 대상이 있을 때 그 관계가 우호적이거나 즐거운 상태이면 4점이 된다. 그보다 더 적극적으로 상대방을 보살펴 주거나 사랑한다면 5점이 된다. 예를 들어, 쥐와 병아리가 만나서 서로 반갑다고 "안녕?" 하고 인사한다면 이 관계는 4점이 되고, 왕자와 공주가 사랑해서 결혼했다면 5점이 된다.

2) 자기상 척도

표 7-2. 자기상 척도[6]

1점: 병적인 환상
그림을 그린 사람은 슬프거나 무기력하거나 고립되어 있거나 자살하려 하거나 죽었거나 치명적인 위험에 노출되어 있는 대상과 동일시하는 것으로 보인다.

2점: 불쾌한 환상
그림을 그린 사람은 무서워하거나 좌절했거나 운이 나쁜 대상과 동일시하는 것으로 보인다.

3점: 양가적이거나 정서가 없거나 애매모호한 환상
이야기를 하는 주체가 불분명하거나 보이지 않는다.

4점: 유쾌한 환상
그림을 그린 사람은 소극적이지만 운이 좋은 대상—이를테면 TV를 보고 있다든가 구조를 받은 대상—과 동일시하는 것으로 보인다.

5점: 소망을 성취하는 환상
그림을 그린 사람은 행복하거나 사랑 받거나 강력하거나 존경할 만하거나 위협하거나 파괴적이거나 공격적이거나 목표를 성취하는 대상과 동일시하는 것으로 보인다.

---

6) Silver는 자기상 척도도 정서내용 척도와 마찬가지로 2.5점과 3.5점을 추가하기도 했다. 양가적 환상인데 부정적 결과로 귀결되는 경우, 희망이 없거나 실패하는 대상과 동일시하면 2.5점, 양가적 환상인데 긍정적 결과로 귀결되는 경우, 희망적이거나 성공할 것 같은 대상과 동일시하면 3.5점으로 나누어 보았다.

두 번째 척도는 자기상 척도다. 정서내용 척도와 더불어서 이 자기상 척도는 DAS를 평가하는 중요한 척도이며 점수의 종류는 정서내용 척도와 유사하다. 1점과 2점은 부정적인 자기상으로 평가되고, 3점은 중립적이거나 긍정/부정 모두 있는 것, 4점과 5점은 긍정적인 것이다.

자기상 척도와 정서내용 척도의 차이점은 평가해야 하는 대상이 무엇이냐 하는 점이다. 정서내용 척도의 경우, 그림 전체에 나타나는 정서의 내용을 살펴보는 것이다. 그에 비해 자기상 척도는 그림을 그린 사람이 그림 속에서 자신과 동일시하고 있는 대상을 살펴보는 것이다. 또 다른 차이점은 자기상 척도의 경우 그 대상이 가진 힘과 능력을 중심으로 원하는 것을 얻느냐 하는 점을 살펴보기 때문에 설사 원하는 것이 부정적인 것이거나 파괴적인 것이라 하더라도 '성취'한다면 가장 높은 점수를 부여한다.

다시 말해, 그림에 표현된 정서내용 자체는 부정적이라도 그림을 그린 사람이 동일시하는 대상이 강력한 대상이면 자기상 척도에서 5점이 되는 것이다.

주도적이고 힘을 갖고 있으면서 소망을 성취할 수 있다는 것이 자기상 평가에서 가장 중요한 점이 된다. 예를 들어, 쥐와 뱀을 선택하고 뱀이 쥐를 잡아먹는 모습을 그렸는데, 그림을 그린 사람이 뱀에게 동일시하고 있다면 자기상 척도는 5점이 된다. 물론 이 경우에 정서내용 척도는 1점이다.

이러한 경우를 제외하면 자기상과 정서내용은 상당 부분 겹칠 수밖에 없는 채점 척도들이다. 왜냐하면 14가지 자극 중에서 두 가지를 선택해서 이야기를 만들고 그림을 그렸기 때문에 그림에 나타난 정서적인 내용과 그림 속의 동일시하는 대상의 상태가 거의 비슷한 경우가 많다.

DAS 연구에 따르면 정서내용 척도에서 1점이면서 자기상 척도가 5점으로 나오는 경우가 문제 확률이 높았다. 즉, 자기 안에 있는 우울한 정서가 있으면서 이를 공격적이고 파괴적인 방식으로 실현할 가능성도 가지고 있기 때문이다. 우울한 아동이 사고를 치거나 안 좋은 행동을 하는 경우, DAS 상에서 정서내용 1점, 자기상 5점으로 나타나곤 한다.

3) 유머사용 척도

표 7-3. 유머사용 척도[7]

1점: 치명적이고 병적인 유머
고통스럽게 죽거나 죽을 위험에 있는 대상 때문에 재미난 경우.
이미지나 말을 통해 고통 혹은 공포가 명백히 표현된다.

2점: 비하하는 유머
그림을 그린 사람과는 다른 대상(성별이 반대라든가) 때문에 재미난 경우.
그 대상은 매력적이지 않거나 좌절했으며 불운하지만 치명적인 위험에 처해 있지는 않다.

3점: 애매모호하거나 양가적인 유머(중립적)
의미나 결과가 부정적인 동시에 긍정적일 수 있거나 혹은 불분명하다.

4점: 반동 유머(부정적이라기보다는 긍정적이다)
주요 대상이 역경을 극복했거나 결과가 희망적이고 호의적이다.

5점: 유쾌한 유머(전적으로 긍정적이다)
친절하고 우스꽝스러우며 단어를 사용한 말장난일 수 있다.

세 번째 척도는 유머사용 척도다. 모든 그림에 유머가 사용되지는 않기 때문에 이 척도를 매기지 않는 작품도 많다. 만약 그림에 유머가 사용되었다면 유머사용 척도상에서는 몇 점이 될 수 있는지 한번 생각해 볼 수 있다.

---

7) 유머사용 척도의 부분 점수는 1.5점과 2.5점이다. 1.5점은 치명적이지만 병적이지는 않은 유머로서, 사라지거나 죽었거나 죽을 위험에 있는 대상 때문에 재미난 경우를 지칭한다. 그러나 단어로든 이미지로든 고통이나 공포가 표현되지는 않아야 1.5점에 해당된다.
2.5점은 자기비하적 유머로서, '나'라는 대명사를 사용하거나 그림 그린 사람과 닮은 대상 때문에 재미난 경우다. 그 대상은 매력적이지 않거나 좌절했으며 불운하지만 치명적인 위험에 처해 있지는 않아야 2.5점에 해당된다.

다른 척도와 마찬가지로 1, 2, 3, 4, 5점이 있고 부분 점수가 있는데, 3점보다 1점 아래인 2점을 중심으로 1.5점과 2.5점으로 나누어진다.

1점은 치명적이고 병적인 유머, 굉장히 뒤틀린 유머, 유머라기 생각하기 어려운 유머다. 고통스럽게 죽거나 죽을 위험에 있는 대상 때문에 뒤틀려서 웃기는 경우, 이미지나 말을 통해서 고통이나 공포가 명백하게 표현된 경우가 많다.

1.5점은 1점과 비교할 수 있는 점수로서 치명적이지만 병적이지는 않은 유머다. 달리 말하면, 사라지거나 죽었거나 죽을 위험은 있지만(=치명적이지만) 그림에 고통이나 공포가 분명하게 표현되지 않은(=병적이지 않은) 경우다. 1점과 다른 점은, 1점이나 1.5점이 둘 다 죽을 위험에 있는 부류의 비틀어진 유머를 구사하고 있지만, 1점은 고통이나 공포가 명백하게 표현이 되었고 1.5점은 명백하게는 표현이 안 되었다는 점이다.

2점은 비하하고 낮추는 유머로서, 그림을 그린 사람과는 다른 대상 때문에 재미난 경우다. 예를 들어, 그림을 그린 사람이 쥐를 그렸는데 쥐가 꼬리도 짧고 못생기고 뚱뚱해서 고양이들이 저 뚱뚱한 것을 어떻게 먹느냐고, 서로 안 먹겠다고 피하고 있다고 생각해 보자. 쥐를 그렸으니까 그림을 그린 사람과는 다른 대상이다. 그런데 이 쥐는 그림 속에서 잡아먹히지 않을 정도로 전혀 매력적이지도 않고, 고양이로부터 비하당하고 경멸당하고 있다. 이러한 부류의 유머일 때 2점이 된다.

2.5점도 대상을 낮추고 경멸하는 부분이 있지만 2점과 달리 '나'라는 단어를 사용하거나 그림을 그린 사람과 어떤 식으로든 닮은 대상이 비하를 당한다. 자기 자신을 드러내 놓고 비하할 수 있는 것이 보다 더 통렬한 유머이므로 0.5점 높은 점수를 부여하게 된다.

3점은 양가적인 유머로 부정과 긍정이 동시에 있거나 아니면 둘 다 없거나, 불분명하게 없는 경우다.

4점 유머는 무엇인가에 대한 반동으로 일어나는 유머이다. 내용이 긍정적인 경우가 많아서 그림 속 주요 대상이 역경을 극복했다거나 결과가 희망적인 종류다. 그리고 마지막으로 5점을 보면 이는 유쾌한 유머이며 긍정적인 유머다. 재미있고 가벼운 말장난 같은 것일 수 있다. 따라서 4점과 5점을 비교해 보면, 5점은 완전히 전적으로 긍정적인 유머인 반면, 4점은 약간 안 좋았다가 좋아지고 있는 반동이 있다.

이와 같은 유머사용 척도는 정서내용 척도나 자기상 척도만큼 빈번하게 사용되지는 않는다. 모든 그림에 유머가 사용된 것이 아니므로 본 척도를 모든 그림에 적용할 수 없다.

3. DAS 사례

1) 뱀에게 먹히는 병아리

초등학교 아동에게 DAS를 했을 때 자주 등장하는 주제 중 하나는 뱀과 병아리다. 아동이 주변으로부터 스트레스를 많이 받을 때, 자기 자신을 피해자로 느끼고 그 관계를 상징적으로 보여 주는 것이 뱀—병아리 관계 그림이다. 대부분 병아리는 비극적인 최후를 맞이하는 것으로 나타난다. 간혹 성인의 그림에서는 병아리가 뱀을 이기는 역설적인 관계가 나오기도 하지만, 초등학교 아동의 경우에는 거의 대부분 병아리가 잡아먹히는 관계로 나타난다.

그림 7-5

[그림 7-5]는 음성틱이 있는 초등학교 4학년 남자 아동의 그림이다. 이 아동은 학업이 부진하여 어머니에게 자주 잔소리를 듣고 매사에 자신감이 없는 편이다. 그리고 동생을 편애하는 부모에 대해 원망이 있지만 겉으로 잘 표현하지는 못한다.

DAS 그림에는 뱀에게 쫓기는 병아리를 그렸다. 오른쪽에 있는 병아리도 태어난 지 얼마 되지 않았지만, 부모 닭은 갓 태어난 알을 돌보느라 쫓기는 병아리를 도와주지 않는다고 한다. 그림 속에서 병아리와 부모 닭 사이에는 커다란 뱀이 있어서 닭이 병아리를 돕기가 쉽지 않을 듯하다. 아마도 편애하는 부모와 동생을 닭과 알로 그리고, 자신은 쫓기는 병아리로 그렸으리라고 보인다.

그림 7-6

[그림 7-6]을 그린 피검자는 초등학교 3학년 여자 아동으로, 학교에서 선생님의 지시를 따르지 않고 과잉행동에 주의 집중을 하지 못하는 문제를 반복해서 보이면서 상담을 받게 되었다.

아동이 그린 그림의 내용은 이러하다. 뱀이 병아리를 찾아서 잡아먹으려고 했는데, 병아리가 먹이를 줄 테니 대신 자기를 잡아먹지 말라고 애원했다. 그런데 병아리가 먹이를 구하지 못해서 결국 병아리는 거짓말을 하며 빠져나왔다. 그리고 병아리가 모이를 먹고 있는데, 뱀이 기다리다가 다시 병아리를 잡아먹으러 왔다. 그리고 결국 병아리를 잡아먹었다.

이와 같이 병아리와 뱀의 관계에서 병아리는 일방적으로 당할 수밖에 없는 약한 존재다. 힘의 균형에서 밀리는 대상이므로 '결국에는' 당하고 마는 파국적 결말을 맺는다.

병아리와 뱀을 선택해서 그림을 그리는 아동은 대체로 병아리에 자기 자신을 동일시한다. 경험적으로 봤을 때, 공격성이 높은 아동 중에 뱀을 그리고 뱀에 동일시하는 경우가 종종 있는데, 그때에는 뱀과 고양이라든가 뱀과 사람, 뱀과 다른 주변 환경을 그리는 경우가 더 많았다.

2) 관계의 반전

그림 7-7   그림 7-8

[그림 7-7]과 [그림 7-8]은 스트레스가 심하다고 호소하는 초등학생과 30대 초반의 여성이 그린 그림이다. 이 두 그림을 보면, 포식자와 피식자가 함께 나타난다. 고양이와 쥐, 뱀과 병아리는 서로 먹고 먹히는 관계다. 그런데 그림 속에서는 현실과 반대로 묘사되어 있다. 고양이는 쥐의 감시 때문에 꼼짝 없이 책을 펴고 책상에 앉아 있고, 뱀이 마치 실지렁이마냥 병아리에게 밟힐까 봐 두려워 떨고 있다.

이렇듯, 그림에 나타나는 관계가 실제와 뒤바뀐 환상을 보여 줄 때가 있다. 실제로 힘의 관계에 있어서 강자와 약자가 있을 때, 이를 그림에서는 역전시켜 보여 주는 것이다. 물론 그림에 환상이 들어가므로 충분히 그렇게 표현할 수 있다. 그런데 한 가지 생각해 볼 점은 그림을 그린 사람의 마음속 소망이다. 실제 관계를 역전시키고 싶은 욕구 아래에는 자신이 약자이지만 언젠가는 강한 상대를 이기고 싶다는 마음이 있을 수 있다. 그리고 지금 현재 자신이 받는 스트레스를 표현한 것일 수 있다. 감당하기 어려울 정도로 많은 스트레스를 받고 있을 때, 어떤 식으로든지 그것을 버텨 내겠다고 하는 마음을 표현한 것으로 보인다. 자신이 더 약하고 위축되었다고 느껴질 때, 공상의 세계에서나마 힘 센 상대방보다 더욱 크고 강력한 자기 자신을 설정함으로써 심리적으로 보상받는 느낌을 가질 수 있다.

또 다른 관점에서는 이렇게 그림을 통해 반전되는 관계를 그린다는 것은 유머와 위트가 있는 것이며 심리적으로 여유를 지닌 것으로 볼 수 있다.

3) 낙하산을 타고 어디로 갈 것인가?

[그림 7-9]를 그린 사람은 20대 초반의 여성으로 낙하산과 성을 선택해서 그림을 그렸다. 이 그림을 어떻게 이해할 것인가? 먼저 DAS 척도에 따라서 평가해 볼 수 있다. 정

그림 7-9

서내용 척도에 있어서 부정적이지도 긍정적이지도 않은 상태이므로 3점이 되며, 자기상 척도는 낙하산을 타고 내려오는 사람과 동일시하고 있는데 강력하거나 긍정적이지도 않고 부정적이거나 약하지도 않은 상태이므로 이 역시 3점이 된다. 유머는 사용되지 않았다.

평범한 생활을 하는 사람들에게 3점 그림은 흔한 결과일 수도 있지만, 정서가 나타나지 않은 모호한 상태는 심리적으로 덜 건강한 상태라고 할 수 있다(동일한 3점이라면 긍정과 부정이 모두 나타난 양가적 상태가 심리치료 장면에서는 치료 예후가 더 좋을 수 있다). [그림 7-9]의 내용을 보면, '어디에 내려

야 할지 모르겠다.'라는 점에서 진로 갈등이나 미래에 대한 염려가 표현된 것으로 보인다.

사실, 진로 갈등이 있는 내담자들의 경우 낙하산을 선택하는 빈도가 높다. 앞으로 자신이 무엇을 해야 할지, '이런 것도 하고 저런 것도 갖추어야 하는데.'라고 생각하며 갈등하다 보면 자기 앞에 인생 설계도는 너무 많이 펼쳐지고 그중에서 무엇 하나 선택하기가 망설여질 것이다. 더불어 불안감도 커질 수 있다. 이러한 마음의 상태와 낙하산이라는 테마는 닮은 점이 있다. 낙하산이 가진 상하 운동의 특성은 진로 선택을 통해 보다 나은 미래를 꿈꾸는 면을 닮았고, 공중에 떠 있기 때문에 불안한 상태는 진로 갈등으로 불안정한 상태와 닮았다. 어쨌든 낙하산은 변화를 상징하기에 좋은 소재라고 할 수 있다.

4) 화산이 폭발했어요

[그림 7-10]은 1장에서도 잠시 소개했던 초등학교 저학년 남자 아동의 그림이다. 이 아동은 정서적으로 우울하고 복잡한 가족 문제가 있으며 학교에서도 행동상의 문제(쉽게 화를 내고 교사의 지시를 따르지 않으며 친구들과 종종 싸우곤 한다)가 많아서 미술치료실에 오게 되었다.

아이들이 미술치료 장면에서 자신의 마음을 표현할 때 자주 선택하는 소재 중의 하

그림 7-10

나가 바로 화산이다. 이 그림에서도 남자 아동은 화산과 공룡을 선택했고, 용암이 분출되고 있는 모습을 까맣게 칠해서 표현하였다. 그림의 내용도 파괴적이고 부정적인 내용이다. 우측의 큰 공룡은 어미 공룡인데 지금 막 알을 낳았다. 용암 분출 때문에 알에서 깬 새끼 공룡도 죽을 위기에 처했고, 앞서 태어난 어린 공룡은 용암에 쓸려 죽었다.

'마음이 답답하다, 화가 나서 터질 것 같다.'라는 느낌은 흔히 화산이라는 테마로 표현된다. 미술치료를 할 때 "네가 화나는 것을 표현해 봐."라는 말은 아동에게 어려울 수 있지만, 구체적인 대상(예: 화산)을 사용해서 표현하게 하는 것은 훨씬 쉽게 다가간다. 예를 들어, 찰흙 작업을 하면서 "오늘은 화산을 한번 만들어 볼까?"라고 제안하면, 특히 분노가 많은 남자 아동이라면 그러한 주제를 아주 반긴다. "선생님, 전 그거 진짜 크게 만들고, 다 날려 버릴 거예요. 벌겋게 칠해 줄 거예요."라고들 한다.

또한 [그림 7-10]은 분출되는 용암을 그리느라 사용된 선의 성질(필압이 굉장히 높고 마구 칠한 듯한 인상을 풍긴다)을 보더라도 아동의 분노와 공격성을 짐작할 만하다. 그런데 그러한 분노에 더불어 주목해서 보아야 할 점은 일종의 좌절감이다. 알에서 갓 태어난 새끼 공룡과 어린 공룡은 모두 용암 때문에 죽거나 죽을 운명이다. 이러한 상태에 대해 어미 공룡은 어떠한 해결책이나 보호를 제공하고 있지 않다.

이러한 내용을 앞서 언급한 정서내용 척도와 자기상 척도의 관점에서 살펴보면 다음과 같다. 정서내용 척도는 부정적이고 파괴적 상태가 표현되었으므로 1점, 자기상 척도 역시 1점이 된다(공룡에게 동일시함. 어미 공룡이든 새끼 공룡 혹은 어린 공룡 모두 1점이 된다). 정서내용 척도와 자기상 척도 모두가 낮을 경우에는 우울감이 높은 것이다.

5) 공격적인 자극을 사용하는 주제들

DAS의 그림 자극은 공격적인 자극과 피공격적인 자극, 중성적인 자극 등으로 나눌 수 있다. 기존 연구에서 난폭하고 폭력적인 학생들이 공룡이나 화산, 칼, 뱀을 주로 선택한다고 보고된 바 있다(Earwood, Fedorko, Holzman, & Montanari, 2005).[8] 내담자와 일반인의

---

8) Earwood, C., Fedorko, M., Holzman, E., & Montanari, L. (2009). In. R. Silver(Ed.). **그림 속 우울과 공격성**. 주리애 역. 서울: 학지사. (원전은 2005년에 출판)

이야기 그림검사 자극선택 유형을 비교한 연구에서도 내담자 집단은 공룡을 많이 선택하였다(주리애, 2006).[9]

자극 A형에서 공격적인 상징은 칼, 뱀, 공룡, 화산 등이다. 대체로 공격적인 자극을 선택해서 그림을 그릴 경우, 내용도 서로 죽이거나 파괴하고 위협하는 관계가 된다. 따라서 정서내용 척도는 낮아지고(대개 1점이나 2점), 그림 그린 사람이 동일시하는 대상에 따라 1점 혹은 5점(공격적인 환상인데 성취하는 것인 경우 동일시하는 대상은 힘이 있고 강력하므로 5점을 주게 된다)을 받게 된다. 우울한 아동 중에 비행행동을 하거나 문제를 일으키는 아동은 대체로 정서내용 척도 1점, 자기상 척도 5점의 DAS 반응을 보인다(물론 그렇지 않고 그림 내용은 더 없이 화목하거나 잔잔할 수도 있다. 그 경우는 자신의 그림이 평가 받을 것까지 고려해서 가면을 쓰고 위장한 행동이므로 좀 더 치밀한 비행행동을 하는 경우다).

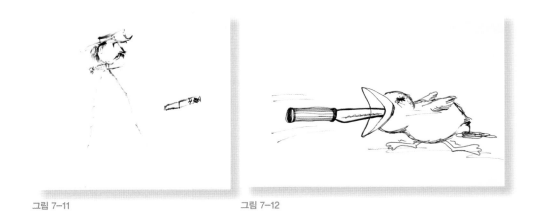

그림 7-11   그림 7-12

[그림 7-11]과 [그림 7-12]는 모두 공격적인 상징을 사용한 DAS 그림이다. [그림

---

9) 주리애(2006). Silver의 이야기 그림검사에 나타난 20대 여성 내담자 및 20대 여성 정상인의 검사반응 비교. **미술치료연구, 13**(2), 387-403.

7-11]은 초등학교 고학년 남자 아동이 그렸는데, 한 남자가 있고 그 남자의 목에도 칼이 있으며 배 쪽으로도 칼이 날아오고 있다. 칼에는 '할복'이라고 한자로 쓰려고 했다(한자를 잘 몰라서 틀리게 씀). 남자의 몸은 팔이나 다리가 없이 그냥 몸통만 있다. 죽이는 사람은 누구인지 알 수 없는데, 어쨌든 두 개나 날아오는 칼을 피하기란 쉽지 않아 보인다.

[그림 7-12]는 40대 여성이 그린 DAS 그림인데, 칼을 삼킨 병아리라는 제목의 그림이다. 병아리가 칼을 삼켜서 내장이 찢어지고 피똥을 싸는 모습이라고 한다. 그래도 다행히 구사일생으로 살아남기는 했지만 극도로 고통스러운 경험이라고 한다. 병아리의 얼굴 표정이나 항문, 피똥의 묘사가 연필로도 생생히 느껴질 정도다.

이렇듯 '칼'과 같은 공격적인 상징이 사용되면 거의 대부분 이야기는 공격적이거나 파괴적인 내용이 된다. 이러한 내용을 그릴 수 있는 것이 더 건강한 것일까, 혹은 그리지 않는 것이 더 건강한 것일까? 기본적으로는 피검자의 상황과 실제 생활에서의 적응이라는 맥락에서 함께 살펴야 할 것이다. 하지만 스트레스가 높은 상황이라고 모든 사람들이 이러한 그림을 그리는 것은 아니다. 따라서 그림 내용에서 지나치게 공격적이거나 파괴적인 내용이 나온다면 그 사람의 마음이 무척 상했고 지쳤을 가능성, 분노 조절에 어려움을 겪을 가능성 등을 고려해야 한다.

그림 7-13

6) 무기력함이 묻어나는 그림

[그림 7-13]은 우울증으로 병원을 찾은 40대 초반의 여성이 그린 DAS 그림이다. 나무에 기대어 앉은 여인이 하염없이 먼 곳을 바라보고 있다고 한다. 만약 이야기가 더 전개되었다면 그 내용에 따라서 평화로운 뉘앙스를 가질 수도 있고, 혹은 힘들고 지친 상태라는 인상

을 줄 수도 있다. 여인은 손에 꽃을 한 송이 들고 있는데, 손을 제대로 그리지는 않았다. 그 여인의 얼굴도 눈, 코, 입이 묘사되지 않아 어떤 표정을 짓고 있는지 알 수 없다. 인물화 해석에 비추어 보았을 때에도 얼굴의 세부 특징이 생략된 점이라든가 손과 발을 제대로 묘사하지 않은 점 등은 이 그림이 무기력하고 우울하다고 해석하게끔 한다.

그림 7-14

[그림 7-14]는 뱀과 성을 선택해서 '뱀이 성에서 빠져나오지 못해서 울고 있다.'고 했다. 이 그림을 그린 피검자는 여자 대학생인데 반복적으로 자살 시도를 하는 것과 우울한 상태가 지속되어 심리검사를 받게 되었다. 원래 뱀은 강력하거나 공격적인 상징으로 많이 사용되는데, 여기서는 무기력한 대상으로 그려졌다. 게다가 이 뱀은 크기도 크고 날카로운 이빨도 가지고 있는데 눈물을 흘리고 있다. 어쩌면 피검자는 이러한 역설적인 대상 선택을 통해 더 큰 좌절감이나 더 큰 슬픔을 묘사하고 싶었는지도 모른다.

4. 그 외 DAS 그림을 볼 때 고려해야 할 점

DAS 그림을 볼 때에는 정서내용이 어떠한지, 피검자가 동일시하는 대상에 투사된 자기상은 어떠한지를 평가해야 한다. 그러고 나서 다음과 같은 점들도 생각할 수 있다.

1) 여러 개의 자극그림을 선택해서 그렸을 때

DAS는 14가지의 자극 중에서 2가지만 선택해서 이야기로 그리라고 한다. 하지만 그림을 그리는 내담자들 중에는 3가지나 4가지, 심지어 14가지를 모두 다 선택해서 그리는 경우도 있다. 이렇게 3가지 이상을 선택하는 사람의 심리는 무엇일까?

첫째, 자신에게 주어진 지시를 제대로 듣지 않았을 가능성이 있다. 부주의하거나 충동적인 경우다.

둘째, 지시는 들었지만 이래라 저래라 하는 말에 순응하지 않는 유형이다. 반항적이거나 분노가 많다.

셋째, 눈에 보이는 자극들을 다 그려 보고 싶은 욕구를 느꼈기 때문이다. 욕심이 많아서이거나, 자신이 충분히 받고 누리지 못했다는 결핍감이 있는 경우다. 이들은 두 개만으로는 부족하다고 느끼는 마음을 가지고 있다.

넷째, 상대가 알아주었으면 하는 것이 너무 많아서 그 모든 것을 표현하고 싶었기 때문이다. 필자가 만났던 피검자들 중 DAS에서 여러 개를 선택해서 그린 사람들은 자기 마음속에 하고 싶은 이야기가 많은 사람들이었다.

2) 그림의 이미지와 글로 쓰거나 언급한 그림 내용이 다를 때

DAS는 그림으로 그려진 이미지나 인상보다는 그것을 그린 사람이 말하는 '이야기'에 중점을 두고 평가한다. 이를테면 그림 이미지에서는 별로 행복해 보이지 않는 얼굴의 여자가 그려져 있지만, "행복해하고 있어요."라고 이야기를 한다면 그것은 '행복한 상태'로 평가하는 것이다. 이런 점은 그림 실력이나 표현력이 부족한 피검자가 불필요하게 오해받거나 평가절하되는 위험을 줄이는 효과가 있다. 기존의 인물화나 가족화, HTP 등은 A4용지 정도의 작은 종이에 연필과 지우개만으로 그림을 그렸기 때문에 웬만큼 그림솜씨가 있지 않고서는 자칫 부정적으로 평가될 수 있는 이미지가 나오기 쉽다. 그에 비해 DAS는 이미지나 인상보다 이야기 내용 자체를 중요하게 여긴다.

하지만 내담자가 그린 이미지와 그림 내용이 현격하게 다를 경우에는 이러한 차이점에 대해 평가 보고서에 기록하고 치료사가 기억하는 것이 여러모로 도움이 된다. 일단은 내담자를 이해하는 과정에서 여러 가지 가정과 가설을 세울 수 있기 때문에 도움이 된다. 또한 내담자가 '머리로 생각하는 것'과 '마음에서 느끼는 것'이 다를 가능성을 열어 둘 수 있으므로 도움이 된다. 즉, 머리로는 '괜찮다'라고 생각하지만 사실 마음속에서는 잘 처리하지 못하고 있었다든가, 머리로는 '이제 미워하지 않는다'고 하지만 마음 깊은 곳에서는 용서하지 못한 경우 등 생각과 마음이 동일하지 않은 경우가 많기 때문이다. 이와 같은 차이점은 향후에 미술치료를 진행해 나가면서 여러 다양한 매체를 사용하고 주제를 다양화해서 작업하다 보면 보다 더 뚜렷이 나타나기 마련이다.

3) 색을 사용해서 DAS를 그릴 때

HTP도 colored HTP가 있는 것처럼, DAS도 채색할 경우 좀 더 풍부한 정보를 얻을 수 있다. 특히 정서적인 면이 두드러지게 표현된다. 다음의 작품을 보자.

그림 7-15

[그림 7-15]는 20대 중반의 여성이 그린 DAS 그림이다. 이 여성은 피해망상이 심한 정신분열증 환자인데, 그림에서 자신을 눈물 흘리는 쥐로 묘사하고 주변 사람을 불을 뿜는 공룡으로 그렸다. 그림에 색이 더해지면서 정서적인 느낌이 더욱 생생하게 전달되는 것을 볼 수 있다.

그림 7-16

[그림 7-16] 역시 색채를 사용해서 보다 더 생생한 느낌을 전달하고 있다. 화산이 터지고 있고 그 앞에 칼을 쥔 손이 있다. '분노의 복수'라는 주제의 이 그림에는 정작 사람이나 동물은 등장하고 있지 않다. 대신 공격적인 상징의 대표적인 것이라 할 수 있는 화산과 칼만 등장함으로써 강렬한 이미지를 생성하고 있다.

이처럼 색채를 더하게 되면, 정서적인 표현이 보다 극적으로 두드러지기 마련이다. 굳이 검사의 목적으로 DAS를 해야 하는 상황이 아니라면, 다양한 회화 재료를 사용해서 DAS 자극으로 그림을 그려 볼 수 있다. 그 경우에는 도화지도 DAS 용지가 아닌 보다 더 큰 크기의 종이를 사용할 수 있다.

4) DAS를 사용한 연구 결과들

Turner(1993)[10]는 학대당한 경험이 있는 청소년 정신과 환자에게 자유화, 난화, 동적 가족화, 자화상, DAS 등 다섯 가지 그림검사를 실시한 뒤 어떤 그림검사가 학대 경험이나 경험의 여파, 영향을 반영해 주고 있는지 알아보려고 했다. 그 결과, 다른 그림검사에서는 경직된 반응을 보이던 환자들이 DAS에서는 보다 자유롭게 표현하고 고통스러운 감정을 새롭게 재조직한다는 점을 발견하였다. 따라서 DAS가 다섯 개의 그림검사 중에서 가장 효과적이었다고 한다. Turner는 DAS가 학대 경험을 평가하고 피검자에게 학대가 어떤 의미인지를 살펴보며, 피검자의 방어와 대처기술, 자아개념, 관계성, 세계관 등을 알아보는 데 유용한 검사기법이라고 결론 내렸다.

Wilson(1993)[11]은 사고나 뇌졸중 등으로 뇌손상을 보이는 환자를 대상으로 정서적 측면과 여러 가지 인지 기술을 평가하고자 했다. 후천적으로 뇌손상을 보이는 환자들 경우에는 인지 기술의 손상 여부를 평가하거나 정서적인 상태를 평가하는 것이 매우 중요하다. 또 뇌졸중이나 사고 때문에 언어적 기능이 손상되는 경우가 꽤 있으므로 그림검사를 통해서 이들의 상태를 평가하는 것이 중요하다.

연구 결과, DAS를 사용해서 평가한 결과가 치료팀 내의 다른 영역 전문가들의 의견과 일치했을 뿐 아니라 정서적인 영역에 있어서는 다른 전문가들이 찾지 못한 정보도 찾을 수 있었다고 한다. DAS에 정서내용 척도가 있었던 점을 고려하면 본 그림검사는 관계나 자기상에 내재된 정서적 정보를 많이 드러내게끔 돕는 검사라고 할 수 있을 것이다.

---

10) Turner, C. (1993). *The Draw a Story in assessment of abuse*. Preconference course presentation at the 1993 Conference of the American Art Therapy Association, Atlanta, GA.
11) Wilson, M. F. (1993). *Assessment of brain injury patients with the Draw a Story instrument*. Preconference course presentation at the 1993 Conference of the American Art Therapy Association, Atlanta, GA.

Wilson은 DAS가 제공하는 정보가 다음의 네 가지 영역이라고 했다.

- 정서적 측면
- 관계를 형성하는 능력
- 조직화 능력
- 문제 해결 능력

첫 번째는 정서적 측면으로 우울이나 환자가 가지고 있는 공상에 대한 정보를 얻을 수 있다. 두 번째는 관계를 형성하는 능력에 대한 정보인데, DAS에서 어떤 대상을 선택하고 무슨 종류의 관계를 상상하는가 보면 관계 형성 능력을 추정할 수 있다. 사람에 따라서는 동물이든 사람이든 살아 있는 대상을 둘 이상 선택하는 경우도 있고, 살아 있는 대상 하나와 배경을 선택하거나 혹은 생명체 없이 배경이나 도구만 선택하기도 한다. 선택된 대상을 보거나 그 둘 간의 관계를 볼 때 환자의 대인관계 능력에 대한 정보를 얻을 수 있다. 대체로 살아 있는 생물을 적어도 하나 이상 넣는 경우가 건강한 편이다. 그렇지 않고 무생물이나 배경에 해당되는 대상만 선택하는 경우도 있는데, 필자는 예전에 어떤 환자가 자극들 중 나무와 칼을 선택해서 나무에 칼을 꽂아 놓은 모습을 그린 경우를 보았다. 이러한 그림은 대인관계에서 심각한 문제가 있거나 상대방에 대한 원망 혹은 피해 의식이 있을 가능성을 보여 준다. 세 번째는 조직화 능력에 대해 알 수 있는데, 두 개의 자극들 간에 이야기를 만들어 내고 그것을 한 화면 내에 표현하는 것이므로 통합하고 조직화하는 능력이 나타난다. 조직화 능력이 떨어지는 환자의 경우에는 그림에 두 가지 대상을 그리기는 하지만, 아무런 관련 없이 도화지 공간 내에 둥둥 떠다니게 그린다. 그다음에 내용을 이야기해 달라거나 왜 이렇게 그렸냐고 물어보면, "그냥요."라고 대답한다. 이러한 경우 조직화 능력이 저하되었거나 손상되었다고 볼 수 있다. 마지막으로 문제 해결 능력에 대한 정보도 얻을 수 있다. 주어진 과제에 대해서 어떻게 해결하는지 살펴봄으로써 피검자가 자신의 실제 삶에서의 문제에 대처하고 해결하는 방식을 알 수 있다.

CHAPTER 8

믿음미술치료평가법

살아가면서 가끔 그런 생각이 들기도 한다. 우리는 어디서 와서 어디로 가고 있는가? 내 삶에서 중심은 무엇인가? 무엇 때문에 열심히 사는가? 우리가 믿고 있는 가치는 영원한 것인가?

특히나 이런 질문들은 주변에서 가깝게 지내던 사람들의 죽음을 맞이할 때 더 증폭되기 마련이다. 삶에 대한 의문, 실존적인 질문은 우리들의 실존이 흔들리기 시작하는 순간에 가장 두드러진다. 가족의 죽음이라든가 큰 사고, 피해 갈 수 없는 불행한 사건 등은 보다 근원적인 것에 관해 질문하게 만든다. 그리고 그러한 근원적인 물음을 계속 추구하면서 얻게 되는 답이 있다면, 그 답은 이후에 그 사람의 인생 방향을 송두리째 바꿀 만큼 크게 영향을 미치기도 한다.

사람에 따라서 약간씩 차이를 보일 수는 있는데, 근원적인 신념이나 믿음은 선택의 순간에만 영향을 주는 것이 아니라 일상적인 생활과 삶의 다양한 측면에 영향을 준다. 따라서 정신건강 문제를 다룰 때에도 그 사람이 지닌 신념이나 믿음을 이해해야 한다. 종교가 없는 사람이라 하더라도 존재를 바라보는 시각이라든가 삶의 의미에 답하는 태도에 있어서 영적인 측면을 가지고 있다. 이를 일컬어 '영성(spirituality)'이라 부른다. '영성'은 이성을 넘어서기도 하며 직관력이나 통찰을 가져다준다.

보다 객관적이고 검증 가능한 방식으로 질병을 다루는 것이 최선이라고 믿었던 시대에는 종교라든가 영성을 다루지 않음으로써 마음의 문제를 더 잘 접근할 수 있으리라 여겼다. 왜냐하면 종교와 과학은 갈릴레이 사건 이후에 서로 별개의 분야로 존재하는 것에 대해 암묵적인 동의가 있었던 터였고, 심리치료 분야에서 치료법이나 평가법은 방법론상 과학적 방법론을 채택함으로써 과학의 길을 선택했기 때문이다. 여전히 어떤 부분에서는 과학이라는 방법으로 설명되지 않는 영역들도 있었지만, 대세는 과학적인 방법론이었다. 하지만 심리치료 분야에서 영성을 배제하는 것은 전인적인 치유라는 명제 앞에서는 이상한 일일 수밖에 없을 것이다.

1. BATA의 개관

- 재료: 다양한 회화 재료, 입체 재료, 종이 종류를 사용함
- 과제: ① 첫 번째 과제—"그런 생각을 해 보신 적 있습니까? 세상이 어떻게 창조되고 누가 그렇게 창조했는지 말입니다. 많은 사람들이 신을 믿습니다. 만약 당신도 신을 믿는다면, 신이 당신에게 무슨 의미인지 그리거나 조각해 보시겠습니까?"
  ② 두 번째 과제—"사람들은 신과 반대되는 세력(악마)이 있다고 믿습니다. 만약 그런 것이 존재한다고 믿는다면, 그것의 의미를 그리거나 조각해 보시겠습니까?"

믿음(혹은 신앙)미술치료평가법은 미국의 미술치료사 Ellen Horovitz(2002)[1]가 만들었다. 영어로 Belief Art Therapy Assessment라 하고, 줄여서 BATA라고 한다. 비-에이-티-에이라고 읽지 않고 '바타'라고 읽는다. Horovitz[2]는 뉴욕주 로체스터에 위치한 나사렛 대학에서 미술치료를 가르치는 교수인데 영적인 영역과 미술치료 분야를 결합하는데에 관심을 가졌다. 그녀는 영성에 대한 갈구는 삶의 의미를 찾고자 하는 것으로 인해 시작된다고 했다. 그리고 미술이야말로 의미를 찾아가는 여행에 도움이 될 뿐 아니라, 심리적인 통합을 견고하게 하는 신비한 경험이며 치유적인 경험이라 보았다. 미술을 통해 피검자가 자신의 고통과 문제를 직면함으로써 궁극적으로는 성장할 수 있으므로, 미술작업에 영적인 깊이를 더하는 것이 초점이 된다. Horovitz는 BATA를 통해 자신의 영성에 대해 질문을 던지도록 하며, BATA는 미술치료 분야에서 피검자의 영성과 영성 발달을 평가할 수 있는 유일한 평가법이다.

BATA를 실시할 수 있는 대상으로 특별히 명시된 제한은 없으나, 처음에 개발된 것은 사랑하는 대상을 상실하고 애도하는 사람들을 위해 만들어졌다. 가족이나 중요한 사람과의 사별은 남겨진 사람에게 많은 생각과 감정을 안겨 준다. 헤어짐의 슬픔과 두 번 다시 만날 수 없다는 고통, 더 잘해 주지 못했다는 후회, 그 사람과의 관계에서 풀지 못한 미해결 과제들과 더불어 남은 사람도 죽음 앞에서 예외가 아니라는 '공감적인 불편감'을 가지게 한다. Horovitz는 사별하고 남겨진 사람들의 마음에 올라오는 여러 가지 것들 중에서 특별히 삶에 대한 믿음을 다루는 것이 중요하다고 보았다. 믿음/신앙이라는 것은 다르게 표현하면 삶을 전체적으로 바라보는 관점이기도 하며 인생관과 철학이기도 하

---

1) Horovitz, E. (2002). *Spiritual art therapy: An alternate path*. Springfield, IL: Charles C Thomas Publisher.
2) Horovitz의 개인 홈페이지는 다음과 같다. http://www.ellenghorovitz.com/

다. 그래서 믿음/신앙을 이미지를 통해서 표현하도록 하고 이를 이해할 수 있는 방법으로 BATA를 개발하게 되었다.

2. BATA의 대상

BATA가 처음 개발된 것은 사별한 사람들을 대상으로 했지만, 비단 그 사람들에게 국한하지 않고 인생의 여러 가지 문제를 재정리하기 원하는 사람들 누구에게나 사용할 수 있다. BATA는 신앙을 이미지로 표현하도록 함으로써 삶에 대한 전체적인 관점이나 인생관을 재점검할 기회를 준다. 물론 영적인 부분에 관심이 있는 피검자라면 더 도움을 받을 수 있다.

1) 신을 믿지 않거나 종교가 없는 경우

BATA 그림검사를 받는 사람들 중 간혹 자신은 종교가 없는데 어떻게 그려야 하냐고 질문하기도 한다. 그러한 경우에는 종교가 없다면 무엇을 믿냐고 물어본다. 예를 들어, "전 자신을 믿어요."라고 하면 자신을 믿는 것을 표현해 보라고 한다. 혹은 "아무것도 믿지 않아요."라고 하면 아무것도 믿지 않는 것이란 어떤 것인지 그것을 표현해 보도록 한다. 그 외에 피검자의 마음속에서 어떤 신과 같은 세력이 있다고 상상을 한다면 어떻게 표현해볼 수 있겠냐고 말해 줄 수 있다. 굳이 특정 종교에서 말하는 신이 아니어도 된다. 특정 신이나 종교를 염두에 두지 않고 세상을 움직이는 어떤 힘으로서 신을 생각해 볼 수 없냐고 물어본다. 그렇지만 이러한 주제가 피검자에게 별다른 동기 유발이 되지 않거나 혹은 불편하다면 이 검사를 사용하지 않도록 한다.

BATA를 만든 Horovitz는 미국이 기독교적 문화가 바탕에 있기 때문에 이러한 그림검사 주제에 대해서 어렵게 생각하지 않는다고 하면서, 또 한편으로는 종교를 가지지 않은 사람들도 BATA를 통해 자신의 삶을 재점검할 수 있다고 했다. 왜냐하면 BATA 검사에서 정말로 중요한 것은 그 사람이 가진 종교가 아니라 그 사람이 인생을 살면서 가장 중요하게 붙잡고 있는 믿음을 확인하고자 하는 것이기 때문이다. 믿음이란 중요한 것이다. 발달심리학에서도 유아가 생애 초기에 세상을 대하는 태도를 형성할 때 보호자와의 애착관계를 통해 최초로 배우게 되는 것이 바로 신뢰, 믿음이라고 말한다. Erikson의 발달 단계에서 첫 번째 단계의 과업이 신뢰라는 점을 고려하면, BATA가 종교적 주제를 사용하지만 그 초점은 사람에게 내재된 기본적인 신뢰와 믿음을 표현하고자 하는 것임을 이해할 수 있다.

2) BATA를 실시하지 말아야 하는 대상

만약 피검자가 정서적으로 상당히 불안정하거나 정신증적인 상태를 보인다면, 그러한 피검자에게는 실시하지 않는 것이 좋다. 신이라든가 악마와 같은 개념이 피검자를 더 혼란스럽게 만들 수도 있기 때문이다.

피검자의 나이 제한은 없다. 하지만 나이가 어린 아동에게는 실시하기 어렵다. 아동의 경우 영적인 면에 별로 관심을 가지지 않기 때문에 BATA를 실시한 사례가 거의 없다. Horovitz는 주로 성인들, 그중에서도 사별을 경험한 사람들에게 많이 적용했다. 대부분 개인상담소에 찾아온 성인 내담자였다.

실시되는 방식이나 장소를 고려할 때 학교 장면에서 실시하기에는 어려움이 있으며, 개인상담소에 찾아온 성인에게 실시하는 것이 가장 이상적이다.

3. BATA의 재료

BATA는 미술 재료에 제한을 두지 않고 다양한 재료를 사용하도록 격려한다. 주제 자체도 광범위한 면이 있으므로 표현에 있어서도 제한 없이 자유롭게 표현하도록 한다. 그러므로 평면 재료와 입체 재료를 모두 사용할 수 있으며 검사를 받는 피검자가 원하는 재료는 무엇이든 사용할 수 있다. Horovitz가 제안한 재료들은 다음과 같다.

- 평면 회화 재료: 연필, 지우개, 색연필(최소 12색), 크레파스(최소 12색), 크레용(최소 16색, 사이즈가 큰 것과 작은 것), 파스텔(최소 12색), 잉크펜, 색마커(가는 촉과 넓은 촉이 있는 것, 최소 8색).

Tip. 알고 보면 다른 재료

크레파스와 크레용을 따로 언급해서 놀란 독자도 있을 것 같다. 우리나라에서는 거의 동일한 재료를 가리키는 말이지만 사실 조금 다른 미술재료다.
– 크레용은 주재료가 왁스다. 그래서 칠하려면 약간 힘을 주어서 문질러야 한다. 크레용은 손에 묻지 않는다는 장점이 있다.
– 크레파스는 왁스와 불건성유(non-drying oil)가 섞인 물질로 만들어져 있고, 손에 묻는 재료다.
– 파스텔은 가장 가루가 많이 날리는 재료이며 손에 쉽게 묻고 제거하기도 쉬운 재료다.

- 물감 재료: 템페라 물감(흰색, 노랑, 빨강, 밝은 파랑, 어두운 파랑, 검정만 제공), 수채화 물감(색깔은 동일), 아크릴이나 유화물감, 각종 사이즈의 붓들
- 입체 재료: 풀, 가위, 찰흙, 공작용 점토(흰색이나 회색만 제공), 보드지(다양한 사이

즈), 나무 조각, 석고, 그 외 조각 재료

■ 종이 종류: 구비해야 하는 최소한의 종이 종류로는 A4용지에서 2절지에 이르는 크기의 종이들[3], 흰 종이, 마닐라지(가격이 저렴해서 공작시간에 흔히 사용하는 종이), 각종 색지(최소 A4용지 사이즈와 8절 사이즈)

여기에 제시된 다양한 재료 중에서 피검자가 선택하도록 한다. 그러나 이 재료들에 국한하지 않고 다른 재료도 사용할 수 있다(물론 미술치료사가 제공할 수 있고 피검자도 원하는 경우에 그렇게 한다).

4. BATA의 평가절차

1) 그림 실시 이전의 인터뷰

BATA를 실시하기 전에 간략한 인터뷰를 먼저 진행하도록 한다. 대부분 피검자와 처음 만났을 때 검사를 실시하게 되므로 이름, 나이, 종교, 직업 등을 묻고 다음과 같이 질문한다. 만약 피검자에게 해당사항이 없거나 관련성이 적다면 그 질문은 생략해도 된다.

■ 종교가 어떻게 되시나요?
■ 종교가 바뀐 적이 있으신가요?

---

3) Horovitz가 제시한 원래 사이즈는 미국의 도화지를 기준으로 했기 때문에 inch로 크기가 제시된다. 8.5x11in (=21.5×27.9cm), 24×36in (=60.9×91.4cm)이다. 이에 가장 가까운 우리나라의 종이는 A4용지와 2절지다. A4용지는 크기가 21.0×29.7cm이며, 2절지는 54.5x78.8cm이다.

- (해당되는 경우) 종교가 바뀌는 변화가 생겼던 상황은 어떤 것이었나요?
- 지금 현재 교회나 절(혹은 다른 종교단체)에 다니고 계신가요?
- 종교의 지도자(목사나 신부, 랍비, 샤만 혹은 구루 등 상황에 맞게)와의 관계는 어떠하신가요?
- 자신에게 특히 의미가 있는 종교적 수행이 있으신가요?
- 하나님과의 관계는 어떠하신가요?
- 자신의 삶에서 특별한 힘과 의미를 주는 것은 무엇인가요?
- 지금 겪고 계신 문제가 하나님과 관련되어 있나요?
- 하나님으로부터 용서받는 것을 느껴 보신 적이 있으신가요?

질문과 대답을 마쳤으면 미술작업을 시작하게 된다. 미술작업은 크게 두 가지로 구성된다.

2) 첫 번째 미술과제

첫 번째 과제는 다음과 같다.

"그런 생각을 해 보신 적 있습니까? 세상이 어떻게 창조되고 누가 그렇게 창조했는지 말입니다. 많은 사람들이 신을 믿습니다. 만약 당신도 신을 믿는다면, 신이 당신에게 무슨 의미인지 그리거나 조각해 보시겠습니까?"

이 지시에서 중요한 것은 신이 그 사람에게 '어떤 의미인지'를 표현한다는 점이다. 신 자체를 표현해야 하는 것이 아니라 그 사람에게 있어서의 신의 의미를 표현한다는 점을 분명히 전달해야 한다. 그저 막연하게 신은 위대하다거나 하늘 위에 계신다거나 하는 추상적이고 일반적인 이야기가 아니다. 미술작업을 하는 그 사람에게 신이 어떤 의미인가 하는 것이 중요하다. 아마도 미술치료사 앞에서 BATA를 하는 피검자는 마음에서 어떤 갈등이나 어려움을 가지고 있을 것이다. 그리고 그러한 어려움과 씨름하는 와중에 자신의 삶을 대하는 태도나 감정이 평소와 다를 수도 있다. 그러한 상태에서 개인적으로 경험하는 '신의 의미'를 표현하도록 하는 것이다.

만약 피검자가 자신은 신을 믿지 않는다고 한다면, 검사자는 '그렇다면 피검자는 무엇을 믿는지' 묻는다. 그에 따라서 대답한 것을 그리도록 하면 된다. 예를 들어, 어떤 피검자가 용을 믿는다고 대답하면 그것을 그리도록 한다. 혹은 피검자가 아무것도 믿지 않는다고 한다면, '아무것도 믿지 않는 것'이 어떤 것인지 표현하도록 한다.

첫 번째 작업을 다 하고 나면, 두 번째 작업을 하기 전에 몇 가지 질문을 던지고 함께 이야기를 나눈다.

- 자신의 미술작품에 대해 말씀을 해 주세요. 어떤 의미인가요?
- 미술작품에 표현한 것과 같은 신을 경험하신 적이 있나요?
- 방금 작업하신 작품에 대해서 느껴지는 점을 말씀해 주세요.

이러한 질문은 피검자로 하여금 자신이 바라보는 세계와 가치, 의미 등을 폭넓게 이야기하게끔 도와준다.

3) 두 번째 미술과제

두 번째 작업은 신과 반대되는 대상을 표현하는 것이다. 지시는 다음과 같다.

"사람들은 신과 반대되는 세력(악마)이 있다고 믿습니다. 만약 그런 것이 존재한다고 믿는다면, 그것의 의미를 그리거나 조각해 보시겠습니까?"

두 번째 작업에 사용되는 재료도 첫 번째와 마찬가지로 자유롭게 선택할 수 있고, 원하는 대로 표현할 수 있다. 작업을 마치고 나면 첫 번째 작품 이후에 질문했던 것과 마찬가지의 질문을 던지도록 한다. 그 외에도 피검자의 작품, 느낌, 작업 과정의 경험 등에 대해서 자유롭게 이야기를 나누도록 한다.

4) BATA의 평가

BATA는 채점 체계나 척도를 통해 평가하지 않는다. 작품 각각에 나타난 주제와 더불어 그림의 형식 요소를 평가하고 피검자의 언급내용을 함께 고려하여 전체적인 평가가 이루어진다. 가장 중요한 자료는 피검자가 자신의 작품에 대해서 이야기하는 내용이다.

5. BATA 사례

1) 보이지도 않고 들리지도 않는 신

BATA 첫 번째 사례는 현재 취업을 준비하면서 여러 가지로 고민이 많은 20대 후반의 남성이다. 그가 그린 [그림 8-1]을 보면, '신'에 대한 이미지와 '악마'에 대한 이미지가 한 장의 종이에 위아래로 표현

그림 8-1

되었다. 먼저 '신'의 이미지를 보면 설교 탁자 뒤에 서 있는 대상으로 그렸다. 그리고 그 탁자 옆에서 무릎을 꿇고 기도를 드리고 있는 것은 자신의 모습이라 했다. 기도를 열심히 드리는데 하느님께서는 아무 반응이 없다고 생각해서 신의 눈에 선글라스를 씌우고 귀마개도 그렸다. 그 옆에는 "보이지도 않고, 들리지도 않아."라고 글로 부연 설명을 하고 있다.

이 그림을 그릴 당시 여러 가지 색깔의 파스텔과 사인펜이 있었지만 피검자는 사용하지 않았다. 단지 '악마' 이미지에만 빨강과 자주색을 썼을 뿐, 연필과 검정 사인펜, 검정 파스텔만을 사용해서 그림을 그렸다.

'악마' 그림을 보면, 머리에 뿔이 달리고 몸통이 뱀처럼 된 거대한 대상이 작게 표현된 사람을 유혹하듯 웃으며 "암~ 인생은 한방이지."라고 말하고 있다. 그 대상 옆에는 두 명의 사람이 있다. 한 사람은 '강도'인데 얼굴에 험한 흉터도 있다. 그 밑에는 죽은 사람이 있는데, 가슴에 커다란 칼이 꽂혀 있고 주변엔 피가 흐른 듯 붉은 칠이 되어 있다. 아마도 그 사람은 강도에게 '돈'을 빼앗기고 죽은 듯하다.

이 그림에서 우리는 무엇을 알 수 있을까?

우선 '신'에 대한 피검자의 전체적인 느낌과 생각을 볼 수 있다. 존재하지만 무기력하거나 무관심한 신의 이미지가 두드러진다. 보지도 듣지도 못하는(혹은 '않는') 신이 핵심적인 이미지다. 과연 이러한 신은 인간에게(더 정확히는 '그 사람에게') 좋은 신일까? 그보다는 원망스러운 대상이 아닐까?

인생을 한방이라고 이야기하는 태도는 악한 것이라고 규정하고 있지만, 그림에서 나타나는 악마의 인상은 오히려 위쪽의 신보다도 더 친절하고 행복해 보인다. 다른 설명이 없이 얼굴 인상만 본다면 더 친근하게 느낄 수 있을 것 같다.

그림에서 흥미로운 점은 신과 악마의 얼굴 인상이다. 둘을 비교해 보면 서로 많이 닮았다는 것을 알 수 있다. 네모난 얼굴형이나 코의 모양, 안경 쓴 모습까지 상당히 닮았다. 그림을 그린 피검자도 이야기했듯이 신도 악마도 모두 그림을 그린 남성처럼 안경을 쓰고 있다. 어쩌면 BATA 그림을 통해 피검자는 자기 마음속에 있는 양가적인 면을 표현하고 있는지도 모르겠다.

2) 검정과 빨강으로 표현한 두 세계

그림 8-2

[그림 8-2]는 신실하게 신앙생활을 하는 50대 여성이 그린 그림이다. 이 피검자는 그림 (a)를 그리면서 "하나님[4] 눈에 사랑이 많은 것처럼 보여요?"라는 질문을 했다. 그리고 '신과 반대되는 세력을 그려 보라.'는 말을 듣고는, 조심스럽게 하나님을 그리던 모습과는 달리 붉은 색연필로 과격하게 선을 그어서 그림 (b)를 그렸다.

---

4) 피검자에 따라서는 '하나님'이라는 단어도 쓰고 '하느님'이라는 단어도 쓴다. 개신교와 천주교의 차이라고 생각되는데, 피검자들의 용어에 따라 이 책에서도 하나님과 하느님을 모두 사용하였다.

사랑과 악을 대비시켜 그리려고 한 의도가 분명하게 보인다. 하나님에 대한 묘사가 구체적인 인물을 통해 드러나고 있으며, 두 장의 그림에 표현된 여러 인물 중에서 거의 유일하게 가장 세밀하고 꼼꼼히 그린 점을 고려해 보면, 신에 대한 관심과 애정의 깊이를 짐작할 수 있다. 아마도 피검자는 다른 무엇보다 신앙을 중심으로 생활해 왔겠구나 하는 느낌이 든다.

두 그림 모두 검정 사인펜으로 그림을 그리고, 빨강 사인펜과 빨강 색연필로 각각 덧붙여 그렸다. 검정과 빨강 색깔은 서로 섞이지 않고 개별적인 대상을 묘사하고 있다. 대개 검정색으로 대상의 외곽선을 그린 다음 색을 쓸 때에는 그 안을 채우는 여러 가지 색깔을 쓰게 되는데, 이 피검자는 그렇게 하지 않았다. 색을 사용하기는 했지만 형태를 묘사하는 용도로만 사용한 것이다. 아마도 그림이 익숙하지 않아서 그렇게 사용했겠지만, 그렇다 하더라도 조심스럽게 가정해 볼 수 있는 점이 있다. 다름이 아니라, 새로운 것을 시도하는 것에 익숙하지 않고 대체로 보수적인 태도를 가지고 있다는 점이다. 조금 더 추정한다면, 기존의 가치관이나 신념에 부합되지 않는 새로운 경험을 하게 되면 그것을 소화하기 어려울 가능성도 있다. 마치 코페르니쿠스 이전의 지동설을 접한 대다수의 신실한 기독교인들이 그 이론을 당연히 무시하거나 거부했던 것과 비슷하다. 그리고 새로운 경험에 도전해 보지 않는 것으로 미루어 추정하건대, 실수하거나 실패하는 것에 대해 스스로 용납하지 못할 가능성도 고려해 볼 수 있다.

두 번째로 눈에 띄는 것은 빨간색을 추가해서 그렸다는 점이다. '신 그림'에서도 '악마 그림'에서도 모두 빨간색이 추가되었다. 전체를 검정펜으로만 그리지 않고 빨간색을 추가한 것을 보면, 풍부하지는 않더라도 감정 에너지가 있다는 것, 자신의 감정에 대해 관심이 있다는 것을 짐작할 수 있다.

세 번째는 색깔의 조합인데, 빨강과 검정이라는 두 색의 조합은 가장 강렬한 조합으로 대개 '분노'라든가 공격성, 강력한 주장을 상징한다(이러한 상징은 의식적인 수준에서 의도적으로 사용되기도 하고 혹은 무의식적으로 표출되기도 한다). 특히나 '악마 그림'에서 마구 휘갈겨서 거칠게 그은 듯한 선의 느낌과 빨간색은 맹렬한 불길처럼 올라오고 있다. 이러한 모습은 '신 그림'에서의 빨간 하트와 대비된다. 아마도 피검자가 가진 '옳고 그름'이라는 기준에서 옳지 않다고 생각되는 것이나 '하나님의 뜻과 악마의 계교'로 나누었을 때 후자에 해당된다고 생각되면 그 대상에 대해 상당히 부정적인 정서를 가질 것 같다.

마지막으로 그림에 나타난 표현이 두드러지게 대조되고 있다. 섬세하고 정성스럽게 그린 신 그림과, 마구 휘갈겨 그린 듯한 악마 그림. 이러한 표현으로 미루어 추정컨대, 피검자는 자신의 감정 세계에서 이분법이 강할 가능성이 있고, 좋은 면과 나쁜 면이 공존한다든가 부분적으로 나쁘거나 부분적으로 좋을 수도 있음을 받아들이지 못할 수도 있다. 그런 경우 자신을 둘러싼 인간관계에서 별다른 문제가 없을 때에는 전혀 어려움을 겪지 않지만, 인간사회에서 흔히 일어날 수 있는 배신이나 갈등, 물밑 경쟁, 시기심, 표리부동 등을 경험하게 된다면 마음에서 강한 분노를 느낄 수 있다.

3) 하나님의 손바닥 위

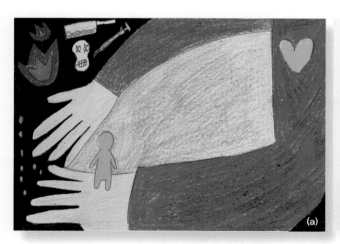

그림 8-3

[그림 8-3]은 22세 여자 대학생이 그린 BATA이다. 이 그림에서 신의 이미지는 커다란 초록색 팔로 표현되었다([그림 8-3] (a)). 바깥의 무서운 것들과 위험한 것, 주사가 상징하는 각종 중독 등의 죄와 슬픔으로부터 보호해 주고, 노란색 작은 사람은 그러한 하나님의 품 안에서 그 사랑을 받으며 평안하게 산다는 내용이라고 한다. 이 그림을 다 그린 뒤, 피검자가 말하기를 "한편으로는 내가 하는 모든 일을 알고 계셔서 조금은 불편한 마음도 있어요."라고 했다. 그림의 이미지에도 손바닥 위의 사람으로 그렸다. 얼핏 손오공이 생각나기도 하는데, 시쳇말로 "너는 내 손바닥 위에 있어."라는 뉘앙스를 풍기고 있다. 보호받는 부분이 있겠지만, 자율성이나 경계에 대한 양가적인 감정이 느껴진다. 이러한 주제는 '부모로부터의 독립'과 관련이 있지 않을까 하는 느낌을 준다.

신에 반대되는 이미지로 피검자가 그린 것은, 보라색의 화려한 접시 위에 놓인 달고 맛있는 초콜릿이라고 한다([그림 8-3] (b)). 맛있지만 먹으면 이가 썩고 몸에 해롭다고 하며 중독성이 있다고 한다. 초콜릿이라는 설명을 듣기 전까지는 그것이 초콜릿인 줄 몰랐다. 필자의 눈에는 커다란 아파트처럼 보였다. 초콜릿이라는 말을 들으니, 그 아래에 있는 부분이 접시라는 것을 알 수 있었다. 그러고 보니, (b) 그림의 '접시'는 (a) 그림의 '손바닥'과 비슷한 맥락이 아닌가 싶다. 그러면서 '누군가의 손바닥 위에 있는 어떤 것'이라는 개념이 은연중에 —아마도 의식하지 못한 채— 반복되었다는 것을 볼 수 있었다.

안전하고 편안하지만, 나만의 공간이 아니라서 느끼는 불편감. 그리고 달고 맛있는 것에 대한 욕망과 몸에 해로울 것 같아서 느끼는 걱정. 어쨌든 이러한 고민은 '경계' 이슈와 관련해서 자주 만날 수 있는 양가적인 감정이다. 하긴, 22세라는 나이는 우리나라에서 심리적 독립을 본격적으로 고민하게 되는 나이이다. 청소년기에 학업과 입시라는 과제에 눌려서 심리적 독립을 시도해 보지 못했을 청춘이기에 더더욱 그러할 것이다.

이처럼 BATA 과제는 단순히 종교적인 상태를 보여 주는 것에서 더 나아가 그 사람의 심리적인 성장과 현재 당면한 과제를 시각화해서 보여 줄 때가 많다. 아마도 그림을 그린 사람도 분명하게 무엇인지 정의 내리지 못하고 있었겠지만, 그림을 그리는 과정에서나 함께 감상하며 질문을 주고받는 과정에서 보다 분명하게 의미를 밝혀 나가게 되곤 한다.

4) 때로 너무 '가까이' 있는 힘든 것들

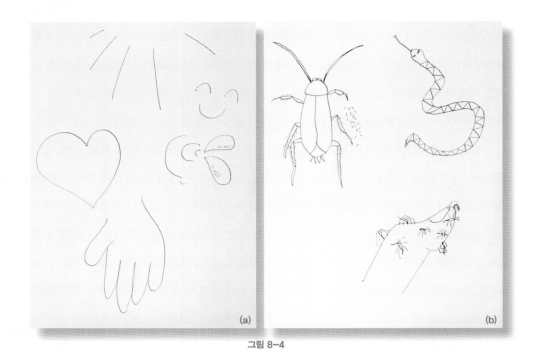

그림 8-4

[그림 8-4]는 30대 초반의 여성 선교사가 그린 작품이다. '신'의 이미지로는 빛, 인자함, 생명수, 사랑, 돕는 손길을 그렸고([그림 8-4] (a)), '악마'의 이미지로는 뱀, 바퀴벌레, 손톱 위의 모기 등을 그렸다([그림 8-4] (b)). 뱀이나 바퀴벌레, 모기는 이 선교사가 일하고 있는 선교지가 덥고 습한 곳이어서 생활하면서 자주 부딪히게 되는 것들이다. 우리나라에서 모기는 별것이 아닐 수도 있지만, 열대 지역의 모기는 무서운 병을 옮기기도 한다. 바퀴벌레 역시 별것 아닐 수 있지만, 병균을 옮기므로 치명적일 수 있고 시각적으로 혐

오스러운 느낌을 준다. 그림의 이미지를 보면 두 가지가 뚜렷이 구분되어 있는데, 내용에 있어서뿐 아니라 표현의 섬세함과 정교함에 있어서도 차이를 보인다. 그림에 투여된 에너지와 노력을 보면, '신'보다는 '악마'의 묘사에 훨씬 더 많은 노력을 기울였다.

미루어 짐작컨대, 생활 속에서 직접적으로 부딪히는 불편함과 자질구레한 어려움들이 많지 않나 싶다. 어쩌면 지금 마음속에서 더 큰 비중으로 차지하는 것은 '신'에 대한 것보다는 '그에 반대되는 세력'에 관한 것이라 생각된다. '신'의 이미지로 나온 것은 추상적이거나 상징적인 것들인 데 비해, '신에 반대되는 세력'은 생활 속에서 직접적으로 경험하는 구체적인 이미지들이다. 특히 손 위에 붙은 저 모기는 바라보는 것만으로도 가렵게 느껴진다.

옛말에 '먼 친척보다 가까운 이웃이 낫다.'는 표현이 있다. 그만큼 직접적인 관계, 가까이 있는 것이 중요하다는 것을 말해 주는 것이다. 이 그림만 놓고 보면, 피검자에게는 신을 좀 더 가까이 느끼는 시간이 필요하지 않을까 싶다. 그리고 그러한 시간은 충분한 휴식을 통해서 회복하는 가운데 만날 수 있을 것이라 생각된다.

5) 완성한 뒤에 바뀐 '신'과 '악마'

그림 8-5

[그림 8-5]는 40대 중반의 여성이 그린 BATA 그림이다. 작은 정사각형 캔버스에 두 개의 장미로 표현하였다. 처음에는 밝은 빨강색을 쓴 장미([그림 8-5] (b))를 신을 묘사한 것으로 생각했고, 보라색을 쓴 장미([그림 8-5] (a))를 악마로 묘사하려 했다고 한다. 그런데 완성된 이후에 나란히 두고 바라보니 그 반대가 더 어울린다면서 바꾸겠노라고 했다. 단순히 빨간색만 쓰면 아름다울 거라고 생각했는데 완성된 후의 모습은 그다지 매력적이지 않고 단조롭게 여겨진다고 하면서 마치 몸에 안 좋은 사탕 색깔 같아서 그 그림이 '악마' 이미지 같다고 한다. 그에 비해 보라색을 쓴 장미는 어둡고 밝은 부분이 대비되어서 힘든 것을 이겨 내라는 목소리 같아서 신의 이미지에 더 가까운 것 같다고 했다.

아니나 다를까, 완성된 모습에서 보라색 장미((a) 그림)는 뭔가 들려줄 이야기가 있는 것처럼 느껴지고, 빨간색 장미((b) 그림)는 그저 밑도 끝도 없이 달기만 한 사탕 같아 보인다. 이 그림을 완성한 뒤 피검자는 자기 삶에서도 좋은 일인 줄 알았는데 아니었던 일과 나쁜 일인 줄 알았는데 오히려 고마웠던 일에 대해 이야기를 나누었다. '새옹지마'라는 말도 있듯이, 우리 삶에서 때로는 신과 악마, 좋은 일과 나쁜 일, 밝음과 어두움, 내 편과 네 편으로 분명하게 구분되지 않는 것들이 있기도 하고, 간혹 분명하게 나누어졌던 것이 오히려 거꾸로 바뀌기도 하는 것 같다.

쉬어가는 페이지

주리애 作 . 모뉴멘트 밸리에 이르는 길.
65×90cm. Oil on canvas. 2013.

영성에 대한 갈구는 스마트폰과 인터넷, SNS가 발달한 현대사회에서 오히려 더 커지는 갈증이라 생각된다. 필자도 예외가 아니며, 삶에서 소박한 진실을 찾아가는 것이 중요하다고 믿는다. 왼쪽의 그림은 필자가 그린 〈모뉴멘트 밸리에 이르는 길〉인데, 여행을 갔던 곳 중에서 가장 인상적인 장소였다. 만약 누군가 내게 미국에서 가장 좋았던 장소, 다시 가고 싶은 곳이 어디냐고 묻는다면 주저하지 않고 이곳을 선택할 것이다.

모뉴멘트 밸리(Monument Valley)는 아메리칸 인디언들의 성지라고도 불리는 곳인데, 흙 사막으로 이루어진 평원 위에 우뚝 선 거대한 바위산들로 이루어져 있다. 우리나라에서 방영된 여러 CF에서도 배경으로 사용되었고, 영화 〈포레스트 검프〉에서 검프가 연인과 헤어진 뒤 말 없이 뛰기만 하다가 마침내 저 길 위에서 "나는 집으로 돌아가야겠어."라고 말하고 뒤돌아섰던 곳이기도 하다. 자연스레 삶과 의미에 대해 생각해 보게끔 하는 장엄한 광경이었다. 어쩌면 많은 사람들과 더불어 부대끼며 바쁘고 복잡한 삶을 살다가 만났기에 더 이국적으로 느껴지고 생경스러운 장소였는지도 모르겠다.

'영성'이란, 꼭 어디를 가서 느끼는 것이라기보다는 평범한 일상에서 우리 마음의 집중을 통해 만나는 것이다. 하지만 때론 낯선 경험과 좋은 여행이 마음속에 불을 지펴 주기도 한다. 독자들이 미국 서부를 여행하게 될 기회가 생긴다면, 그랜드캐니언에서 조금 더 가서 이곳을 꼭 가 보시라고 권하고 싶다. 말로 다 표현할 수 없는 감동, 기분 좋은 낯설음과 마주하게 되리라고 믿는다.

자유화

3부에서는 계속 주제에 따른 그림검사를 살펴보았다. 이러한 주제화에 대비되는 개념으로는 따로 주제를 지시하지 않는 '자유화'가 있다. 이 장에서는 이러한 자유화에 대하여 살펴보려 한다.

자유화[1]는 말 그대로 피검자가 자유롭게 주제를 선택해서 그리는 그림이다. 자유화는 일종의 주관식 문제다. 몇 개의 보기가 주어진 객관식 문제가 아니므로, 어떻게 시작하고 어떤 내용으로 진행할 것인지는 전적으로 피검자에게 달려 있다.

자유화의 강점은 다음과 같다. 첫째, 그림에 대한 지시나 제한을 최소한으로 두므로 피검자의 반응 폭이 넓고 피검자의 선택이 두드러지게 나타난다. 둘째, 피검자의 성격, 생각, 관심사가 직접적으로 표현되고, 공상이나 환상, 개인적인 경험이 잘 표현된다. 셋

---

1) 필자의 수업을 들었던 제자 중에 자유화를 실시하면서 "자유를 그리세요."라고 말한 학생이 있었다. 그 학생이 만난 피검자는 매우 당황스러워 하면서 "자유를요?"라고 묻고는 '자유'의 이미지를 추상화하느라 애를 먹었다고 한다. 꽤 뜬금없는 코미디 같은 상황이다. 이후에 필자는 미술심리검사를 강의할 때, 중요한 것이 지시나 용어를 외우는 것이 아니라 피검자에게 무엇을 요청해야 하는지를 잘 이해하는 것이라고 강조하곤 한다. 더불어 좀 더 이해하기 쉽게 내용을 전달하려고 노력한다.

째, 피검자의 문제 대처 양식이 잘 나타난다.

이러한 강점 때문에 시리즈로 진행하는 그림검사에서 종종 첫 번째 검사 주제로 등장한다. 대표적으로는 진단적 그림시리즈(DDS)와 울만성격평가절차(UPAP), Kwiatkowska의 가족미술평가법(FAE), Kramer의 미술치료평가법, Levick의 정서 및 인지 미술치료평가법(LECATA) 등을 들 수 있다.

한편, 자유화의 제한점은 다음과 같다. 만약 피검자가 그림에 대해 지나치게 두려워하거나 거부적이면 자유화 주제는 부적절하다. 아무런 반응을 이끌어 내지 못하거나, 반응이 있다 하더라도 최소한의 반응만 보이게 될 가능성이 있다. 또 피검자가 정서적으로나 인지적으로 상당히 혼란스러운 상태라면 자유화보다는 더 구조화된 검사가 적합하다. 의존적이거나 수동적인 피검자들도 자유화보다는 구체적 지시가 있는 작업을 더 선호한다. 특히 의존성이 강한 피검자들은 구체적 지시가 없는 것을 자신에 대해 배려해 주지 않거나 방임하는 것으로 잘못 해석하는 경우도 있다.

1. 자발적 그림

자유화 중 대표적인 방법은 미술치료의 창시자인 Naumburg(1987)[2]가 사용한 '자발적 그림(spontaneous art)'이다. 자발적 그림이란, 정신역동적 접근의 미술치료를 창시한 Naumburg가 자신이 분석하고 치료한 내담자들이 생성한 그림 작품을 지칭하는 데 사용한 용어다. '자발적'이라는 단어는 '자발적인, 자연스러운, 무의식적인' 등의 의미를 가지고

---

2) Naumburg, M. (1987). *Dynamically oriented art therapy: Its principles and practice*. Magnolia Street Publishers.

있다. 그러므로 자발적 그림은 미술치료사가 특정한 주제나 과제를 부여하기보다는 내담자가 자신의 내면 요구에 따라 무의식적 감정과 생각을 그림으로 표현하는 것을 말한다.

자발적 그림은 정신역동적 접근에서 중요하게 생각하는 내담자의 내적 갈등과 꿈, 공상, 백일몽 등을 표현하기에 좋은 방법이다. 미술작품이 내담자와 치료사 간의 상징적 대화라고 한 Naumburg의 주장은, 자발적 그림을 통해 내담자가 투사하는 과정이 전제되어 있다. 언어를 사용하는 기존의 심리치료와 비교했을 때 정신역동적 접근의 미술치료가 가진 가장 큰 강점은 다름 아닌 내담자의 무의식적 내면이 구체적인 실제 이미지로 투사되어 보인다는 점에 있다. Naumburg는 자신이 활동하던 시대의 정신분석가들이 내담자의 얼굴 표정이나 목소리, 자세 등 비언어적 단서가 가지는 상징적 중요성을 인식하면서도 자발적 그림이 가지는 중요성과 가치를 인식하지 못하고 있다고 지적했다. 내담자가 자기 안의 감정과 생각, 충동과 공상을 외부의 지시나 주제에 제한 받지 않고 표현하는 자발적 그림이란, 미술치료가 독립적 분야로서 의의를 갖게끔 하는 주춧돌과 같은 기법이었다.

2. 자유화 사례

1) 자유화에 풍부한 이미지를 담은 사례

[그림 9-1]은 소심하고 자기주장을 잘 하지 못하는 20대 후반의 내담자가 미술치료 회기의 초반에 가지고 온 자유화다. 여러 시간에 걸쳐서 작업한 이 그림은 미술치료 회기 내에 작업하지 않고 내담자가 집에서 작업한 뒤 미술치료실에 가지고 와서 함께 나누었던 작품이다. 검사의 목적이 강한 경우에는 검사 실시 환경이나 조건을 모두 일정하게 유지하

그림 9-1

고 검사 과정에서 보이는 여러 가지 행동과 반응에 대해 관찰하는 것이 도움이 된다. 하지만 이 경우에는 1시간~1시간 반 정도 되는 검사시간의 제약이 있다(물론 그다음 회기에 연속해서 할 수도 있겠지만 말이다). 그에 비해, [그림 9-1]처럼 치료 회기 외의 시간에 내담자가 작업하게 되면 시간 제약 없이 자신이 원하는 만큼 표현할 수 있다. 이러한 자유화는 내담자가 충분히 몰입할 수 있고 필요한 만큼의 시간을 들일 수 있기 때문에 한 사람의 마음을 깊이 들여다볼 수 있다는 장점이 있다. 이 방법은 '그림검사'로서의 의미보다는 '이미지'에 초점을 맞춘 접근이라 할 수 있다.

[그림 9-1]을 살펴보자. 크게 나무와 꽃이라는 테마가 있고 그 주변으로 많은 인간 군상들이 있다. 사람들은 나무에 기어오르기도 하고 매달리기도 한다. 떨어지고 있거나 아예 바닥에 떨어진 상태의 사람들도 있고 날아오르는 사람들도 있다. 나무와 꽃은 하나로 연결된 개체인 듯하다. 아랫부분은 나무 기둥이지만, 위쪽으로 올라가면서 목단(모란)꽃처럼 보이는 빨간 꽃에 연결된다. 그림은 모자이크처럼 각 조각을 그려서 오린 뒤 2절 크기의 커다란 종이 위에 붙여서 완성했다. 연결 부위마다 일부러 시점을 다르게 하기도 하고 표현 방식이 달라지는 스타일로 작업해서 '이어 붙인 느낌'을 강조해 주고 있다. 살짝 입체파(큐비즘)의 인상도 풍긴다.

이 그림을 통해 표현하고자 했던 것, 혹은 자신도 의도하거나 의식하지 못했지만 표현된 것은 무엇일까? 아름다운 그림인데도 들여다볼수록 어지러운 면이 있다. 계속 보고 있자니 다소 잔혹한 동화 같기도 하다. 부드러운 색채로 잠시 가려진 공격성이라고나 할까. 이 그림을 그린 시점에서 모든 것이 명확해지지 않는다고 하더라도, 결국은 자신의 모습, 자신 안의 정체성, 소망과 환상일 것이다. 기어오르는 사람, 떨어지는 사람, 매달린 사람, 화려하게 피어난 꽃, 가지 잘린 나무, 잘린 가지에서 다시 올라온 새순 등 각각은 내담자의 면면을 보여 주고 있는 상징들이다.

나무와 꽃으로 표현된 중심은 수많은 사람들이 기어오르는 바벨탑처럼 우뚝 서 있다.

굳게 닫힌 문으로 들어가지 못한 사람들은 사다리를 걸쳐서 오르거나 나뭇가지를 붙잡고 오르다가 떨어지기도 하고 혹은 꽃의 힘으로 날아오르기도 한다(화면의 왼쪽 위와 오른쪽 아래에 날아오르는 사람은 다리가 모아져 있어서 귀신이나 혼처럼 보이기도 한다). 오르고 또 오르는 사람들은 유명한 동화『꽃들에게 희망을』처럼 보이기도 한다. 그 동화에서도 애벌레들은 하늘 높이 솟아 있는 커다란 기둥을 만들면서 서로 올라가려고 애를 썼다. 비록 정상은 구름에 가려져 있어서 무엇이 있는지 아무도 모르면서 말이다. 그리고 마침내 주인공 애벌레가 올라가는 것을 포기하고 땅으로 내려온다. 나중에 나비가 된 애벌레는 날아서 그 길을 간다. 어쩌면 내담자도 기둥을 오르는 애벌레가 아니라 걱정과 흔들림을 딛고 일어서서 나비가 되어야 하는 것은 아닐까?

[그림 9-2]는 몇 달간의 미술치료 회기가 끝나갈 때 즈음 작업한 자유화다. 서로 다른 종이에 그림을 그려서 새로운 큰 종이 위에 붙이는 작업 방식은 동일하다. 파랑과 노랑을 기본 바탕색으로 사용하는 것도 동일하다. 이전보다 덜 복잡해 보이는 것은 '깨어진 알 껍질'이라는 주제 아래에 분명한 경계선을 가진 내용물과 손으로 구성되어 있는 까닭일 것이다. 알이 깨어지며 나온 내용물은 파란 직사각형 네모 안에 여러 가지 다양한 형태와 무늬로 묘사되었다. 파도처럼 보이는 것과 해바라기꽃 같은 모양, 육각형 장식과 원 장식, 세모와 직선 등 다양한 색과 형태가 사용되었다.

그림 9-2

이전 그림보다 파랑과 보라가 많이 사용되어서인지 조금 더 딱딱하거나 차가운 느낌을 주기도 한다. 사실, 그래서 필자는 이 그림이 반가웠다. 내담자는 처음에 만났을 때부터 너무 부드럽고 상처 받기 쉬운 사람이었다. 거절도 잘 못하고, 남들 비위 맞추느라 신경을 많이 쓰고, 자신에게 손해되는 일도 곧잘 참아내는 사람이었다. 그래서 필자는 이 내담자가 좀 더 딱딱해지기를 원했다. 껍질 없는 달팽이처럼 살지 말고, 필요한 부분은 충분히 스스로를 지켜내는 사람이기를 바랐다. 그런 맥락으로 보면 이 그림은 이전보다 더 두꺼운 두 겹 세 겹의 껍질이 생긴 것을 보여 준다. 몇 달간 지속되었던 미술치료 회기를 종결했던 것은, 아마도 이 그림을 나눈 뒤 몇 번 더 치료 회기를 하고 나서였을 것이다. 말이나 생각으로 '시기'를 알게 되기도 하지만, 우리는 그림과 이미지를 통해 그 시기를 보게 되기도 한다. 이 그림 역시 그러한 역할을 했던 그림이다.

2) 어두운 검은 바다

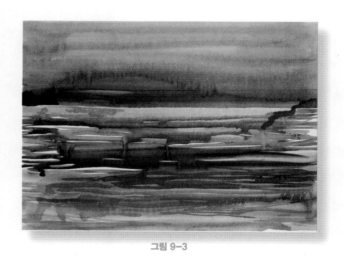

그림 9-3

[그림 9-3]은 수채물감으로 그린 자유화다. 앞서 4장에서 소개한 '다리 위의 사람 그

림'[그림 4-6]을 그린 동일 인물의 작품이다.

그림에 표현된 것은 검은 하늘과 검고 어두운 바다다. 수채물감으로 그린 이 작품은 위에서부터 번지면서 흘러내린 느낌이 두드러진다. 뭔가 어두운데 물감이 번지느라 그랬는지, 진하고 분명한 검은색이 아니고 흐린 회색처럼 보인다.

수채화는 여러 가지 면에서 특징이 있다. 우선 흐르거나 번지기 쉽다. 색이 섞이기도 쉽고, 또 마르고 나면 여러 번 중첩해서 표현하는 것도 가능하다. 번지고 흐르는 특징 때문에 수채화는 예측 불가능한 면을 가지고 있다. 어떤 의미에서는 Naumburg의 자발적 그림처럼, 수채화를 그리는 과정에서 자발적이거나 예상치 못한 새로운 표현과 만나게 되기도 하고 놀라게 되기도 한다. Robbins(1987)[3]는 수채화 물감을 사용하는 사람들은 변화를 잘 수용하는 사람들이며 모든 것을 통제하고 싶은 열망을 기꺼이 포기한 사람들이라고도 언급했다. 이 작품을 그린 사람도 그런 면이 있는 것은 아닐까?

그림 한 장으로 많은 것을 추정할 수는 없겠지만 우울함, 슬픔, 어두움의 느낌이 지배적이라는 것은 대체로 분명해 보인다. 밤이 깊으면 새벽도 가까운 법. 이 사람의 어두움이 어디까지인지, 어떤 깊이인지 모르겠지만, 그 어두움을 잘 표현할 수 있도록 하는 것도 도움이 될 듯 싶다. 이 시점에서 억지로 밝음을 요구하거나 막연히 괜찮다고 덮어 버리는 것—혹은 괜찮아질 거라고 그저 위로하는 것—은 도움이 되지 않을 것이다. 다만 어두움을 표현하는 과정에서 그 검은 힘에 매몰되지 않도록 옆에서 지켜봐 주어야 할 것이다.

---

3) Robbins, A. (1987). *The artist as therapist*, New York: Human Sciences Press.

3) 화가 난 나무

그림 9-4

[그림 9-4]는 자유롭게 그림을 그릴 수 있다는 말에 30대 여성이 그린 '화난 나무' 그림이다. 붉은색으로 온통 칠한 나뭇가지는 꽤나 신경질적으로 위로 뻗어 있다. 가지가 많아서 정신없어 보이기도 하지만, 가지 주변에 보라색과 핑크 색연필로 얇은 선을 여러 번 반복해서 둥근 소용돌이를 그린 것도 그러한 혼란스러움에 한몫을 하고 있다. 가지에서 떨어지는 검은색 물줄기는 정확히 어떤 것인지 알 수 없다. 그림을 그린 피검자도 그냥 검은색이 떨어지는 것을 그리고 싶었을 뿐이었노라고 한다.

강하고 휘어진 나무 기둥과, 지나치게 날카로워 보이는 붉은 가지, 그 가지들 사이사이에 자리 잡은 검은색 가지들은 이 나무가 '쉼을 주는 나무'가 아니라 곧 불타오를 것만 같은 나무라고 말하는 듯하다(어쩌면 검은색 가지는 이미 불타고 남은 재일지도 모른다). 초록색 잎사귀들이 몇 개 보이지만, 한참을 바라봐야 눈에 띌 정도로 빨간색에 매몰되어 있다. 기둥에는 파란색도 있지만 전체적으로 붉은 화염의 소용돌이에 휩싸인 기분이다.

그림만으로도 화가 많이 났다는 것을 느낄 수 있다. 단, 여기저기 아무렇게나 펴져 있는 혼란스러움이라기보다는 집약된 느낌이 강한 것으로 미루어 보아, 원망이 깊은 대상이 있다든가 아니면 전투적 태도와 분노가 이 사람의 정체성에 녹아들었을 가능성이 있다.

4) 이것이 무엇일까요?

그림 9-5

[그림 9-5]는 미술치료가 몇 달 진행되었던 어느 회기에 내담자가 만든 이미지다. 내담자와 필자는 한참 밀고 당기는 작업을 하고 있었다. 필자는 내담자의 말에 반대되는 입장에서 질문을 하기도 했고, "꼭 그렇게 보지 않을 수도 있지 않나요?"라는 의견을 전달했다. 어쩌면 직면적이라 느껴졌을 말들도 던졌다. 필자 쪽에서는 우리 사이의 믿음이나 라포가 그런 직면적 말들도 버틸 수 있게 해 줄 거라 생각했지만, 내담자는 이날 겉으로 내게 소리 지르는 것 말고 마음 안쪽에서는 섭섭하기도 하고 뭔가 거절당하는 것 아닌가 두려웠다고 한다. 서로에게 각기 그런 마음이 들 무렵, 내담자가 미술작업을 하겠노라고 해서 만들게 된 작품이 바로 [그림 9-5]이다. 처음에 별을 그리고 빨강과 연한

살구색으로 칠을 한 다음 연두색으로 가장자리 테두리를 그렸다. 그다음, 별을 오려 내고 지끈을 하나씩 풀어서 그 구멍으로 넣고 빼기를 반복하며 전체적으로 감쌌다.

필자는 이 작품을 보면서 연두색 선으로 경계선을 두껍게 만든 점, 경계선 안에는 피같은 빨간색과 연한 살구색이 있다는 점, 지끈을 사용해서 붕대를 두르듯 여러 번 둘러감은 점이 '나 상처 받았어요. 아파요.'라고 얘기하고 있다는 것을 느꼈다. 그래서 이 회기가 마치기 전에, "내가 했던 말들이 상처가 됐나 보다."라고 말해 주었다. 그리고 덧붙여서, 당신이 가지고 온 문제를 풀려면 뚫고 지나가야 할 것이라고 생각했지만, 시기가 빨랐거나 내용이 과했던 것 같다고도 했다. 모쪼록 초점은 우리가 함께 당신의 고통을 이해하고 그로 인한 지금 현재의 여러 문제들을 해결하는 것이라는 점을 다시금 분명히 했다. 그러면서 앞으로 필자도 좀 더 따뜻하게 격려하며 하나씩 이야기를 나눌 테니 힘들더라도 잘 견뎌 내고 다음 주 회기에서 '꼭' 보자고 이야기했다(잘못되면 다음 주에 안 올수도 있고, 그렇게 되면 내 마음도 편치가 않을 것이다).

다음 주에 내담자가 와서는, 이때 나눈 이야기들을 천천히 곱씹으며 생각했고, 쉽진 않지만 필자의 의견에 많이 동의할 수 있었노라고 했다. 필자는 믿고 와 준 것만으로도 고맙고, 그렇게 이해했다면 이미 그렇게 소화할 수 있는 힘이 당신에게 있기 때문이라고 답해 주었다.

어쨌든 자유롭게 만든 이미지 작품인 [그림 9-5]는 필자나 그 내담자 모두에게 소중한 메시지를 던져 주었다. 저 작품이 없었더라면, 겉으로 화를 내고 강해 보이는 내담자의 모습에 더 큰 비중을 두었을 것 같다. 작품을 통해 자신의 마음을 볼 수 있게 허락한 내담자도 고맙고, 무엇인지 분명히 알 수 없지만 우리 앞에 자태를 드러내 준 이미지에도 고맙다. 그러한 경험들이야말로 미술치료사로의 우리가 이미지를 신뢰할 수 있는 믿음의 조각들이라 생각된다.

Part 4
시리즈로 된 그림검사

이번 4부에서는 여러 장을 연달아서 그리도록 하는 '시리즈 그림검사'에 대해 살펴볼 것이다. 한 장만 그림을 그리도록 할 때에 비해서 여러 장을 그리게 되면 보다 다양한 면을 관찰할 수 있고 종합적인 판단이 가능해진다. 살펴볼 그림검사는 HTP, DDS, UPAP와 아동에게 실시하는 시리즈 검사법으로서 LECATA와 Kramer 미술치료평가법 등이다.

Part 4
시리즈로 된 그림검사

CHAP┼ER IØ.

집-나무-사람 검사

1. HTP의 개관

- 재료: A4용지 4장, 연필, 지우개
- 과제: ① 첫 번째 과제―집

  ② 두 번째 과제―나무

  ③ 세 번째 과제―사람

  ④ 네 번째 과제―세 번째 그림에 그린 인물의 반대성을 가진 사람

집-나무-사람 검사는 House-Tree-Person test이며 줄여서 HTP 검사라고 부른다. HTP는 Buck[1]과 Hammer[2]에 의해 개발되었고, 연속해서 여러 장의 종이에 그림을 그리는

---

1) Buck, J. N. (1948). The H―T―P test. *Journal of Clinical Psychology, 4,* 151-159.
2) Hammer, E. F. (1958). *The clinical application of projective drawings.* Springfield, IL: Charles C Thomas.

검사다. 연필로 A4용지[3]에 그리는 그림검사들 대부분이 한 장의 종이에 그리는 간단한 검사인 데 비해, 여러 장을 시리즈로 그리는 검사는 한번에 많은 양의 정보를 얻는다는 장점이 있다. 그림 주제는 집 1장, 나무 1장, 사람 2장으로 총 4장의 그림을 그리게 된다.

1) HTP가 변형된 검사

HTP가 개발된 이후, 두 가지 종류의 유사한 검사가 더 개발되었다. 하나는 Colored HTP이고, 다른 하나는 KHTP이다.

Colored HTP 검사는 HTP를 연필로 완성하고 나서 색연필을 사용하여 동일한 주제로 그림을 그리도록 한다. KHTP 검사는 한 장의 도화지에 집, 나무, 사람을 모두 그리도록 한다. 단, 사람은 무엇인가 행위를 하고 있는 사람을 그리도록 한다. KHTP의 'K'는 Kinetic이라는 뜻이며, 동작이 포함되었다는 의미다.

2) HTP의 의미

HTP는 오늘날 심리검사실에서도 여전히 많이 사용되는 그림검사다. 집, 나무, 사람이라는 주제는 피검자에게 낯설지 않고 친숙하게 느껴지는 대상이어서 어렵지 않게 다가갈 수 있는 장점이 있다. 주제의 제시 순서도 집, 나무, 사람의 순서로 진행하면서 점진적으로 더 개인화된 내용이 나올 수 있도록 해 준다. 즉, 무생물인 집을 먼저 그린 뒤, 생명체이면서 식물인 나무를 그리고, 맨 마지막으로 사람을 그림으로써 각각의 자화상 요소가 점진적으로 표현되게끔 진행한다. 마치 뜨거운 온천에 들어갈 때 발부터 담근 뒤

---

3) HTP 검사를 개발해서 사용하던 초기에 검사용지는 7.8×8in 크기를 사용하기도 했고 7×8.5in 크기를 사용하기도 했다. 그러다가 이후에는 다른 투사검사와 마찬가지로 8.5×11in 크기를 사용하게 되었다. 이는 우리나라 종이 규격상 A4용지와 가장 비슷한 크기다. 간혹 예전 크기를 고집하는 경우나, 자료 보관상의 편리함을 고려하는 임상장면에서는 A4보다 조금 더 작은 B5를 사용하기도 한다.

다리, 팔, 그리고 허리까지 잠기는 것과 유사하다.

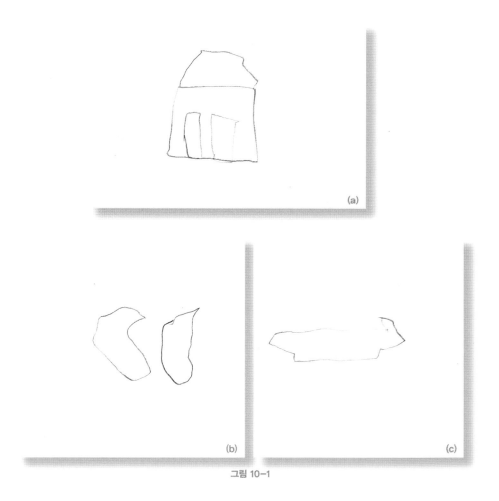

그림 10-1

　　[그림 10-1]의 (a), (b), (c)는 만 6세 발달장애 아동이 그린 HTP다. 집, 나무, 사람을 그린 그림 중에서 분명하게 알아볼 수 있는 것은 집 그림이다. 이 아동은 경도의 정신지체를 보이며 사회성숙도 평가에서 사회연령은 약 3세로 실제 연령보다 세 살 가량 낮게

나타났다. HTP의 경우도 집을 제외하면 나무와 인물은 알아보기 어려운 그림이므로 난화기 말기에서 전조작기 발달 단계라고 할 수 있다. 이 사례를 보면, HTP의 세 주제들 중에서 '집'을 가장 쉽게 그린 것을 볼 수 있다. 집 주제가 첫 번째여서 그렇게 할 수 있었던 것인지, 집이 가장 쉬웠기 때문인지 판단할 수는 없지만, 어쨌든 그림에 나타난 표현 특징으로는 집은 분명히 알아볼 수 있다.

3) 검사의 지시

HTP의 구체적인 지시는 매우 간단하며 다음과 같다.

첫 번째 지시는 "집을 그리세요."이다.

만약 피검자가 어떤 집을 그려야 되냐고 묻는다면, 구체적인 답변을 하기보다는 피검자가 스스로 선택할 수 있도록 개방형 답변을 하면서 격려해 준다.

두 번째 지시는 "나무를 그리세요."이다.

세 번째는 "사람을 그리세요. 단, 사람을 그릴 때 막대 인물상이나 만화처럼 그리지 말고 사람의 전체, 전신상을 그려 주십시오."이다.

마지막으로 네 번째는 "방금 그리신 사람과 반대되는 성을 그리세요."이다. 만약 세 번째에 그린 인물이 남성이면 이번에는 여성을 그리도록 하는 것이다.

2. 집에 대한 해석

겉으로 보이는 집의 구성요소를 살펴보면 문, 지붕, 벽, 창문, 굴뚝 등이 있다. 이 각각에 대해서 의미와 상징을 생각할 때 인물화의 신체상 가설과 유사한 맥락으로 생각해 볼 수 있다. 즉, 집의 구성요소가 어떤 기능을 하는지를 중심으로 그림에 표현된 것의 의미를 유추해 가는 것이다.

1) 문

문은 기본적으로 출입 기능을 담당한다. 만약 문이 없다면 출입이 어려울 것이다. 따라서 그림 속에서 문은 접근 용이성을 보여 준다고 할 수 있다. 문이 작거나 잘 보이지 않는다면 심리적으로 접근이 어려울 가능성이 있다. 일상생활에서 어떤 건물에 갔을 때, 그 건물의 출입구를 쉽게 찾지 못했던 경험이 있을 것이다. 들어가려는 사람의 입장에서 건물의 접근 용이성이 낮다면 답답함이나 거부당하는 느낌, 환대 받지 못하는 느낌을 받을 것이다. 그림에서도 마찬가지로 문이 잘 보이지 않는다면 출입을 어렵게 만드는 것이므로 사회적 접촉과 교류에서 거부적인 태도를 고려해 볼 수 있다.

이와 반대로 문이 크게 그려졌다면 사회적 접촉을 선호하거나 지향할 가능성이 있다. 혹은 다른 사람에게 의존하는 성향이 강한 사람들도 문을 크게 그리곤 한다. 즉, '어서 오세요'일 수도 있고, '아무나 오세요'일 수도 있다.

한편, 반쯤 열린 문을 그리는 사람들도 있다. 실생활에서 대문을 열어 놓고 생활하는 경우는 극히 드문데도 불구하고, 그림에서는 유독 대문을 반쯤 열어 둔 상태의 그림이 종종 등장한다. 자신이 소통 지향적이라는 점을 은연중에 강조하고자 하는 사람들이 그림에서 문이 열린 상태를 그리는 경향이 있고, 혹은 타인으로부터의 인정이라든가 따뜻한 손길에 목마른 사람들이 이렇게 문을 열린 상태로 그리곤 한다.

간혹 문의 자물쇠나 경첩(돌쩌귀)을 강조해서 그리는 경우가 있다. 이러한 사람들은 문이 열고 닫히는 기능적 완벽함을 은연중에 신경 쓰는 것인데, 외부로부터 자신을 보호하고 자신에게 해가 될 사람과 도움이 될 사람을 선별하는 것에 관심이 많다고 볼 수 있다. 때로, 편집중(타인을 의심하거나 피해의식을 가지는 것)이 높은 사람들도 집을 그릴 때 경첩을 매우 신경 써서 그리곤 한다.

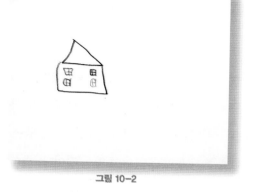

그림 10-2

　　[그림 10-2]는 17세 여자 청소년이 그린 집 그림이다. 피검자는 어렸을 때 경기를 하면서 뇌손상이 생겨 지적장애를 가지게 되었다. 그림검사를 받기 몇 달 전 우울증으로 어머니가 자살했고, 피검자는 심하게 충격을 받았다. 집 그림을 보면, 가로 3.5cm, 세로 4cm 크기의 작은 집으로 지붕과 창문만 있는 기본적인 형태다. 문은 그리지 않았다. 출입구가 없이 창문만 있는 집은 쉽게 출입할 수 없을 것만 같다.

그림 10-3

[그림 10-3]은 잦은 결석과 인터넷 게임 중독의 문제를 가진 중학교 2학년 남학생의 그림이다. 피검자는 어려서부터 유치원 등원을 거부했고, 복통이나 어지러움, 두통 등을 번갈아 호소하였다. 이후 이러한 문제는 계속되어 중학교에 다니는 현재에도 2주일에 한 번 정도로 학교를 결석하고 있다. 주로 월요일에 학교 가기를 거부하는데, 때로는 복부의 통증이 너무 심해서 결석하기도 한다. 그림 속의 집은 창과 문이 각각 두 개씩 있는데, 문의 경첩을 진하게 그린 것이 눈에 띈다. 지붕에 음영이라든가 굴뚝의 연기도 부정적인 해석과 연결될 수 있는 부분들이다.

2) 지붕

지붕은 집 구조상 맨 위에 위치한다. Burns는 지붕이 '머리'에 해당되는 부분이라 보고, 만약 지붕에 음영을 넣거나 색을 칠했다면 우울, 죄책감, 부정적 환상 등을 억누르고 통제하려는 무의식적인 시도일 수 있다고 했다. Hammer 역시 지붕은 맨 윗부분이며 정신적인 부분을 상징하거나 공상의 영역에 해당된다고 보았다.

지붕을 지나치게 크게 그렸다든가 지붕이 집 아래쪽을 삼킬 듯이 걸려 있다면, (지붕을 정신적 영역, 환상 등을 상징한다고 봤을 때) 자기만의 세계와 공상에 지나치게 매몰되어 있는 상태라고도 볼 수 있고, 상대적으로 현실적인 영역에 대한 관심이 적은 상태, 혹은 대인관계가 별로 없는 상태라고 할 수 있다. 지붕이 너무 크면 문이나 창문은 작아질 수밖에 없지 않겠는가 말이다.

한편, 지붕을 정신적 영역으로 해석하는 것도 일리가 있지만, 꼭 그렇지 않을 수도 있다. 간혹 그림에서 지붕을 열심히 꾸미는 피검자들이 있는데, 집의 다른 요소에 장식을 더하기보다는 지붕에 장식을 더하기 쉬워서 그렇게 하는 것으로 보인다. 이를테면 기왓장 한 장 한 장을 세밀하게 묘사한다든가, 초가집 지붕 위에 박넝쿨이 타고 올라간 것을 그린다든가 하는 식이다. 이러한 장식 욕구는 크게 보아서 자기애를 반영한다고 볼 수 있다.

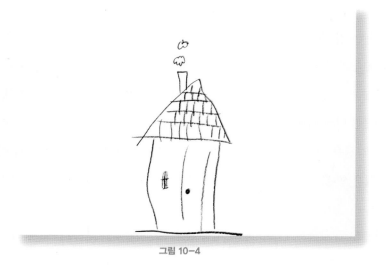

그림 10-4

[그림 10-4]는 만 7세 남자 아동이 그린 집 그림이다. 대체로 나이에 비해 잘 그린 그림이지만, 집에서 가장 강조된 것은 지붕의 기왓장 표현이다. 행동적인 문제나 가족 간 갈등은 없으며 원만하게 생활하고 있어서, 이러한 집 표현은 앞서 설명한 바와 같이 장식적인 요소에 가까운 것으로 보인다. [그림 10-3]과 비교해 보면, [그림 10-3]의 음영은 만약 굳이 장식적인 효과라고 한다면, 그늘진 것을 표시하거나 색을 입히는 것에 불과해 보인다. [그림 10-3]의 지붕은 피검자의 연령에 기초해서 선의 질이라든가 표현에 사용된 에너지의 정도를 추정했을 때, '공들여 애쓴 흔적'이 별로 보이지 않기 때문에 장식 욕구라든가 미적 표현이라고 보기는 어렵다. 따라서 그림에 나타난 특징을 심리적인 갈등의 표현으로 직접 해석하기에 앞서서 다르게 해석할 수는 없는지, 미적 표현이나 미술적 욕구에 따른 것은 아닌지를 고려해 보아야 한다.

3) 벽

벽은 건물을 받쳐 주고 있는 핵심 구조물이라 할 수 있다. 기둥을 따로 그리는 게 아니라면 벽은 건물을 지탱해 주는 구조체다. 따라서 벽은 기본적으로 개체를 유지하는 힘을 상징한다. 이를테면 튼튼한 벽은 건강한 자아를 시사하고, 얇은 선 혹은 희미한 선으로 그린 벽은 약한 자아, 상처 받기 쉬운 상태를 의미한다.

또한 벽은 건물의 높이와 넓이를 결정짓는다. 만약 건물을 수평 방향으로 한없이 늘려서 그렸다면 벽면이 수평으로 길게 그려졌을 것이다. 이러한 수평면의 강조는 소유에 대한 욕구, 성취 욕망 혹은 실용주의 등을 상징하는 것일 수 있다. 그에 비해 건물을 수직으로 높이 세운 경우는 벽도 수직면이 길어졌을 것이다. 이러한 수직면의 강조는 과도한 자기애 혹은 환상에의 몰입, 비현실적 태도 등을 반영할 수 있다.

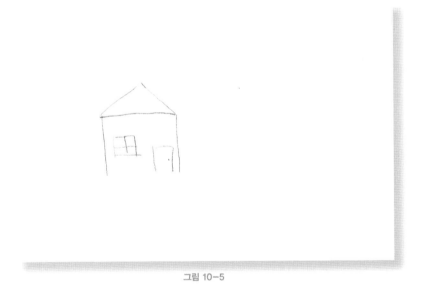

그림 10-5

[그림 10-5]를 그린 피검자는 10대 중반의 남자 고등학생으로 중학교 때까지 학업 성적이 매우 우수하여 외국어고에 진학했다. 고등학생이 된 후 학교생활에 잘 적응하지 못하고 늘상 불안해하며 잠꼬대도 심해졌다고 한다.

그림 속의 집은 가로 6cm, 세로 7cm의 작은 형태로 단순하고 기본적인 구성을 보인다. 그런데 특이한 것은 아래쪽 벽면에 아무것도 없다는 점이다. 보통 벽 아래쪽이 끝나는 지점을 선으로 긋거나 혹은 지평선이나 기저선을 긋는데 이 피검자는 아래쪽을 텅 빈 채로 남겨 두었다. 덕분에 벽이 제대로 완성되지 않아 불안한 느낌, 미완성된 느낌을 준다. 어쩌면 그러한 느낌이 이 피검자에게 가장 크게 자리 잡은 내적 경험이 아닐까 한다.

4) 창문

창문은 집의 다른 부분에 비해서 작은 구조물이지만 상징적인 면에서 중요도가 높은 부분이다. 창문은 그림을 그리는 사람에 따라 편차를 크게 보이는 부분인데, 창문을 그리지 않는 경우부터 창문이 너무 많은 경우까지 다양하게 나타난다. 문과 창문을 비교하면, 문은 보다 더 직접적인 외부와의 교류를 상징하며, 창문은 이차적이거나 간접적인 외부와의 교류를 상징한다.

창문의 기능을 생각해 보면, 외부와 내부의 공기 순환을 가능하게 해 주고, 빛이 들어오는 통로이며, 내외부의 양 방향에서 시각적 확인을 가능하게 해 준다. 이러한 기능 때문에 창문이 많을 경우 개방성이 높다고 평가하고, 창문이 적으면 개방성이 낮다고 본다.

개방성 외에 환경에 대한 접촉, 외부로부터의 보호 정도, 위험에 대한 경계 등을 고려해볼 수 있다. 창문을 전혀 그리지 않았다면, 집 안에서도 바깥을 볼 수 없고 집 밖에서도 내부를 확인할 수 없기 때문에 환경과의 접촉을 차단하고 있는 상태를 의미할 수 있다. 이는 피해의식이나 경계, 의심이 주를 이루는 편집증적인 경향과도 관련이 있다.

창문의 크기에 따라서도 심리적 차이를 확인할 수 있다. 창문이 지나치게 크다면 과시 욕구, 표현 욕구, 접촉에 대한 욕구 등을 고려할 수 있다. 반면, 창문이 매우 작다면 부끄러움이나 수치심이 있을 수 있고, 자신은 보여 주지 않으면서 타인을 보고 싶어하는 관음증적 욕구도 생각할 수 있다.

창문에 부가해서 그리는 것으로 커튼, 서터, 자물쇠 등이 있다. 모두 개방성과 접촉 정도를 조절하는 사물이다. 창문 전체를 가리고 있는 커튼은 외부로부터의 시선을 차단하는 역할을 하므로 창문을 그리지 않은 것과 유사하게 해석할 수 있으며, 접촉 여부를 내부에서 조종하려고 하는 통제 욕구를 반영한다. 그에 비해 창틀 양 옆으로 묶인 커튼은 장식 욕구 혹은 자기애적 표현에 가깝다. 창문에 붙은 서터 같은 덧문도 커튼과 유사하게 해석할 수 있다. 활짝 열린 서터인지 굳게 닫힌 서터인지에 따라 개방성의 정도와 접촉에 대한 통제 욕구를 볼 수 있다(참고로, 창문 옆 서터 그림은 외국의 경우 더러 만날 수 있지만, 우리나라에서는 서터(덧문)가 흔치 않은 것이므로 그림에도 잘 나타나지 않는다). 만약 우리나라 피검자가 창문에 서터를 그렸다면 대개 집을 꾸미는 장식적인 목적으로 그린 것이다. 서터가 있는데 활짝 열려 있고 창문이 있으며 예쁘장하게 묶은 커튼까지 있는 경우가 대부분일 것이다. 그 외에 편집증이 심하거나 불안이 높은 사람들 중에는 창문을 그린 뒤 그 위에 자물쇠 등 쉽게 열 수 없는 장치를 세밀하게 묘사하기도 한다.

그림 10-6

[그림 10-6]은 고등학교 1학년 여학생이 그린 집 그림이다. 단순화된 모양에서 고등학생의 그림이라고 첫눈에 알아보기는 어렵다. 이 그림에서 가장 강조된 점은 창문이 많다는 것과 집으로 이르는 길이 있다는 것이다. 피검자의 가장 큰 고민은 중학교 때 친구들과는 달리 고등학교 때는 친구들과 쉽게 친해지지 않는다는 점이었다. 친구들과 속을 터놓고 이야기를 하거나 서로를 지지하며 돈독해지는 대상을 쉽게 찾지 못하겠노라고 했다.

5) 담장

담장은 집 주변의 경계를 표시하며 외부로부터의 침입을 막고 집을 보호하는 기능을 한다. 한때 우리나라에서 '담장 허물기' 운동도 진행했던 적이 있는데, 겉보기에는 좋지만 좀도둑이나 술 취한 사람들이 함부로 마당으로 들어오는 등 보안 문제가 끊이지 않았다. 이처럼 '담장'은 외부인의 출입을 차단하고 집을 보호하는 역할을 한다.

집 그림을 그렸을 때 담장까지 그리는 경우를 가끔 볼 수 있다. 심리적으로 조심성이 높은 사람, 모험보다는 안전을 추구하는 사람, 비밀이 많거나 신중한 사람 등 다양한 심리적 특성이 있다.

그림 10-7

[그림 10-7]은 30대 초반의 직장 여성이 그린 집 그림이다. 이 그림을 그린 여성은 현재 별다른 어려움 없이 직장 내에서나 가정에서 잘 적응하고 생활하고 있다. 그런데 직장동료들과 함께 연말 이벤트로 심리검사를 받아 보자고 이야기가 되었다고 한다(요즘 직장의 연말 이벤트는 정말 멋지다!).

자신이 모르는 면은 어떤 게 있는지, 직장 외의 장면에서 만나는 심리전문가의 평가는 어떤 내용일지 궁금하다면서 심리검사를 하는 동안 진지하게 집중하는 모습을 보였다. 그림검사를 할 때, 잘 그리지는 못한다면서도 열심히 그림을 그렸다.

그림 속의 집을 보면, 계단 위 정문과 뒷문이 있고, 창도 1층, 2층, 다락에 있다. 그러면서 벽돌 담장과 바깥 대문이 있다. 화면에서 담장이 집 전체를 둘러싸지 않았기 때문에 폐쇄적으로 보이지는 않는다. 개방성과 폐쇄성을 복합적으로 가지고 있는 것으로 보인다. 고립되거나 혼자 떨어져 있는 것은 아니지만, 무턱대고 아무나 만나거나 무리와 함께 있는 것을 늘 선호하는 것으로 보이지도 않는다. 적절한 선에서 만남과 혼자만의 시간을 배분하고 있는 것으로 보인다. 그림에서 가장 공들인 부분은 담장의 무늬 표현과 집에 그린 두 개의 문이다. 지붕과 벽체를 쉽게 그리고 시작한 것에 비해 집의 문을 그리면서 계단에 공을 들였고, 바깥 대문이 있는 담장 역시 마찬가지다. 그래서 어쩌면 최근의 가장 큰 관심사가 인간관계에서의 '거리 유지'일 수도 있겠다는 느낌이 든다.

6) 투시도로서의 집 그림

투시도는 초등학교 아동의 그림에 종종 등장하는 그림 표현이다. 미술 발달 단계상 '도식기'에 해당하는 아동은 건물의 내부를 겉으로 보여 준다든가, 땅 속 세계를 볼 수 있게끔 해 주는 투시도를 즐겨 그린다. 간혹 청소년 이상 연령의 피검자들 중에 투시도 그림을 그리는 경우도 있는데, 심리적인 퇴행이나 과시 욕구, 관음증적 욕구 등을 고려해 볼 수 있다.

그림 10-8

　[그림 10-8]은 초등학교 3학년 여자아동이 그린 집 그림이다. 자신이 살고 싶은 집을 그리고 싶다면서 그린 이 그림에는 A4용지에 꽉 들어차게 그린 큰 집이 있고, 기둥처럼 묘사된 부분은 층별로 나뉘어 있다. 각 층은 아빠, 엄마, 자신의 방이라고 하며, 방마다 크고 작은 TV와 쉴 수 있는 소파(혹은 침대)가 놓여 있다. 지붕은 두 가지 형태인데 한쪽은 왕관처럼 생겨서 삼각형 모양이며, 다른 한쪽은 둥근 반원형을 하고 있다. 심리적으로 건강한 일반 아동(특히 초등학교 저학년에서 3~4학년 정도의 아동)의 그림은 이처럼 투시도로 표현되고 다양한 이야기를 보여 주는 경우가 많다.

　조금 더 복잡한 투시도 그림은 [그림 10-9]에서 볼 수 있다.

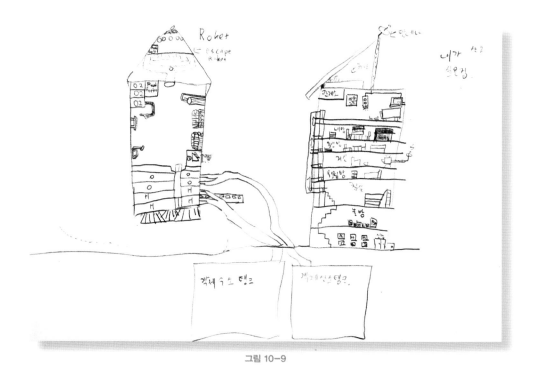

그림 10-9

    [그림 10-9]는 틱 행동을 보이는 초등학교 6학년 남자 아동이 그린 집 그림이다(초등학교 6학년은 사실적 묘사에 집중하는 '동트는 현실주의'임을 고려해 보자. 이 책 13장 내용 참조). 이 아동은 또래 친구들과 잘 어울리지 못하고 다투는 일이 잦고 혼자서 할 수 있는 컴퓨터 게임을 가장 좋아한다. 첫 번째 소원이 PSP(플레이스테이션이라고 하는 게임기)를 갖는 것, 그다음으로 노트북이라고 한다.

    그림을 보면 우측에는 9층으로 이루어진 빌딩형태의 집이 있고, 제일 아래층으로부터 순서대로 '신장(신발장을 의미함)' '놀방(놀이방을 뜻함)' '부모님 방' '거실' '동생 방' '내 방' 그리고 그 위는 관제소와 화단이 있다. 부모님 방과 자신의 방 사이가 가장 멀리 떨어져 있는데, 부모님 방에서 아동의 방까지는 3층을 올라가야 한다. 중간에 거실과 동생 방이 있다. 그림 왼쪽은 'Roket'(Rocket이라고 써야 하는데 철자를 틀리게 적었다)이라고 영어로 쓰고 작은 글씨로 'escape roket'(탈출 로켓)이라고 썼다. 로켓 내부 구조물이 복잡하고 상세하게 그려져 있고, 지하에 있는 두 개의 '액체수소탱크'와 연결되어 있다. 아마도 이러한 구조물은 아동이 즐겨 한다는 컴퓨터 게임의 내용과 관련이 있는 것 같다. 어쨌든 '집'을 그리라고 했을 때 로켓과 군사기지(혹은 과학기지)를 그린 것을 보면, 이 아동에게 '집'의 의미가 가족이라든가 관계지향적인 것이 아님이 분명하다. 그보다는 공격과 방어에 최적화된 전투기지이면서 각자의 공간이 분리된 독립적 구조물이라 할 수 있다.

그렇게 보면 이 아동에게 친구 맺기와 같은 인간관계는 큰 관심사가 아닐 수 있다. 학교에서 친하게 지내는 친구들도 없지만, 친구의 빈자리에 플레이스테이션(혹은 게임이나 공상)이 더 큰 재미와 흥미를 주고 있다. 오늘날의 사회에서 이러한 특징은 남자 아동에게 흔히 볼 수 있는 면이기도 하지만, 지나치게 자기만의 세계에 함몰하지 않고 대인관계 능력과 사회성을 더 발달시킬 필요가 있다고 여겨진다.

7) 빌딩으로 그린 집 그림

HTP의 집 그림에서 일반적으로 단독주택을 많이 그린다. 아파트 생활이 보편화된 도시인들조차 전형적인 집으로 단독주택을 떠올리기 때문이다. 그런데 간혹 자신이 살고 있는 아파트를 그리는 경우도 있고, 혹은 '빌딩 한 채 소유하고 싶은 마음'에 빌딩으로 그리는 경우도 있다. 건물이든 다른 대상이든 그림을 그릴 때 수직적인 높이를 키우고 크기를 크게 만드는 경우는 내면의 욕구를 반영하는 것이다. 이를테면 보상적인 욕구로서 현재의 '나'는 약하고 보잘것없지만 강하고 강력한 힘이 있었으면 하는 소망을 반영한다.

[그림 10-10]은 30대 중반의 기혼 여성이 그린 집 그림인데, 이 피검자는 여러 가지 생활 스트레스를 호소하며 불면증과 잦은 음주 문제를 가지고 있다. 피검자는 집을 그려보라는 말에 처음 그린 집을 몇 번 고치다가 완전히 지워 버리고 새로 그렸다. 5층짜리

건물로 된 이 집은 1층에 의상실, 2층은 사무실, 3, 4, 5층은 가정집이며 옥상은 예쁜 정원이라고 한다. 이미지로 묘사하기보다는 글씨를 삽입하여 설명한 부분은 아마도 피검자가 마음이 급하거나 자기기대 수준에 맞는 그림이 나오지 않을까 봐 지레 걱정한 것이 아닐까 한다. 피검자는 실제 생활에서도 스스로에게 완고하리만큼 높은 기대수준을 가지고 있지만 사업에서의 실패와 시댁과의 갈등으로 난관에 봉착한 상태다. 그러므로 HTP 집 그림에 나타난 빌딩과 층별 묘사는 피검자의 소망과 보상적인 심리를 반영한다고 볼 수 있다.

그림 10-10

8) 그 외의 집 그림 표현

집을 그린 뒤 집 앞에 길을 표시하거나 징검다리처럼 돌을 그리는 경우도 드물지 않게 볼 수 있다. 집 앞의 길은 대문으로 연결되게끔 그리는 경우가 많다. 이렇게 길까지 그리는 사람들은 외부와의 접촉이나 대인관계에 대해 관심이 많은 사람들이다. 대인관계를 잘 풀어 가는 사람들인 경우도 있지만, 집으로 이르는 길이 길고 꾸불꾸불하게 묘사되었다면 오히려 그 반대로 타인의 출입에 대해 부정적이거나 사람을 가려 가면서 만나고 싶어 하는 사람들이다.

그 외에 집 그림에서 나타나는 것으로 굴뚝이 있다. 요즘은 우리나라에서 굴뚝 가진 집들이 별로 없어서 그림에서도 굴뚝 표현은 흔하지 않다. 하지만 만약 굴뚝을 그렸다면, 연기 표현은 어떻게 되었는지 함께 보도록 한다. 검은 연기가 뭉게뭉게 많이 피어오르고 있다면, 그 집안에 어떤 갈등이나 불편함이 있음을 시사하는 것일 수 있다. 크고 굵게 그려진 굴뚝은 남근에 대한 관심, 걱정, 문제를 나타낸 것이라는 주장도 있다.

3. 나무에 대한 해석

나무는 나뭇가지, 기둥, 열매, 뿌리 등의 부분으로 이루어져 있다. 이 각각에 대한 해석과 더불어 나무 주변에 동물이나 환경 묘사를 고려해야 한다.

1) 나뭇가지

나뭇가지는 기둥에서 뻗어 나와 공중으로 펼쳐진다. 기둥의 개수는 하나나 둘 정도인 것에 비해, 나뭇가지의 개수는 사람에 따라 많이 달라진다. 가지의 개수뿐 아니라 가지의 방향, 굵기, 형태, 조직 등 여러 가지 면에서 다양한 표현이 가능하다. 나뭇가지는 인물화 그림에서 팔이나 손에 해당한다. 환경과의 직접적인 상호작용이 가능한 부위이면서, 자신을 둘러싼 환경에 어떻게 적응하고 만족하는지 등을 보여 주는 부분이다.

나뭇가지를 어떻게 표현했는가? 지나치게 크거나 혹은 작은 가지가 있고, 가지에 대한 묘사 없이 나무의 외곽선만 있는 경우도 있다. 위 혹은 아래로 뻗친 가지도 있고, 부러졌거나 잘린 경우도 있으며, 경직되게 대칭으로 그리기도 한다.

경직된 대칭으로 그려진 나뭇가지는 경직된 면을 중요하게 해석한다. 이는 조절과 통제에 대한 욕구, 강박적인 면 등을 나타내는 것이다.

만약 가지가 부러졌거나 잘렸다면 상처에 대한 강조로 봐야 한다. 흔히 나무의 가지는 인체의 팔에 비유되는데, 부러지거나 잘렸다면 심각한 외상을 입은 것이다. 상처, 외상, 거세 등이 고려해 볼 수 있는 심리적 특징이다.

나뭇가지가 위나 아래 방향으로 향하고 있다면 미래 혹은 과거라는 시간의 틀에서 바라볼 수 있다. 아래쪽으로 처진 나뭇가지는 흔히 과거지향적으로 해석하고, 위쪽으로 뻗은 나뭇가지는 미래지향적 혹은 주변 환경에서 기회를 잡으려고 애쓰는 것으로 본다. 이러한 해석은 나무가 성장할 때 가지가 위로 쭉쭉 뻗고, 성장이 더딘 계절이거나 혹은 고사 위기에 있는 나무는 가지가 아래로 처지는 것에서 착안한 것이다. 그리고 몇몇 사례에서 우울하거나 위축된 사람들 중 과거를 계속해서 곱씹는 경향이 큰 사람들이 버드나무처럼 아래로 늘어지는 나무를 자주 그리더라는 보고도 이러한 해석에 한몫을 했다.

바람에 나뭇가지가 휘날리고 있다면 주변으로부터의 압력, 긴장, 환경적 어려움을 경험하고 있다고 해석할 수 있다. 나뭇가지를 묘사하면서 마구 헝클어진 선으로 휘갈겨 그린 경우도 마찬가지다.

나뭇가지의 크기도 평가할 수 있다. 지나치게 가지가 커서 도화지 안에 다 들어오지 못하는 경우 행동화 경향이라든가 팽창된 자존감, 거대 자기(grandiose self) 등을 상징한다. 매우 작은 가지는 약하고 무능력함을 의미한다.

[그림 10-11]은 초등학교 5학년 여자 아동의 나무 그림이다. 이 아동은 지능은 높은 편인데, 교우 관계에서 왕따를 당하는 등 어려움을 겪고, 사회적 맥락을 파악하고 상황에 대처하는 능력이 부족한 편이다. 또한 충동적인 면이 강하고 다른 능력에 비해 주의집중력이 상대적으로 저조한 편이다. 그림 속의 나무를 보면, 연필을 연하게 사용해서 밑그림을 먼저 그린 뒤 진하고 굵은 선으로 다시 그린 것을 볼 수 있다. 나무의 크기는 커서 주어진 용지 내에 다 표현되지 않았는데, 만약 전체를 그릴 수 있다면 지금보다 훨씬 더 커질 것만 같다. 나무기둥의 결을 묘사한 점이 눈에 띄고 나뭇잎을 그린 방식도 조금은 특이해 보인다. 나무기둥의 중간쯤에 동그란 표시는 아마도 옹이를 그린 것 같다.

그림 10-11

가지를 잘 살펴보면, 아래로 처진 가지는 하나도 없고 모두 위로(두세 개는 옆으로) 뻗고 있다. 가늘지 않고 어느 정도 굵은 나뭇가지들이 꽤 많은 편이고 나무껍질까지 묘사되어 있어서 풍성해 보이거나 다소 산만해 보인다. 몇몇 가지는 끝이 뾰족해서 찔리지 않을까 하는 느낌을 주기도 한다. 나뭇가지의 크기나 방향, 전체 필압, 나무의 크기 등을 모두 종합해서 보았을 때, 이 아동의 넘치는 에너지와 행동화 경향성을 짐작할 수 있다. 적극적이고 충동적인 면을 가진 아동이 주변에서 받아들여지지 않을 때에는 뾰족한 면으로 바뀔 가능성도 그림에서 읽을 수 있다.

2) 기둥

나무 기둥은 집 그림에서 벽에 해당한다. 나무 전체를 지탱해 주고 개체를 유지하는 힘이 된다. 그래서 나무 기둥은 성장과 발달 에너지, 생명의 비약, 리비도(libido), 삶의 힘을 어떻게 느끼고 있는지 반영한다고 본다. Buck은 나무 기둥이 피검자의 내적 힘을 나타낸다고 보았고, Koch도 나무기둥은 피검자의 자기개념, 자아강도를 보여 주는 것이라고 했다.

그렇다면 나무 기둥을 어떻게 그렸는지 보자. 먼저 굵기와 길이를 살펴볼 수 있다. 어느 정도로 굵은가? 전체적인 나무 크기와 비율을 고려할 때 전체를 충분히 유지할 수 있을 정도의 굵기라면 건강한 표현이다. 나무의 가지 부분에 비해 밑동의 기둥이 짧다든가, 나무 크기에 비해 기둥 굵기가 가늘다면, 심리적인 힘이 약하거나 의존적 경향성을 고려해 볼 수 있다.

나무 기둥에 음영을 짙게 칠했다면 무엇인가 불안하게 느낄 가능성이 있고, 나무 기둥이 희미하다면 수동적이라거나 자신감이 없는 상태를 고려해 볼 수 있다. 나무 기둥이 가늘고 좁을 경우에도 심리적인 힘이 미약한 것으로 볼 수 있다.

나무 기둥에서 외상의 흔적이 있는지 살펴보는 것도 중요하다. 만약 기둥에 상처나 옹이가 있다면 이것은 심리적인 상흔을 상징하는 것일 수 있다. 물론 장식적인 요소로 옹이구멍을 그리는 경우도 있다. 그런 경우에는 전반적으로 그림의 분위기와 함께 해석할 필요가 있다. 아동의 그림에서나 청소년, 성인의 그림에서 예쁘장하게 보이려고 노력하는 그림이 있다. 곡선적인 특징이 두드러지고, 순정만화에서 나온 듯한 이미지가 있다. 그런 경우 나무를 그렸을 때 옹이도 함께 그리곤 하는데, 대체로 사실적으로 묘사한 옹이가 아니라 마치 만화나 장식용 그림에 나올 듯한 '예쁜 옹이(동글동글한 나선형으로 그린다든가 깔끔하고 잘 정돈된 여러 개의 원으로 그린다든가 하는 식이다)'를 그리곤 한다. 실제 옹이는 훨씬 투박하고 거칠다는 점을 고려하면 이것은 매우 예쁘게 포장된 옹이라고 할 수 있다. 따라서 이러한 옹이는 심리적 상흔보다는 장식으로서의 의미가 더 강하다. 만약 사실적인 느낌으로 옹이를 표현했다면 심리적 상흔의 의미가 더 강하다고 할 것이다. 그리고 이러한 심리적 외상의 상징이 뿌리 부분에 가까울수록 어린 시절에 상처를 받은 것을 반영한다고 가정할 수 있다.

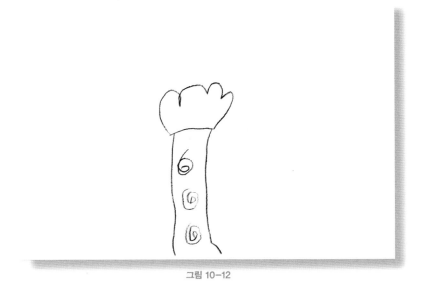

그림 10-12

[그림 10-12]는 [그림 10-4]의 집 그림을 그린 만 7세 남자 아동의 나무 그림이다. 아동의 개인력이나 가족력에서 외상은 없었고, 현재 아동의 발달이나 가정생활, 어린이집 적응은 모두 평범하며 정상적이다. 이 아동이 그린 나무는 마치 전체가 큰 기둥처럼 묘사되었고, 나무 기둥에는 세 개의 옹이가 있다. 이러한 옹이는 심리적 외상의 흔적일까? 장식적인 요소가 강한가, 아니면 나무에 상처가 있다는 것을 보여 주려는 의도가 더 강한가? 그림 한 장으로 평가하기는 쉽지 않지만, 이런 류의 옹이 그림이 어린이집이나 유치원생 그림에서 흔히 등장하는 '진부한 표현'[4]이라는 점도 고려해야 한다.

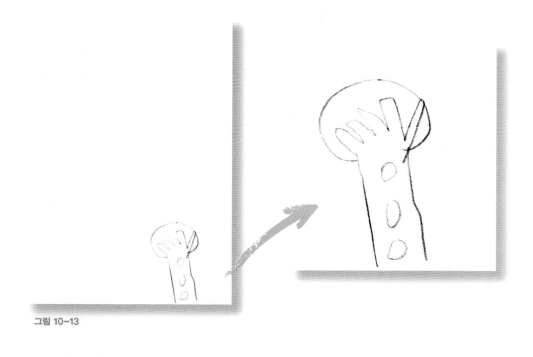

그림 10-13

---

4) 일종의 '클리셰'라고나 할까. 여하간에 흔히 나타나는 표현이다. 어린이집이나 유치원을 다니면서 서로 서로 배우기도 하고, 많은 것을 그려야 한다는 관점을 가지고 있는 교사에게 이렇게 그리도록 배우기도 한다.

[그림 10-13]은 앞서 [그림 10-2]를 그린 17세 여자 청소년의 그림이다. 지적장애를 가진 피검자는 모친의 자살로 인해 심하게 충격을 받았을 뿐 아니라 그 이후에 성폭행을 당해서 수술을 했다. HTP 검사는 피검자의 심리상태를 평가하기 위해 시행되었다.

이 피검자의 나무 [그림 10-13]은 방금 보았던 일반 아동의 나무 [그림 10-12]와 어떤 점에서 차이를 보이는가? 형태 구성에서 거의 비슷한데, 이를테면 나무 기둥이 굵고 윗부분은 그다지 크지 않으며 옹이구멍을 세 개 주르륵 연달아 그린 점은 동일하다. 세부 표현에서는 차이가 나는데, 앞의 아동이 그린 옹이는 나선형으로 그려졌고, 피검자의 옹이는 빈 구멍만으로 그려졌다. 나무의 크기나 위치도 차이가 나는데, 앞의 아동의 나무 그림은 A4용지의 중간쯤에 그렸고 높이가 14cm이며 그림에 나타난 발달 단계도 만 7세 수준에 해당한다. 그에 비해 지적장애 여자 청소년의 나무 그림은 세로로 놓인 A4용지의 우측 하단에 그렸고, 크기가 높이 8cm이며 지적장애를 감안하더라도 그림에 나타난 발달 단계는 초등학교 저학년의 도식기에 해당한다. 결국 두 그림은 이미지에서 비슷하지만 다른 요인들을 함께 고려했을 때 차이를 보이는 것을 알 수 있다. 이와 같이 그림을 평가할 때 하나의 요인으로만 평가할 수 없고 여러 가지 요소들을 함께 고려하는 것이 중요하다.

[그림 10-14]는 대입 재수생인 여자 청소년이 그린 나무 그림이다. 학업으로 인해 스트레스가 심해서인지 한 달 전부터 환청이 들린다

그림 10-14

고 해서 심리검사에 의뢰되었다. 그림 속의 나무는 아름답고 예술적으로 묘사되었다. 가지 부분의 음영이나 기둥의 음영, 가지의 형태 등이 미술적 재능을 지닌 피검자임을 보여 준다. 비록 기둥의 음영이 진하지는 않지만, 나무의 다른 부분의 묘사 정도를 고려할 때 음영을 묘사하는 데 주력했음을 금방 알 수 있다. 이러한 표현은 불안이나 걱정을 상징하는 것일 수도 있고, 죄책감이나 우울과 관련이 있을 수 있다.

그림 10-15

[그림 10-15]의 나무는 나뭇가지와 잎사귀로 이루어진 윗부분이 크고 풍성하게 그려진 데 비해서 기둥은 매우 가늘어 보인다. 마치 역삼각형 같은 느낌을 주는 이 나무는 윗부분을 잘 지탱할 수 있을지 의심스럽다. 바람이라도 심하게 분다면 부러지거나 넘어가지 않을까? 그림을 그린 피검자는 10대 중반의 여학생인데 자기 자신과 인간관계에 대해 이상적인 사고가 강한 편이었다. 그래서 이상과 현실과의 괴리 때문에 종종 불평을 하는 편이었는데, 이 나무 그림에서도 이상이 너무 크고 그것을 지탱하는 힘이 약한 것이 아닐까 추정하게 하는 면이 엿보인다.

3) 뿌리

뿌리는 나무의 출발이며 근원인 동시에 영양분을 공급하는 공급기관이다. '뿌리부터 흔들린다.'는 말이 있듯이 뿌리는 나무를 지탱해 주는 근본이다. 뿌리는 '땅'에 속해 있는데, 흔히 하늘을 공상과 환상의 세계로 칭한다면, 흙과 땅은 현실의 세계다. 그래서 뿌리가 튼튼하면 현실을 잘 수용하고 적응하는 것을 의미한다. 이 외에도 뿌리는 과거와의 연결을 의미하는 상징이다. 부모와 조상, 선조로 거슬러 올라가는 계보를 지칭할 때 흔히 '뿌리'라는 표현을 쓰는 것을 보더라도 쉽게 알 수 있다. 또한 뿌리를 자기만의 세계를 보여 주는 것으로 해석하기도 하는데, 공기 중에 노출된 나뭇가지가 환경과의 상호작용을 보여 준다고 해석하는 것에 대비되는 것이다.

뿌리는 땅 밑에 들어 있기 때문에 만약 뿌리를 땅 위에 올라온 것이나 땅 밑에 투과해서 보이도록 그린 것이라면, 의도적으로 뿌리를 강조한 것이라 하더라도 그다지 건강하지 않은 표현이다. 대개 이렇게 강조된 뿌리는 자기만의 세계를 묘사하는 것이거나 과거에 대한 집착 혹은 불안정감이나 불안함을 표현하는 것일 수 있다. 그리고 투시도처럼 그렸다는 점(만약 피검자의 나이가 x-ray 그림을 그리는 도식기 아동이라면 정상적인 반응이다)에서는 심리적인 퇴행을 의심할 수 있고, 전체적인 통합성과 내용을 함께 고려해서 현실검증력의 손상이나 심하게 혼란스러운 상태를 보여 주는 것일 수 있다.

이 외에 뿌리 주변으로 울타리를 두르거나 치는 것은 불안감이 높은 사람의 그림에서 종종 등장하는 표현이다.

그림 10-16

[그림 10-16]은 중학교 2학년 남학생이 그린 나무 그림이다. 이 피검자는 산만하고 주의집중을 잘 하지 못하며 부모와의 약속을 잘 안 지키고 자기 할 일을 제대로 완수하지 못해서 종종 마찰을 빚곤 한다. 피검자는 아토피 피부염으로 항상 힘들어하며 왜 자기한테만 어려운 일이 생기는가 하는 식의 피해의식도 가지고 있다고 한다.

그림에서 선의 질이나 나무의 형태가 조악한 것을 볼 때, 전체적인 인상이 차분하게 그려진 나무라기보다는 급하게 그려진 것 같다. 땅 아래에 뿌리를 묘사한 것과 나뭇가지를 두 팔처럼 그려서 그 위에 새를 앉힌 점이 눈에 띈다. 양쪽 가지와 위쪽 수관의 가지까지 합쳐서 총 다섯 개, 나무뿌리도 다섯 개를 그렸다. 형제 관계가 2남 1녀 중 셋째라고 하니 부모까지 합쳐서 가족 다섯 명이 있다는 점은 이러한 그림검사에서 흔히 나타나는 우연의 일치다. 투시도처럼 보이도록 그린 뿌리의 의미가 불안이나 불안정감일 수 있는 점을 고려할 때, 나뭇가지에 새를 그린 것도 역시 불안과 애착에 대한 욕구로 함께 고려할 수 있을 것이다.

그림 10-17

뿌리가 더 두드러진 작품을 보도록 하자. [그림 10-17]은 인터넷 게임 중독과 학교 결석 문제를 가진 14세 남자 중학생의 그림이다(집 그림에서 경첩이 두드러진 [그림 10-3]을 그린 그 남학생이다). 나무에서 뿌리가 가장 강조된 이 그림은, 흥미롭게도 [그림 10-16] 작품과 유사한 구조를 가지고 있다. 나무 기둥과 그 양 옆으로 팔처럼 뻗은 두 개의 가지가 있고, 땅 아래에 뿌리가 묘사되었다. 뿌리를 처음에 그렸다가 지우고 다시 그리면서 훨씬 더 긴 뿌리로 묘사했다. 환경과의 상호작용을 의미하는 나뭇가지 부분이 작지는 않지만, 뿌리가 워낙 크고 두드러져서 상대적으로 뿌리가 전부를 차지하는 것 같은 인상도 받는다. 마치 기둥과 가지는 뿌리를 위해 존재하는 것 같은 느낌이다. 이렇듯 주된 부분을 차지하는 뿌리는 땅속으로 계속 뻗고 있어서 자기만의 세계에 함몰하는 피검자와 닮은 면을 보여 준다.

[그림 10-18]은 부모의 이혼 이후 불안감이 높아진 초등학교 4학년 남자 아동이 그린 나무 그림이다. 나뭇가지를 그렸다가 지우고 다시 고쳐서 그렸으며 뿌리 주변으로 둥글게 울타리를 그렸다. 울타리는 굳이 그리지 않아도 될 것 같은데 왜 그리게 되는 걸까? 내면에 불안이나 외로움, 헐벗은 느낌이 있을 때에는 나무만 그려서는 뭔가 부족하다라는 느낌을 가진다. 그래서 나무 주변을 감쌀 수 있는 대상을 그린다. 이것은 집 그림을 그린 뒤 집 주변에 울타리를 두르는 것과 비슷한 심리적 욕구라 할 수 있다.

그림 10-18

4) 과일

나무를 그렸는데 과일이 달린 나무를 그렸다면 성과와 성취에 대한 관심을 반영하는 것이다. 아동의 경우에는 나무를 그리면 무조건 과일나무를 그리기도 한다. 일종의 획일화된 반응으로 과일나무를 그리는 것이다.

과일나무 그림의 경우, 과일이 달려 있지 않고 떨어져 있다면 과일이 어떻게 묘사되었는지 살펴보아야 한다. 깨끗한 상태로 그려졌다면 손쉬운 성취를 상징할 수 있다. 그에 비해 떨어진 과일이 아무렇게나 그려졌거나 여기저기 떨어져서 뒹굴고 있다면 결국 동물이 먹게 되거나 자연히 썩게 될 것이므로 실패라든가 거부감 혹은 더 나아가 (싱싱한 과일을 먹을 자격이 없다는) 죄책감을 상징한다고 볼 수 있다.

그림 10-19

[그림 10-19]는 경계선 수준의 지능을 가진 만 7세 남자 아동이 그린 나무 그림이다. A4용지에 가득 차게 큰 나무를 그렸고, 과일이 잔뜩 달려 있다. 과일도, 나무도 동그라미와 작대기(혹은 기둥)로만 구성되어 가장 단순한 형태 조합을 보여 준다. 아마도 이 아동이 학습한 기본적인 형태를 그린 것으로 보이며, 나뭇가지나 나무 기둥의 세부 묘사가 어려웠다면 과일을 그림으로써 허전한 형태를 채울 수 있었으리라 여겨진다. 사과 형태를 그저 의미 없이 반복한 느낌이 들기도 하지만, 이 피검자에게 뭔가를 성취해야 한다는 문제가 스트레스로 느껴진다는 해석도 고려해 봄 직하다.

5) 나무 속의 동물

나무 속에 동물을 그린 경우는 애착에 대한 높은 관심을 반영한다. 그림 속의 동물은 나무에서 휴식을 취하고 보호를 받는다. 마찬가지로 그림을 그린 피검자도 누군가에게 보살핌을 받고 싶은 심리적 의존성을 상징하는 것으로 해석할 수 있다.

[그림 10-20]을 그린 피검자는 초등학교 6학년 남자 아동으로 앞에서 로켓 집 그림 ([그림 10-9])을 그린 아동이다. 이 나무에는 여러 마리의 동물들이 있다. 가지 위에는 세 마리의 새가 있고, 옹이구멍 안으로 다람쥐 꼬리도 보인다. 몸을 다 드러내지 않고 꼬리만 보여 주는 다람쥐는 어쩌면 이 아동과도 닮았다. 자신을 쉽사리 내보이지 않고 소수의 사람들과만 교류하거나, 혹은 자기만의 세계에 푹 빠진 모습처럼 보인다. 그에 비해 새들은 배고파 보인다. 세 마리의 새 모두 먹을 것을 구하고 있다. 위쪽 가지에 붙은 두 마리의 새는 사과를 쪼고 있는데, 나무의 오른쪽 가지에 앉은 새는 떨어지는 과일을 보고 있다. 그림의 주제는 '나무' 였지만, 피검자는 새들의 이야기와 다람쥐 꼬리에 더 집중한 듯하다. 필압만 놓고 보더라도 새와 과일, 다람쥐 꼬리의 무늬에 가장 높은 필압을 보이고 있

그림 10-20

다. 아동의 어머니에 따르면, 아동은 집에서 어머니를 가장 어려워하는데 그 이유는 화를 자주 내기 때문이라고 한다(아마도 일부분은 어머니가 미안한 마음에 더 그렇게 설명한 면이 있겠지만, 어쨌든 아동과 어머니 관계가 만족스럽거나 편하지 않은 것은 확실해 보였다). 그래서인지 그림에 나타난 동물들은 구멍에 숨거나 먹이를 찾고 있다. 나무 그림에 나타나는 동물이 대부분 애착에 대한 욕구를 상징한다고 할 때 이 아동도 기본적으로 그러한 욕구를 강하게 가지고 있는 것으로 보인다. 집 그림에서 관계지향적이지 않고 첨단기능이 탑재된 로켓과 7층짜리 건물을 그렸던 것과 대조되는 그림이라 할 수 있다.

6) 나무 주변의 환경

나무 주변에 풀밭이나 간단한 지평선만 묘사하는 것이 아니라 분명하게 알아볼 수 있는 환경을 그렸을 때에는 그 환경이 어떤 것이냐에 따라 의미를 다르게 해석할 수 있다.

언덕 위에 그려진 나무는 부드럽고 둥근 언덕으로 상징되는 모성을 배경으로 가지고 있다. 따라서 모성에 대한 의존성 혹은 갈구를 보여 주는 것일 수 있다.

7) 전체로서의 나무

나무가 어린 묘목이라면 심리적인 미숙함이나 미성숙, 위축된 상태, 과거에 대한 후회, 새로 시작하고 싶은 열망 혹은 피해의식 등을 보여 주는 것이다. 나무도 일종의 자화상이라고 보았을 때, 그림을 그린 피검자가 자기 나이보다 더 어려 보이는 나무를 그린 것이므로 미숙함을 상징한다고 볼 수 있다. 또한 다른 의미에서는 완전히 새롭게 시작하고 싶은 욕구를 나타내는 것일 수 있다. 만약 자신이 어렸을 때 좀 더 다른 환경에서 성장했더라면 지금과 다를 것이라고 믿는 피검자들은 나무 그림에서 성장한 나무 대신 어린 나무를 그리는 경우가 있다.

4. 사람에 대한 해석

사람에 대한 해석은 인물화 해석과 동일하므로 4장 인물화 해석 부분을 참고하도록
한다.

그림 10-21
인물상 부분만 확대 제시함

[그림 10-21]의 (a)와 (b)는 경첩이 두드러졌던 집([그림 10-3])과 뿌리가 길게 드러났
던 나무([그림 10-17])를 그린 14세 남자 중학생의 인물화 그림이다. 남자 인물상은 양팔
을 벌린 채 한 다리를 들고 있는데, 입과 손으로 장풍을 쏘고 있는 모습이라고 한다. 사실
적인 신체 비율과 상관없이 얼굴이 매우 크게 그려져서 만화 같은 인상을 준다. 피검자
가 중학생인 점을 감안하면 이러한 그림 표현은 자신의 발달 연령보다 낮은 단계의 미술
표현이라 할 수 있다.

피검자가 그린 여자상은 게임에 나오는 캐릭터를 모방한 것 같은데 여전사의 모습을 그리려고 했던 것 같다. 팔이나 다리의 근육이 우스꽝스럽게 과장되어 있고, 머리는 양 갈래로 땋아서 삐삐 머리를 하고 있다. 남자 인물상의 크기는 14cm로 A4용지를 세로 길이의 절반 가량을 차지한다(제시된 사진은 둘 다 인물상 부분만 확대한 것이다). 여자 인물상은 그보다 훨씬 작아서 남자 크기의 절반 정도인 7.5cm이다. 남자와 여자 모두 입술을 진하게 칠했고, 두상이 상대적으로 크게 표현되었으며 손이나 팔이 강력한 힘을 가진 것으로 묘사되었다. 두 인물 모두 게임 속 캐릭터를 묘사하고 있어서 피검자의 내면화된 인물상이 현실의 구체적인 관계나 경험에 기반하지 않고 허상 내지는 공상에 가깝다는 점을 보여 준다. 이는 인간관계의 빈약함을 상징하기도 한다. 더욱이, 그림에 표현된 인물은 장풍을 쏘는 남자이거나 근육질을 뽐내는 우락부락한 여성이다. 남성상과 여성상이 힘과 공격성이라는 단일 요소에 의해서만 표현되고 있으며, 특히 여성성은 상당히 왜곡되어 있을 가능성도 내비친다. 어쩌면 피검자가 그린 첫 번째 인물상처럼, '머리만 크고 팔다리는 허약한' 상태가 내담자의 심리적 상태일지도 모르겠다는 느낌이 든다. 즉, 머리로 생각은 많고 이런저런 공상도 많지만, 현실 속에서 구체화하거나 실천할 수 있는 능력은 빈약해 보인다. 집 그림, 나무 그림과 함께 전체적으로 살펴보면, 피검자는 자기만의 세계에 지나치게 함몰된 것으로 보이고, 현실로부터 도피하는 것에 익숙한 것으로 보인다.

[그림 10-22]의 (a)와 (b)의 인물화는 로켓 집([그림 10-9])과 나무 속 동물([그림 10-20])을 그린 초등학교 6학년 남자 아동의 그림이다. 이 아동도 남자를 먼저 그리고 그다음으로 여자를 그렸는데, 남자의 크기가 훨씬 더 작다(남자 신장 8.5cm, 여자 신장 19cm). 그림 속의 인물이 입은 상의에 '6-5'라고 피검자 아동의 초등학교 반을 적은 것으로 보아 인물상은 자화상에 가깝다. 이 그림 역시 실제적인 비율은 무시되었고 두상이 크게 표현되었

그림 10-22
인물상 부분만 확대 제시함

다. 눈동자는 (인물 기준으로) 우측으로 향하고 있어서 정면을 바라보지 않는다. 작게 그렸지만 손과 발은 모두 상세하게 묘사되었다. 바지 지퍼를 애써서 묘사한 것은 피검자 나이에 자연스러운 성적 관심이 있음을 보여 준다.

여성 인물상은 크게 묘사되었다. 첫눈에 인상이 약간 이상해 보이는 이유는 무엇보다도 눈썹이 없기 때문이다. 그리고 눈동자와 치아, 다른 세부 묘사가 없는데 유독 양말에만 넣은 것 등이 '이상해 보이는 인상'을 만들어 내고 있다. 눈동자의 방향도 아래를 향하고 있어서 역시 정면을 바라보지 않는다. 눈의 크기도 매우 커서 불안해 보이기도 한다. 입을 살짝 벌리고 있는데, 치아를 그린 점이 눈에 띈다(흔히 인물화에서 치아는 잘 그리지 않는 부분이다. 그래서 치아가 그려진 경우에는 공격성의 상징으로 해석하곤 한다). 이 인물과 앞서 그린 아동 인물상을 함께 보면, 크기 면에서 어머니와 아들처럼 보인다. 앞서 남자 인물이 자화상일 가능성이 높으니 여성 인물은 어머니일 수도 있다. 아래쪽을 바라보며 치아를 드러내는 어머니라면 뭔가 잔소리를 할 것만 같다. 그리고 아동은 그런 어머니의 말에 귀 기울이는 척하지만 다른 곳을 보고 있다. 그렇게 생각하면, 인물의 상반신보다 하반신 쪽에 세부 묘사가 집중된 것도 쉽게 이해할 수 있다. 야단을 맞는 아동 입장에서 말의 내용과 상관없는 자질구레한 세부 특징을 관찰하고 있었다고 상상해 보자(시선만 다른 곳으로 보내는 것이 아니라, 정신을 다른 데에 파는 것이 힘든 시간을 넘기는 나름대로의 지략 아닐까). 자신보다 키가 큰 어머니의 위쪽을 보기보다는 아래쪽을 관찰하고 있었을 것이다(관찰이 아니면 멍하게 바라보거나). 그래서 그림을 그릴 때에도 자신이 많이 봤던 양말이나 신발은 나름대로 상세하게 묘사할 수 있었을 것이다. 아동과 어머니의 대화 양식이나 대화 내용, 서로의 관계가 바뀌고, 그래서 아동의 마음에 내재화된 어머니상이 바뀐다면 분명 여성 인물상을 그릴 때에 묘사하는 것도 다르게 될 것이다.

CHAPTER II.
진단적 그림 시리즈

    진단적 그림 시리즈는 미국 동부에서 활동하던 미술치료사들이 만든 그림검사로서 The Diagnostic Drawing Series라고 하며 줄여서 DDS라고 부른다. Cohen과 Lesowitz가 1981년 창안하고 이후 Singer, Reyner와 함께 개발하여 이후 여러 연구들[1]을 거치면서 다 듬어졌는데, 최종적인 책임개발자는 Barry Cohen[2]이다.

---

1) Cohen, B. M., Hammer, J., & Singer, S. (1988). The Diagnostic Drawing Series: A systematic approach to art therapy evaluation and research. *Arts in Psychotherapy*, *15*(1), 11-21.
   Cohen, B. M., Mills, A., & Kijak, A. K. (1994). An introduction to the Diagnostic Drawing Series: A standardized tool for diagnostic and clinical use. *Art Therapy: Journal of the American Art Therapy Association*, *11*(2), 105-110.
2) 인터넷 홈페이지로 DDS 사이트를 운영하고 있으며 주소는 다음과 같다.
   http://www.diagnosticdrawingseries.info/
   http://www.diagnosticdrawingseries.com/

1. DDS의 개발 배경

미국에서 미술치료가 시작된 것은 20세기 중반 무렵이었지만, 그 이후로도 상당한 기간 동안 심리치료 분야의 그림검사법을 그대로 가져와서 사용했다. 기존 그림검사를 사용하게 되면 결과 비교라든가 해석에 있어서 장점도 있지만, 연필로 그리는 그림의 표현이 제한적인 면도 있었다. 그래서 보다 풍부한 표현을 가능하게 하는 그림검사에 대한 요구가 생겨났고, 규준화된 방식에 의해 검사를 실시하고 많은 사람들의 자료를 모아서 표준화시키고자 하는 움직임이 시작되었다. 그리하여 미술치료사 Cohen을 비롯한 몇몇 전문가들은 좀 더 신뢰할 수 있는 절차와 규칙을 따라 진행되는 그림검사를 개발하고, 이렇게 개발된 그림검사를 중심으로 해서 여러 가지 다양한 정신장애를 가진 환자들의 모습을 보여 줄 수 있는 자료를 모으기로 했다.

미술치료사들은 어떤 그림검사법을 개발해야 좋을지 생각하면서 몇 가지 아이디어를 정리해 보았다. 우선 A4용지처럼 작은 종이가 아니라 좀 더 큰 화폭에 그림을 그리는 것이 좋겠다고 생각했다. 작은 종이에 표현하는 것과 큰 종이에 표현하는 것은 단순한 사이즈의 차이를 넘어서서 훨씬 더 뚜렷한 차이를 나타내게 된다. 이를테면 작은 인물상을 그렸다고 했을 때, A4용지에 그린 '작은 인물'과 4절 도화지—4절 도화지는 A4용지의 약 4배다—에 그려진 '작은 인물'은 느낌이나 인상, 대조되는 효과 측면에서 두드러지게 차이를 보인다. 둘째, 검사 재료는 색깔이 있는 회화 재료를 사용하기로 했다. 연필과 지우개만으로도 어느 정도 미술 표현이 가능하지만, 좀 더 다양한 표현을 위해서는 색채가 가미된 재료이면서 다양한 방식으로 표현이 가능한 재료가 필요했다. 셋째, 한 장만 그리는 것이 아니라 여러 장을 시리즈로 해서 그리면 더 좋겠다고 생각했다. 그러면 어떤 주제를 시리즈로 줄 것인가? 구체적인 주제와 추상적인 주제, 지시적인 주제 혹은 피검자가 자유롭게 선택할 수 있게끔 해 주는 비지시적 주제 등 다양한 주제가 가능하다. 이

것은 마치 입체적인 대상을 잘 알려면 똑같은 각도에서 여러 번 사진을 찍는 것보다 정면과 측면, 후면 등 다른 각도의 모습을 찍는 게 더 좋은 것과 유사하다. 그래서 서로 다른 주제의 세 장의 그림을 주되, 다른 차원 내지는 다른 각도에서 접근할 수 있는 주제를 가진 검사를 개발하게 되었다.

DDS는 처음부터 정신과 환자들을 대상으로 개발되었고, 이후에도 증상과 미술 표현 간의 관련성을 중심으로 연구되었다. Lesowitz, Singer, Reyner, Cohen 등의 연구자들은 미국 버지니아 주에 소재한 정신병원 환자들을 대상으로 그림의 기초 자료를 모으면서 진단적인 정보나 증상에 따른 차이를 그림을 통해서도 확인하고자 노력했다.

2. DDS의 개관

- 재료: 4절 흰 도화지 3장, 12색 파스텔(빨강, 주황, 노랑, 연두, 초록, 밝은 파랑, 어두운 파랑, 보라, 갈색, 고동, 흰색, 검정)
- 과제: ① 첫 번째 과제―자유화("이 재료를 사용해서 그림을 그리세요.")
  ② 두 번째 과제―나무 그림("나무를 그리세요.")
  ③ 세 번째 과제―감정 그림("선, 색, 형태를 통해 자신의 감정을 표현하세요.")
- 규칙: 그림 한 장당 최대 15분까지 그릴 수 있다. 각각의 그림이 완성된 뒤 질문이나 토론은 하지 않고, 모든 그림을 완성한 다음에 하도록 한다.

DDS에 사용하는 재료는 12색 파스텔과 18×24in(=45.72×60.96cm) 흰 도화지 3장이다. 12색은 빨강, 주황, 노랑, 연두, 초록, 밝은 파랑, 어두운 파랑, 보라, 갈색, 고동, 흰색, 검정이다. 파스텔은 길쭉한 직육면체 모양으로 생겨서 각 면은 평평하고 모서리가 각이져 있다([그림 11-1] 참조). 둥근 파스텔이나 크레파스와 같은 오일 파스텔은 이 과제에 사용하는 도구가 아니다. DDS 개발자들은 반드시 언급된 상기 재료를 그대로 사용해야 DDS라고 제한한다.

그림 11-1

Tip

- 오일 파스텔: 기름기가 있어서 가루가 떨어지지 않는다. 크레용을 가리키는데, 크레용은 원래 상표 이름이고, 오일 파스텔이 재료 명칭이다.
- 초크 파스텔: 가루가 떨어지는 파스텔. 우리나라에서 '파스텔'이라고 할 때에는 초크 파스텔을 가리킨다.

DDS는 총 세 장의 그림을 그리도록 한다. 단일 회기에 그림을 한 장 그리는 것보다는 두 장 이상을 그릴 경우 얻을 수 있는 정보는 더 많이 늘어날 것이며, 각각의 과제가 서로 다른 성질의 과제를 가지고 있으므로 여러 측면을 평가할 수 있다. 각 그림에 대한 지시는 다음과 같다.

- 첫 번째 과제: "이 재료를 사용해서 그림을 그리세요."
- 두 번째 과제: "나무를 그리세요."
- 세 번째 과제: "선, 색, 형태를 통해 자신의 감정을 표현하세요."

첫 번째 과제는 검사를 받는 사람에게 선택의 폭을 가장 넓게 부여하는 자유화 형식의 비구조화된 과제(unstructured task)로서, 피검자의 반응이 매우 다양하게 나타난다. 어떤 사람들은 자유롭게 자기가 원하는 것을 그릴 수 있다는 점을 다행스럽게 여기기도 하지만, 또 다른 사람들은 너무 막연하다고 느끼거나 딱히 떠오르는 게 없어서 그리기 어렵다고 말하기도 한다. 그림을 그려 본 지 너무 오래되었다거나, 파스텔을 처음 다루어 보기 때문에 어렵다고 말하는 것도 비구조화된 과제에서 부담감을 느끼기 때문에 나오는 반응이다. 무엇을 그려야 할까 망설이던 사람 중에는 그림 대신 글을 적는 사람도 있고, 어렸을 때 여러 번 그려 보았던 집이나 나무, 간단한 형태의 동물을 그리는 사람도 있다. 어쨌든 첫 번째 그림은 사람들에게 다소간에 부담스러운 것으로 다가온다. 그 결과, 이 첫 번째 그림을 통해서 우리는 피검자의 대처기제라든가 방어양식, 자기개방 정도를 가늠할 수 있게 되고, 내담자가 어떤 정보를 어느 정도로 나눌 준비가 되어 있는지 추측할 수 있다. 첫 번째 그림에서 못하겠다고 거절하는 내담자/환자는 거의 없다. 만약 어떤 식으로든 첫 번째 그림에서 깨작거리며 제대로 그리지 않고 과제가 어렵다고 불평만 하고 있다면, 이는 피검자의 수동공격성(passive-aggressiveness)[3]을 보여 주는 것이다.

두 번째 과제는 나무를 그리는 것이다. 지시가 구체적인데다 나무라는 대상이 그리기 쉽게 느껴지므로 피검자가 첫 번째 과제에서 느꼈던 부담감이 상당 부분 감소한다. Kellogg(1970)[4]는 그림 발달 과정에서 가장 최초로 나타나는 알아볼 수 있는 대상들 중 하나가 나무라고 했다. 피검자들 중에 DDS의 첫 번째 그림에서 '무엇을 그려야 할지 잘 모르겠다.' '그림을 잘 못 그린다.' 등의 대답을 하며 그림검사를 어렵게 생각하는 경우 두 번째 과제에서 저항이 줄어들고 몰입하는 경향이 있다. 또한 이 과제는 다른 검사 주제에 비해서 비교적 쉽게 해낼 수 있기 때문에 현실 검증력이 심각하게 와해된 환자나 기질적 장애를 가진 환자라 하더라도 나무 그림을 그리는 것은 무난하게 수행하는 편이다.

나무라는 주제는 투사적인 그림검사에서 전통적으로 다루었던 주제다. Jung은 나무의 상징적인 의미가 육체적이고 영적인 의미에서 성장과 삶을 보여 주는 것으로서 개인화 과정이 투사된 것이라 보았다. 나무는 상징적 자기상을 드러내는 것으로 여겨지며 심층적이고 무의식적인 정신세계를 반영하며, 억압되거나 회피하는 내용을 무의식적으로

---

3) 수동공격성은 직접적으로 반대하거나 불만을 말하지 않고, 꾸물거린다든가 핑계를 댄다든가 하는 간접적인 방식으로 자기 의사를 표현하는 것을 말한다.
4) Kellogg, R. (1970). *Analyzing children's art*. Palo Alto, CA: Mayfield Publishing.

투사하도록 하는 면에서 인물화보다 더 용이한 측면이 있다.

HTP 검사에서도 두 번째 과제가 나무 그림이었는데, DDS 나무 그림과의 차이는 재료와 도화지 크기에 있다. 큰 사이즈에 나무를 그리게 되면 좀 더 다른 느낌으로 표현할 수 있는 면이 있고, 더불어 색깔을 사용하므로 DDS의 나무 그림에서는 HTP보다 더 풍부하고 다양한 표현이 나오곤 한다.

세 번째 그림과제는 감정을 선이나 색, 형태를 통해서 표현하도록 하는 것으로 매우 중요한 주제다. 감정을 표현하는 데 있어서 미술이 좋은 통로라는 것은 익히 알려진 사실이지만, 그림검사에서 '감정을 그리세요.'라고 직접적으로 요구한 경우는 없었다.[5] 그보다는 다른 주제로 그림을 그렸을 때 간접적으로 표현된 감정에 대해 추론하거나 해석하는 것이 대부분이었다. 그래서 DDS의 세 번째 주제와 같이 직접적으로 감정을 표현해 보라고 하는 것은 그림검사 분야에서 새로운 시도인 셈이다. 감정을 그림으로 나타내는 것이 어려울 수도 있지만 그것을 소화해 내는 피검자의 역량을 평가할 수 있을 뿐 아니라 피검자로 하여금 자신의 감정에 대해 내성적으로 살펴볼 수 있는 기회를 제공하므로 충분히 의미가 있는 주제다.

미술심리검사를 처음 받는 경우에는 세 번째 주제를 듣고 다시 되묻는 경우가 다반사다.

"그러면 아무 형태나 그려도 돼요?"

"내가 원하는 색깔을 아무것이나 써도 된다는 거예요?"

이런 질문을 하는 경우, "자신의 감정을 표현하는 것이라면 어떤 것이라도 좋습니다."라고 대답하면 된다.

세 번째 과제는 피검자의 정서 표현 수준과 추상적 사고력, 문제 해결력을 살펴보게

---

5) 그림검사가 아닌 미술치료 회기에서는 그림으로 감정을 표현해 보라는 제언을 흔하게 한다.

끔 도와준다. 정신분열병 환자들을 비롯하여 현실 검증에 손상을 보이는 정신과 환자들은 세 번째 그림에서 추상적인 표현 대신에 구체적인 대상을 그리고 글자를 삽입하는 경우가 많고, 매우 특이한 상징물을 그리기도 한다. 이러한 반응은 감정을 규명하거나 표현하는 능력이 부족한 것에 기인한다고 볼 수 있다. 한편, 사설 상담기관에 미술치료를 신청해서 온 내담자들 중 원망이나 분노의 문제, 대인관계에서 심각한 어려움이 있는 경우 세 번째 그림 주제에 가장 적극적으로 반응하는 경향이 있고, 색 사용이 많고 공간 사용 비율도 매우 높게 나타난다.

그 외 그림검사에서 준수해야 할 사항들은 다음과 같다.

- 시간제한: 그림 한 장당 최대 15분까지 허용한다. 검사를 시작하기 전에 피검자에게 다음과 같이 말해 주도록 한다. "지금부터 그림을 세 장 연속해서 그리게 됩니다. 그림 한 장당 최대 15분까지 사용하실 수 있습니다." 이렇게 말하고 검사를 진행하면 된다. 그림을 시작한 지 15분이 되면, 비록 다 끝내지 못했다 하더라도 검사의 목적이므로 그만 그리도록 중지시킨다. 드물게는 그리던 그림을 꼭 완성하고 싶다고 요청하는 사람들도 있다. 그러한 경우에는 검사 규칙을 따라 그림 그리기를 마치고 나서 나중에 시간을 더 드리겠다고 한다. 그림검사는 심리적 상태와 마음을 좀 더 이해하고 평가하려는 목적으로 하는 것이기 때문에 규칙대로 하는 것이 좋다고 설명해 준다.
- 도화지의 방향: 가로든 세로든 피검자가 원하는 대로 할 수 있다. 도화지 방향은 마음대로 할 수 있다고 일러 준다.
- 그림에 대한 질문 및 논의: 첫 번째나 두 번째 그림이 끝나고 피검자가 그림에 대해 질문을 하면 그림을 다 그린 다음에 이야기를 나누자고 답한 뒤 세 번째 그림을 마칠 때까지 질문에 대한 논의를 유보시킨다. 만약 그림을 다 그리기 전에 어떤

이야기를 나누게 되면, 그다음 번 그림을 그릴 때 영향을 받기 때문이다.

3. DDS 채점지표

DDS 그림은 'DAF(drawing analysis form)'라는 채점 및 평가체계[6]를 사용해서 평가한다. 물론 그림의 주제라든가 그림이 주는 인상도 중요하지만, DDS를 개발한 개발자들의 원래 의도가 인상주의적 평가방식이 아닌 구조적, 형식적 요소들에 의해 평가하겠다는 것이었으므로 DAF도 그러한 목적으로 개발된 것이다.

DAF는 총 23개의 지표로 이루어져 있고, 그림에 나타나는 구조적인 특성을 평가하고자 한다. 2012년에 개정된 DAF는 'DAF 2'라 불린다. 이 책에서는 개정되기 전의 DAF를 소개하였는데, 연구 및 임상 목적으로 'DAF 2'를 구입하고자 하는 경우 다음의 인터넷 홈페이지에서 소정의 비용으로 구입 가능하다.

- 구입처: http://www.diagnosticdrawingseries.com

  http://www.diagnosticdrawingseries.info
- 저작권자 이메일: landmark@cox.net
- 저작권자 주소: The DDS Project, P.O. Box 9853, Alexandria, Virginia, 22304, USA.

---

6) Cohen, B. M. (Ed.). (1986/1994/2012). *The Diagnostic Drawing Series Rating Guide*. Unpublished guidebook.

평가지침서를 왜 구입해야 하나요?

DAF 2는 DDS를 평가하는 채점 체계로서 기존의 DAF를 개정·보완하여 2012년에 출간한 채점 및 평가지침이다. 연구자들의 저작권 보호와 DDS의 지속적인 발전을 위해 모든 임상가 및 대학원생, 관련 분야 전문가들은 20달러의 비용을 내고 DDS 패킷(packet)을 구입하도록 되어 있다. 이 패킷은 하나를 구입해서 여러 명이 사용하는 것이 아니라 그것을 사용하는 사람들이 개별적으로 각자 구입하도록 한다. 예를 들어, 대학원 수업에서 DDS를 소개하고 DAF 채점 기준을 공부한다면, 지도교수 및 대학원생 각자가 이 패킷을 구입하도록 되어 있다.

필자 역시 이 책을 준비하면서 Barry Cohen에게 저작권 관련해서 문의를 하였고, 여기에 평가지침을 소개해도 좋다는 허락을 받았다. 이 책에서 DAF 2를 소개하지 않고 그 이전의 버전인 DAF에 대해서 소개한 것은 현재 사용되는 DAF 2의 저작권 보호를 위해서이다. 이 책에서 DDS와 DAF에 대해 읽고 이 평가법이 사용해 볼 만한 도구라고 여겨진다면 DDS 패킷을 구입하기를 추천 드린다.

DDS 패킷은 현재 여러 나라의 언어로 번역되어 있는데, 한국어 번역은 필자가 맡아서 진행하였다. 모든 번역은 각 나라의 미술치료 전문가가 자원봉사로 수고하였고, 필자 역시 자원봉사로 기꺼이 참여하였다.

DDS 자료(DAF 2 포함)를 구입하는 비용은 DDS의 연구 및 장학금, 기록보관소의 유지 비용으로 사용된다. DDS의 장점 중 하나는 대규모의 기록보관소가 있다는 점이다. 기록보관소에는 DDS의 실시 규준을 따라 시행된 그림 자료를 실물로 모은 뒤 사진으로 찍어 자료로 보관하고 있다. 2012년 기준으로 약 1,500점의 DDS 자료(하나의 시리즈가 세 장의 그림이므로 총 4,500장이 된다)가 모였다고 한다. 이 자료들은 두 명의 정신과 의사에게 동일한 정신과 진단을 받은 정신과 환자들이 입원 3일(최대 5일) 이내에 그린 DDS와 통제집단으로서 일반인이 그린 DDS 자료들이다. 이들 자료를 비교·분석하여 그림의 특징과 임상적 증상 간의 관련성을 밝혀 나가는 것이 DDS 연구의 핵심적인 임무 중 하나다.

체계적인 미술치료 진단도구를 만들고자 하는 지속적인 노력 덕분에 현재 미국의 병원평가기관(The Joint Commission for the Accreditation of Healthcare Organizations: JCAHO)에서는 병원 장면에서 사용하는 그림검사로 DDS를 유일한 평가법으로 인정했다.

이러한 그림검사를 만든 미술치료사들의 노력에 미술치료사의 한 사람으로서 감사함과 경외심을 느낀다. 또한 책에서 DAF를 소개할 수 있도록 배려해 준 Cohen에게 이 자리를 빌려 다시 한 번 감사함을 표한다.

1) 색 사용 정도

1개	색을 칠해야겠다는 생각을 못한 경우일 수도 있고, 우울하거나 활력이 낮은 경우일 수도 있다. 혹은 대상의 외곽선만 그리고, 대상의 색을 칠하지 않은 경우에도 단색 사용이 나타난다.
2~3개	색을 사용하기는 했으나, 최소한의 가짓수로 사용한 경우다.
4개 이상	일반적인 반응이며, 심리적으로 건강한 사람들이 가장 많이 보이는 반응이다.

색 사용 정도(color types)는 한 장의 그림을 그리면서 몇 가지 색의 파스텔을 사용했느냐 하는 점을 평가하는 것이다. 한 가지로만 그림을 그렸다면 색 사용 정도는 '1개'가 되고 2~3가지를 썼다면 '2~3개', 4가지 이상을 사용했다면 '4개 이상'에 해당된다.

4가지 이상 쓰는 사람들이 대체로 심리적으로 건강한 사람들이다. 그에 비해 의욕이 없거나 검사에 몰입하지 못한 경우, 정서가 둔화되었거나 황폐한 경우에는 색 사용 정도가 1개 혹은 2~3개로 낮아지곤 한다.

2) 색 혼합

색 혼합 있음	파스텔을 몇 번 써 본 사람들에게는 평범한 반응이다. 좀 더 고차적인 사고가 가능하고 복잡한 것들을 처리해 내는 경우가 많다.
색 혼합 없음	파스텔을 처음 접하는 사람의 경우, 심리적으로 문제가 없는 사람들도 색 혼합 없음이 종종 나타난다.

색 혼합(blending)은 두 가지 이상의 색을 사용해서 새로운 색을 만들어 내는 것을 말한다. 파스텔은 종이 위에서 손으로 문지르면 색깔이 쉽게 섞이면서 새로운 색이 될 수 있다. 두 색이 겹쳐 칠해지면서 우연히 색이 만들어지는 것 말고, 의도적으로 새로운 색을 만들기 위해 문질러 표현해야 하므로 DDS 채점표에서는 새로 만들어진 색의 면적에

대해 어느 정도 이상이 되어야 한다고 했다.[7] 즉, DDS에서 색 혼합이 있는 것으로 채점하려면 가로-세로가 각기 3~4cm 정도 되는 크기라야 한다. 정확한 최소 크기는 2inch²이다 (환산하면 약 12.9cm²이며 대략 새끼손가락 두 마디 정도라고 보면 된다. 가로 세로 각각 3.6cm다).

색 혼합이 없는 사람보다 색 혼합을 사용한 사람들이 좀 더 고차적인 사고가 가능하고 복잡한 것들을 처리해 낼 수 있는 능력이 있다.

3) 특이한 색 사용

특이한 색 있음	무엇인가를 강조하고 싶거나 두드러지게 표현하고자 할 때 종종 특이한 색을 사용하곤 한다. 혹은 정서적인 문제나 현실 판단력에 문제가 있는 경우에도 특이한 색 사용이 나타난다.
특이한 색 없음	대부분의 사람들이 보이는 평범한 반응이다.

특이한 색(idiosyncratic color)을 사용해서 그림을 그렸는지 살펴본다. 이 지표는 추상적인 표현에 대해서는 적용하지 않고, 구체적인 이미지가 있는 경우에만 평가하는 항목이다. 예를 들어, 사람의 피부색으로 파란색이나 초록색을 사용했다면 특이한 색 사용이 있는 것으로 채점한다. 피부색으로 검정이나 갈색, 노란색, 흰색 등은 특이한 색으로 채점하지 않는다.

만약 그림 전부를 흰색이나 노란색만으로 그렸다면 추상화든 구상화든 상관없이 특이한 색을 사용한 것으로 본다. 흰색 도화지 위에 흰색(혹은 노란색)으로 그림을 그렸다면 평범한 반응이 아닌 것은 분명하다.

---

7) 새로운 색을 만들려는 의도가 있어서 문지른 것인지, 우연치 않게 나타난 것인지 정확히 판단하려면 그림검사를 실시할 때 계속 관찰하는 것이 가장 정확하다.

그림을 한 가지 색만으로 그리느라 대상에 어울리지 않는 색을 쓴 경우는 특이한 색이 사용된 것이 아니다. 예를 들어, 초록색으로 그림을 전부 그렸는데, 사람의 얼굴도 초록으로 그리고 나무, 태양 등 모든 것을 초록으로 그렸다. 이 경우는 단일 색 사용이므로 특이한 색 사용은 없는 것으로 본다(물론 단일 색으로 흰색이나 노란색을 썼다면 특이한 색 사용이다).

두 번째 나무 그림에서 특이한 색 사용을 평가할 때는 나무에 대해서만 평가하도록 한다. 나무 기둥은 검정이나 갈색, 초록 모두 평범한 색 선택이며, 나무의 윗부분에는 연두와 초록은 물론이고 가을에 볼 수 있는 색들로 주황이나 빨강, 노랑, 갈색 등도 가능하다. 만약 침엽수림을 그린 경우라면 파란색 계열을 사용했다고 하더라도 특이한 색으로 평가하지 않는다. 또한 예술적인 솜씨를 더하기 위해서 방금 언급한 색 외에 약간씩 다른 색을 쓴 경우도 특이한 색 사용으로 평가하지 않는다.

4) 선/면

선만 사용	파스텔을 세워서 선적인 요소로 사용했을 경우다.
면만 사용[8]	파스텔의 옆면을 사용해서 그린 경우다.
선과 면 복합	두 가지가 그림 속에 다 있는 경우인데, 심리적으로 건강한 일반 사람들에게서 가장 흔히 보는 반응이기도 하다.

선/면(line/shape) 항목은 세 가지 종류로 나뉜다. 하나는 선만 사용한 경우로 파스텔을 세워서 뾰족한 부분으로 선을 긋는 것이다. 두 번째는 면만 사용한 경우인데, 파스텔을 눕혀서 칠하는 방식으로 그림을 그린다. DDS에 사용하는 파스텔은 둥근 모양이 아

---

8) DAF에서 사용된 '면만 사용'의 명칭은 'shape only'이다. shape의 영어 번역은 흔히 '형태'로 하는데, 여기에 사용된 의미는 '면'에 해당되므로 면으로 지칭하고자 한다.

니라 직육면체로 각이 져 있기 때문에 눕혀서 사용하기가 좋다. 전자는 선을 많이 사용하므로 훨씬 더 정교하고 분명하게 그릴 수 있는 데 비해, 눕혀서 면으로 쓰게 되면 단시간에 넓은 면을 칠할 수 있지만 정확하고 분명한 묘사를 하지 못한다. 그래서 이 두 가지가 서로 다른 특성을 보여 주는 것이라 할 수 있다. 세 번째 분류는 선과 면, 두 가지를 모두 사용한 경우다. 선과 면이 복합적으로 나타난 그림이 심리적으로 가장 건강한 그림이라고 할 수 있다.

두 번째 나무 그림에서 이 지표로 평가할 때는 나무 자체만 적용하도록 한다.

5) 통합

해체	그림 전체에서 어떠한 주제나 시각적 응집성이 없는 경우이며, 심리적으로 건강하지 않은 상태다.
통합	그림의 요소들이 어떤 구조나 조직을 보여 주는 것이다.
빈약	그려진 내용이 거의 없어서 그림의 통합성 정도를 평가하기도 어려운 경우다.

통합성(integration)은 다음과 같은 것을 평가한다. 즉, 그림을 전체적으로 봤을 때 하나의 그림으로 보이는가, 시각적으로 응집성을 가지고 있는가, 그림이 통합되어 있는가 여부는 그림을 그린 사람의 심리상태를 추정할 때 중요한 기본 요소 중 하나다. 통합성은 PPAT 그림을 평가하는 FEATS 지표에도 포함된 주요 요인이다.

DDS에서는 통합성을 해체, 통합, 빈약 등의 세 가지로 분류한다. '해체'는 그림 속 대상들이 서로 상관없이 그려졌다는 느낌을 준다. 산만하거나 시각적인 응집력이 없는 경우 해체에 해당된다. 첫 번째 자유화와 세 번째 감정 그림에서 난화선만 그려져 있다면, 이 그림 역시 해체로 평가한다.

'통합'은 그림의 요소들이 어떤 전체적인 구조를 이루고 있고, 각 부분들이 모여서 전체라는 조직을 이루고 있다. 심리적으로 건강한 사람들은 대체로 통합된 그림을 많이 그린다. 그에 비해 정신구조가 와해되어 있거나 인지적인 부분이 저하된 경우에는 해체된 그림을 그리는 비율이 높다.

마지막으로 '빈약'은 그림의 통합성을 평가하기에는 그려진 부분이 너무나 없는 상태다. 그림을 그리다 만 것처럼 선을 한두 개 그은 것뿐이라든가, 작은 물체 하나 정도 그린 것이다. 이처럼 통합성 정도를 논하기도 어려울 때는 빈약한 그림으로 평가한다. 대체로 보면 심하게 우울한 사람들이 빈약한 그림을 많이 그린다. 심리적 에너지가 거의 없는 사람들은 4절 도화지라는 큰 크기에 심리적으로 압도당하기도 하는데, 그 결과로 그림이 빈약해진다.

6) 추상화 혹은 구상화

이 지표는 추상화(abstraction)인지 구상화(representation)인지에 따라 나누어 평가해 볼 수 있다. 그림이 둘 다에 해당하지는 않으므로 반드시 추상화나 구상화 중 하나로만 평가하도록 한다.

● 추상화

그림 속 이미지가 무엇인지 쉽게 알아볼 수 있는 게 아니라면 추상화에 해당한다. 추상화는 다음과 같이 평가한다.

기하학적 그림	그림에 직선이나 각진 형태가 많다(십자가, 줄무늬 등). 혹은 기본적인 기하학 형태(원, 다각형)로 이루어져 있다.
유기체적 그림	그림 속의 선이 유기체적인 성질을 띠고 있으며 곡선적 형태, 난화선, 나선형인 경우다.
혼합 그림	기하학적인 것과 유기체적인 것 중 어느 하나가 두드러지게 우세하지 않은 경우다.

추상화인 경우에는 기하학적인 요소가 많은가, 유기체적인 요소가 많은가, 아니면 어느 하나가 우세하지 않고 골고루 혼합되어 있는가로 나누어 볼 수 있다.

먼저 기하학적인 경우를 생각해 보자. 이는 직선성이 강한 경우다. 직선이 대부분이거나 각진 형태가 두드러지거나 혹은 기하학적 도형으로 그림을 채운 경우다(원은 곡선적인 느낌이 있기는 하지만, 기본적인 도형에 해당되므로 '기하학적'인 것으로 평가한다).

유기체적인 경우는 형태와 선에 있어서 유기체적인 성질이 있다는 것인데, 곡선적인 형태나 나선형이 대표적인 경우다.

직선성과 곡선성이 혼합된 그림은 가장 안정되고 건강한 통합이 이루어진 작품이다. 두 가지 요소 중 어느 하나가 두드러지지 않고 적당하게 있을 때 '혼합'에 해당된다. 사람의 마음이 한쪽으로 기울어지면 서로 다른 면을 함께 갖지 못하고 어느 한쪽 면만 두드러진 작품을 그리게 된다. 곡선적인 면만 강조해서 그려진 작품이나 너무 직선적이고 딱딱한 면만 강조해서 그린 그림은 결국 어느 한쪽으로 기울어진 그림이라 할 수 있다.

● 구상화

구상화는 구체적인 사실묘사를 통해 표현하는 작품인데 풍경화나 정물화, 인물화, 상상화 외에도 그림에 그려진 이미지가 무엇인지 알아볼 수 있다면 구상화에 해당된다. DDS 구상화 지표에서 다음 세 가지 중 하나로 채점한다. 풍경화인 경우, 뒤에 나오게 될 '풍경화' 지표에서도 채점하도록 한다. 두 번째 과제인 나무 그림의 경우는 나무에 대해서만 평가하도록 한다.

각진 그림	직선이나 각진 형태가 주로 그려진 구상화다.
곡선적 그림	곡선이 주된 형태로 사용된 구상화다.
혼합 그림	직선이나 곡선 중 하나가 두드러지게 우세하지 않고 두 가지가 섞인 구상화다.

구상화도 추상화와 마찬가지로 직선성이 강조되었는지 곡선성이 강조되었는지, 아니면 두 가지가 함께 혼합되어 나타나는지를 살펴볼 수 있다. 직선성이 강조된 것은 각진 그림에 해당되고, 곡선이 많이 사용된 그림은 곡선적 그림에 해당된다. 대개는 일반적인 성인 작품에서 혼합이 가장 많다. 즉, 직선이나 곡선 중에 하나가 두드러지게 우세한 것이 아니라 둘 다 사용된 경우다.

7) 이미지

단일 이미지	그림에서 하나의 이미지만 나타난다.
복합 이미지	독립적인 두 개 이상의 대상 혹은 형태가 나타난다.
공백	그림을 전혀 그리지 않은 경우다.

이미지(image) 지표는 그림 속에 그려진 형태나 대상을 기준으로 평가한다. 그림에 그려진 대상이 한 개인 경우는 '단일', 적어도 두 개 이상의 대상이 각기 있다고 하면 '복합', 아무것도 없다고 하면 '공백'이다.

단일 이미지를 평가할 때 구상화냐 추상화냐에 따라 나누어 생각해 볼 수 있다. 구상화인 경우, 하나의 대상이나 하나의 개념만 나타나고 있다면 단일 이미지다. 추상화에서는 한 개의 형태 혹은 하나의 선으로 된 이미지가 단일 이미지에 해당된다. 만약 여러 개의 형태를 그렸는데 한 가지 색깔로 그렸고 선으로 모두 이어져 있다면 이 역시 '단일 이미지'라고 볼 수 있다.

복합 이미지는 구상화에서 적어도 두 개 이상의 독립된 형태가 그려진 경우다. 만약 각각 개별적으로 존재할 수 있는 대상이 결합되어 표현된 경우라면, 이것은 '복합 이미지'가 된다. 예를 들어, 모자를 쓴 사람을 생각해 보자. 사람도 개별적으로 있을 수 있고, 모자도 개별적으로 있을 수 있으므로 '모자 쓴 사람'은 복합 이미지다. 그에 비해 맥주병과 맥주병 앞에 붙은 라벨이 그려졌다면, 이것은 '단일 이미지'다. 맥주병의 라벨은 맥주병을 더 자세하게 묘사한 것일 뿐, 개별적으로 존재하는 경우는 드물기 때문이다. 그 외에 추상화의 경우 복합 이미지는 두 개 이상의 색깔을 사용해서 겹치는 선을 그렸을 때를 말한다.

나무 그림에서 나무 옆에 풀을 조금 묘사했거나 혹은 지평선을 그은 것은 복합 이미지로 보지 않는다. 하지만 나무 옆에 태양을 그린 것과 같이 독립된 무엇을 그렸다면 이것은 복합 이미지다. 또 하늘을 완전히 칠했다면, 이것 역시 나무 외에 다른 것을 그린 것으로 보아 복합 이미지로 채점한다.

단일 대상보다는 복합 대상을 그릴 수 있는 게 좀 더 심리적으로 복잡한 부분들을 소화해 낼 수 있는 능력이 있다고 본다.

8) 봉합

봉합 있음	둘러싼 형태가 있는 것이다.
봉합 없음	둘러싼 형태가 없는 것이다.

봉합(enclosure)은 어떤 형태가 다른 형태를 완전히 둘러싸고 있는 것이다. 둘러싼 형태의 외곽선은 둘러싸인 형태의 일부분이 아니라야 한다. 따라서 집을 그리고 집에 창문을 그렸다고 해서 이것을 봉합이라고 평가하지 않는다. 사람 얼굴에 눈물이나 땀이 흐르는 것도 봉합에 해당되지 않는다. 또 나무에 옹이가 있는 것도 봉합에 해당되지 않는다. 하지만 나무의 옹이구멍에 다람쥐가 들어 있다면, 이것은 봉합에 해당된다.

봉합의 예로는 [그림 11-2]를 볼 수 있다. 어떤 한 형태가 있고 그 형태 내에 또 다른 형태가 둘러싸인 모습이다.

그림 11-2

하나의 대상을 그리고 그것을 둘러싼 또 다른 대상을 그리는 것은 이중의 구조가 된다. 심리적인 안전감을 바라는 것일 수 있다. 이를테면 나무의 옹이구멍에 다람쥐와 같은 동물을 그리는 사람들은 보호받기 원하고 애착 관계에 대한 욕구가 높을 가능성이 있다. 인물화 연구에서 '봉합'은 성 학대 피해 아동의 그림에서 종종 등장한다고 보고된 바 있다. 하나의 형태에 다른 형태가 삽입된 구조가 학대 경험의 상징으로 사용되었을 수 있다.

9) 바닥선

바닥선 있음	그림에 지평선, 수평선, 테이블 가장자리선, 담장 등이 있다.
바닥선 없음	그림에 바닥선이 없다.

바닥선(groundline)은 구상화에서 기저선(baseline)을 표시하는 수평으로 그은 선을 일

컨다. DDS 바닥선 지표에 포함하는 것으로 지평선, 수평선 외에도 정물화에서 테이블 가장자리선을 약 15cm 이상 그렸다면 이것도 바닥선으로 채점하도록 했다. 또 풍경화에서 담장을 그렸다면 이것 역시 바닥선으로 채점한다.

풍경화에서 바닥선을 긋는 것은 미술 발달 단계에서 대체로 초등학교 저학년 무렵에 자주 등장하는 그림 표현이다. 대략 7~9세 정도 되는 연령의 아동이 많이 그리는 것 중 하나가 바닥선을 먼저 쭉 긋고 난 다음에 그 위에 사람들을 그리는 것이다. 이러한 그림 표현이 성인의 그림에서 나타난다면 심리적으로 퇴행했을 가능성도 생각해 볼 수 있다.

10) 사람

사람 있음	사람을 그렸다.
사람 없음	사람을 그리지 않았다.

그림 속에 사람(people)을 그렸는지 여부를 평가한다. 전신상을 그린 것이 아니라 얼굴만 그렸다든가, 만화같이 그린 사람도 포함한다. 단, 얼굴만 그린 경우 눈, 코, 입이 포함되어야 한다. 통상적으로 사용하는 '웃는 얼굴' 표시 같은 것은 사람으로 평가하지 않는다(웃는 얼굴은 그냥 흔한 상징으로 사용되며, 대개 코가 없다).

그림에 사람이 있는 것은 어떤 의미일까? 그것은 주어진 과제별로 다르다. 예를 들어, 두 번째 그림인 나무 그림에서 사람을 그렸다면 이것은 상대적으로 건강하지 않은 표현일 수 있다. 다른 그림검사와 달리 DDS가 4절이라는 큰 도화지를 사용하고 15분이라는 제한 시간을 주었다는 점을 생각해 보자. 나무를 완성하기에도 부족할 수 있는 시간에 사람까지 그리고 있다면 핵심에 초점을 맞추지 못하는 것이라 할 수 있다. 세 번째 감정 그림도 마찬가지다. 세 번째도 자기 감정을 선, 색, 형태를 통해서 표현하라는 어떤 추상적인 지시를 줬기 때문에 구체적인 대상인 사람을 그리는 것은 상대적으로 덜 건강한 징후라고 할 수 있다.

11) 동물

동물 있음	동물을 그렸다.
동물 없음	동물을 그리지 않았다.

실제 동물 혹은 상상의 동물 모두를 포함해서 채점한다. 동물(animals)을 그렸냐 하는 점도 사람의 유무와 비슷한 의미일 수 있다. 두 번째 과제인 나무 그림에서 동물을 그렸다면, 대개 나무 기둥의 구멍 속에 있다거나 가지에 앉은 것으로 묘사한다. 이러한 표현은 애착에 대한 관심과 보호받고 보살핌을 받는 것에 대한 욕구를 상징하는 경우가 많다. 상담 장면에서는 대인관계에서 예민한 사람들, 소심하거나 쉽게 겁먹는 사람들이 종종 동물을 그리곤 한다.

12) 무생물

무생물 있음	물건, 음식물, 식물, 자연물 등을 그렸다.
무생물 없음	위에서 언급한 대상을 그리지 않았다.

무생물(inanimate objects) 지표에서는 우리가 흔히 아는 물건 외에도 음식물, 식물, 자연물도 해당이 된다. 그런 것이 그림에 나타났는지 평가하도록 한다. 두 번째 나무 그림에서 나무 자체나 그 주변의 풀은 무생물 지표로 채점하지 않는다. 하지만 나무 그림에

서 나무가 여러 그루 있다든가, 과일이나 나무 열매, 꽃, 그네, 새집, 분명하게 윤곽이 그려진 구름 등은 모두 무생물 있음으로 채점한다.

13) 추상적 상징

추상적 상징 있음	추상적 상징을 그렸다.
추상적 상징 없음	추상적 상징을 그리지 않았다.

추상적 상징(abstract symbols)에 해당되는 것은, 예를 들면 무지개라든지 십자가, 눈, 하트 등이 있다. 일반적인 상징물 외에도 피검자가 개별적으로 의미를 부과하고, 그 의미를 설명했다면 이것은 추상적 상징으로 채점한다. 예를 들어, 패랭이꽃을 그린 피검자가 "여기 이 패랭이꽃은 '너와 나 사이의 영원한 기억'이라는 뜻이에요."라고 했다면, 일반적으로 패랭이꽃이 상징은 아니지만 이 경우에는 추상적 상징으로 보도록 한다.

채점할 때 평가하는 사람이 추상적 상징이 무엇을 의미하는지 인식할 수 없다면, '추상적 상징'으로 채점하지 말아야 한다. 왜냐하면 그림을 그린 사람 중에 개인적인 서명을 그림으로 그리는 경우도 있는데 이러한 것과는 구분되어야 하기 때문이다.

단순한 상징물은 심리적으로 기능이 저하된 사람들에게서 많이 나타난다. 예를 들어, 정신분열증 환자의 경우 간략하고 일반화된 상징을 종종 그리기도 한다. 보다 복잡한 상징물이나 개인적인 의미를 담은 상징물은 자신의 경험과 개인사를 암호화해서 보여 주고 싶은 경우에 나타나곤 한다. 이것은 상반된 두 가지의 욕구인데, 하나는 자신의 경험을 알리고 싶은 욕구, 다른 하나는 쉽게 알려 주고 싶지 않은 욕구다.

14) 글자 삽입

글자 삽입 유	그림에 단어나 글을 써서 넣었다.
글자 삽입 무	그림에 글자는 쓰지 않았다.
글자만 사용	글이나 숫자만 있는 경우로서, 이미지는 전혀 그리지 않은 경우다.

그림 속에 글자가 삽입(word inclusion)되어 있는지 여부를 살펴보도록 한다. 그림 없이 글만 쓴 경우에는 구상화/추상화 평가에서는 '구상화'로 채점하고, 각진 것과 곡선적인 것의 '혼합'으로 평가한다.

그림검사에서 심리적으로 건강한 것으로 평가하는 반응은 글자를 삽입하지 않는 것이다. 물론 아동의 경우 글을 써 넣는 것이 어른보다 흔한 편이다. 그 외에 청소년이나 성인의 경우 글자를 써 넣었다면 그 이면의 심리적 요구를 살펴보아야 한다. 즉, 그림을 그리라고 했음에도 불구하고 글자를 더 쓰고 있다면, 이미지를 그리지 못한 여러 이유나 욕구를 생각해 보아야 한다. 그림을 잘 그리지 못해서 그렇게 했다고 말하는 사람이 많은데, 자신감 부족이나 실패에 대한 과도한 두려움을 가정해 볼 수 있다. 이 경우에는 자신에 대한 평가 기준이 지나치게 높거나, 혹은 미성숙한 자기애가 강한 사람일 수 있다. 자기 자신은 모든 것을 다 잘해야 된다고 생각하기 때문에 잘 해낼 자신이 없는 것은 쉽게 시작하지 못하는 사람이다. 혹은 글의 내용을 봤을 때, 피검자의 내면에 이해받고자 하는 욕구가 강했을 수도 있다. 단순히 그림 속 대상물이 무엇인지 밝히는 단어를 추가한 경우라면, 소심하거나 평가불안이 높은 사람일 수 있고 모호한 것을 잘 못 참는 사람일 수 있다.

그림은 전혀 그리지 않고 글자만 쓰는 경우도 있다. 심리적으로 가장 건강하지 않은 상태다. 그림을 그리라는 과제를 받았을 때 마음에서 이미지를 생성할 수 있고 그것을 표현할 수 있어야 마음이 살아 있고 움직이는 생명력이 있는 상태라고 할 수 있다. 그런데 글자만 쓰고 있다면 지나치게 긴장했거나 과도한 불안을 느끼는 상태일 수 있고, 정서적으로 메말랐거나 이미지를 만들 수 있는 능력이 빈약한 상태다.

15) 풍경

물 없는 풍경만 그림	땅과 식물(나무, 수풀, 꽃 등) 외에 적어도 한 가지 이상의 대상(태양, 언덕, 사람, 동물 등)이 그려져야 한다.
물 있음	'물'에 해당되는 것은 수영장이나 웅덩이, 개울, 호수, 비 등이다.
물만 그림	물이 그림에서 주된 대상인 경우다. 만약 비 오는 날을 그렸는데 비가 주된 것이라면 이것 역시 '물만 그림'에 해당된다.

피검자가 풍경(landscape)을 그린 경우에는 풍경 지표를 적용한다. 만약 풍경을 나타내는 것이 없다면 이 지표는 채점하지 않아도 된다. 두 번째 과제인 나무 그림에서 하늘과 풀밭도 함께 그렸다면 풍경 지표에 해당되며, 풀밭만 그렸다면 해당되지 않는다. 풀밭 외에 태양이라든가 언덕 혹은 다른 어떤 종류의 대상이 하나는 표현되어야 한다.

풍경 지표는 세 가지로 나뉘는데, 물이 있는 풍경인가, 없는 풍경인가, 아니면 물만 있는 풍경인가 살펴볼 수 있다. 이러한 채점지표가 만들어진 것은 알코올 의존 환자나 충동이 잘 조절되지 않는 사람들이 그림에 종종 물을 그린다는 사례보고가 있었기 때문이다. 그 이후 연구에서 물을 그렸다고 해서 그것이 충동조절의 문제를 의미하는 것은 아니라는 주장도 나왔다. 어쨌든 그림에서 '물' 표현이 나타나는가 살펴보는 것도 그림을 그린 사람의 심리적 특성을 이해하기 위한 방법이 될 수 있다.

16) 선의 질/압력

약	선을 약하게 그었다.
중	선을 보통으로 그었다.
강	선을 강하게 그었다.

선의 질/압력(line quality/pressure) 지표는 필압을 살펴보는 것인데 약, 중, 강의 세 종류로 나눌 수 있다. 채점할 때에는 그림에서 가장 많이 사용된 필압을 중심으로 평가하도록 한다. 필압을 중간 정도로 유지하면서 때때로 강하거나 약한 정도가 가장 건강하다. 필압이 과도하게 높기만 하거나 너무 약하면 건강하지 않은 상태라 할 수 있다. 원래 DDS는 매끈한 켄트지에 그리는 것이 아니라 표면이 약간 오돌토돌한 파스텔 용지에 그리는 것이다. 그래서 필압을 살펴볼 때 종이의 표면결에 올라온 오돌토돌한 돌기가 다 눌려질 정도로 세게 눌러서 그렸다면 필압이 강한 것이고, 필압이 약한 것은 표면결이 거의 다 살아 있는 경우로서 위쪽으로 올라온 부분들만 파스텔이 묻은 정도를 말한다. 노란색과 같이 밝은 색은 압력을 잘못 평가하기 쉬우므로 유의해서 보도록 한다.

[그림 11-3]의 경우는 필압이 '약'에 해당하는 그림이다. 파스텔을 눕혀서 그린 듯한 선에 흰 부분이 군데군데 보이는 것은, 피검자가 선을 그을 때 낮은 필압으로 약하게 눌러서 그렸다는 것을 보여 주는 것이다.

그림 11-3

17) 선의 길이

짧은 선/스케치선	1/2in가 넘지 않는 선으로 대부분 그려졌다.
끊어진 선	1/2in보다 긴 선으로 그렸지만, 규칙적으로 끊어진 선을 그렸다.
긴 선/연속선	끊어지지 않았고 1/2in보다 긴 선으로 그렸다.

선의 길이(line length)도 세 종류로 나뉜다. 1/2in와 2in[9]가 분기점이 된다. 1/2in보다 짧으면 '짧은 선'에 해당되고, '긴 선'으로 평가되려면 2in를 넘어야 한다.

길이가 너무 짧고 스케치 하듯이 선을 그렸는가? 아니면 선이 뚝뚝 끊겨서 그려졌는가? 짧은 선, 끊어진 선은 모두 심리적으로 건강하지 않은 경우다. 이러한 선보다는 길고 연속적인 선이 건강한 심리적 표현이다.

앞의 5번 지표인 선/면 지표에서 '면'으로 채점되었다면, 이 경우는 '긴 선/연속선'으로 채점한다.

18) 움직임

실제 움직임	구상화에만 해당하는 것인데, 실제로 움직이는 것을 그린 것이다. 물이나 물결이 흐르는 경우, 강 위에 배가 떠다니는 것, 움직이는 열차, 떨어지는 빗물, 낙엽, 날아가는 새, 흔들리는 나뭇가지, 뚝뚝 흘리는 피 등이 해당된다.
함축된 움직임	구체적으로 움직이는 사물이 그려진 것은 아니지만 움직임이 함축되어 있는 경우다. 예를 들면, 나선형 형태, 기울어진 나무 등이 있다.
움직임 없음	실제적 움직임이든 함축적 움직임이든 움직임이 전혀 나타나지 않은 경우다.

---

9) 1/2in = 1.2cm, 2in = 5.08cm

DDS의 움직임(movement) 지표도 세 종류로 나뉜다. 만약 그림에 실제로 움직이는 대상을 그렸다면 움직임 지표에서 실제 움직임에 해당된다. 예를 들어, 물이 흐르는 모습, 파도치는 모습, 열차가 움직이는 풍경 등은 모두 대상의 실제적인 움직임을 그린 것이다. 그에 비해 움직임이 실제적인 것은 아니지만 그림의 이미지에 함축된 것이 있다. 예를 들어, 나선형의 선이 있다면 이 선을 볼 때 역동적이란 느낌을 받기 때문에 이것은 함축된 움직임으로 평가한다. 그리고 기울어진 사물에서도 긴장감이나 넘어질 것 같은 느낌을 받는데, 이러한 경우도 움직이는 사물은 아니지만 움직임이 함축된 것으로 평가한다. 이 외에 실제적이든 함축적이든 움직임이 전혀 표현되지 않은 경우는 움직임 없음이다.

움직임에 대한 이해를 돕기 위해 심리검사 분야에서 사용하는 로르샤흐 카드를 생각해 보자. 로르샤흐 카드의 잉크 반점을 보고 무엇처럼 보이냐는 질문에 무엇인가 움직이는 것으로 보인다고 대답하는 경우가 있다. 실제로 그림카드에 있는 것은 잉크 반점일 뿐인데 그것을 보면서 움직임을 보고한다면, 그 사람의 마음에 있는 기본적인 활력을 반영하고 있는 것이다.

그림에서도 실제적인 움직임이 있는 경우 그것을 그린 피검자에게 에너지가 많거나 혹은 에너지를 많이 사용하면서 사는 것이 아닌가 추측해 볼 수 있다.

다음의 두 그림을 살펴보자.

그림 11-4

[그림 11-4]에는 움직임이 함축되어 있다. DDS 세 번째 그림으로 감정을 표현한 것인데, 무엇인가 소용돌이치는 듯한 나선형 형태에서 움직임이 느껴진다. 따라서 이 그림은 움직임

지표상 '함축된 움직임'으로 채점할 수 있다. 대체로 움직임이 함축된 그림들은 그것을 그린 사람의 심리적인 긴장이나 무엇인가에 애쓰고 있는 상태가 투여된 경우가 많다.

그에 비해 [그림 11-5]를 보면, 이것은 파도가 치는 바다의 실제 움직임을 그린 것이다. 그러므로 이 그림은 '실제 움직임'이라고 채점한다. 그림의 이미지뿐 아니라 선에서도 힘이 느껴지는 것을 볼 수 있다.

그림 11-5

19) 공간 사용

0~32%	가로축을 기점으로 보았을 때나 세로축을 기점으로 보았을 때 공간 사용이 0~32%에 해당한다.
33~66%	공간 사용이 33~66%에 해당한다.
67~99%	공간 사용이 67~99%에 해당한다.
가득 채움	네 면의 가장자리 끝까지 사용한 경우다. 가장자리에서 약 1in 정도 비어 있어도 된다.

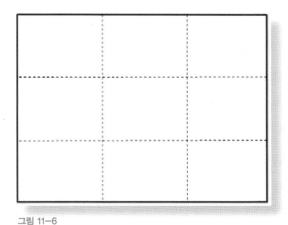

그림 11-6

공간 사용(space usage) 지표는 DDS에서도 사용하고 다른 그림검사에서도 사용하는 채점지표다(PPAT의 경우 채점방식은 다르지만 공간 사용 정도를 평가한다). 공간 사용에 대해서 각 그림검사마다 정의하는 방식이 있는데, DDS는 조금 더 복잡하게 평가한다.

우선 [그림 11-6]처럼 도화지에 가상적인 선을 세로와 가로 1/3, 2/3 되는 지점에 각각 그었다고 해 보자. 수평을 축으로 1/3씩 나누어지고, 수직을 축으로 1/3씩 나누어진다. 이때 수평축을 기점으로 1/3, 2/3, 3/3 중 어느 만큼 사용되었는지 평가하고, 수직축을 기점으로 1/3, 2/3, 3/3 중 어느 만큼인지 평가한다. 그런 다음, 수평축 평가와 수직축 평가 중에서 더 낮게 나온 점수를 선택한다.

예를 들어 보자. [그림 11-7] (a)는 수평축으로 보았을 때 2/3만큼 사용되었고, 수직축으로 보았을 때 1/3만큼 사용되었다. 둘 중 더 낮게 나온 점수를 선택하면 1/3이 된다. 따라서 이 경우는 공간 사용이 0~32%에 해당된다.

그 옆의 그림과 비교해 보도록 하자. [그림 11-7]의 (b)와(c)는 수평축으로 보았을 때 2/3만큼 사용되었고, 수직축으로도 2/3만큼 사용되었다. 이 경우에는 공간 사용이 33~66%가 된다.

이렇게 수직축과 수평축을 따로따로 매겨서 그중 적은 것을 사용하게 되면, 좋은 점은 도화지 전체 화면을 어느 만큼 사용하는지에 대해 좀 더 정확한 평가가 가능하다는 것이다. 이를테면 9등분된 네모 칸에서 [그림 11-7] (a)와 같이 사용하는 것과 [그림 11-7] (b)와 같이 사용하는 것이 일견 다른 점이 없는 것 같아도 DDS 공간 사용 척도에서는 다르게 평가된다. 둘 다 적은 공간을 사용했지만, (b)와 (c)에서는 동떨어진 공간에 그려졌는데, 그런 경우 공간 사용이 좀 더 넓은 것으로 평가할 수 있다.

추가로 고려할 점은 만약 점을 찍거나 선을 그었는데 2in(=5.08cm)가 되지 않는다면 그 공간은 사용하지 않은 것으로 본다.

전체 화면을 가득 차게 그린 경우에 간혹 도화지 바깥으로 파스텔 선이 나가기도 한다. 이러한 경우는 대개 표현하고 싶은 것이 많아서 이야기가 넘치거나 충동조절이 잘 되지 않는 것이다. 도화지 가장자리 부근을 조금 남기고 그렸다 하더라도(약 1in 이하) 대부분의 공간을 사용했으면 '가득 채움'으로 평가한다.

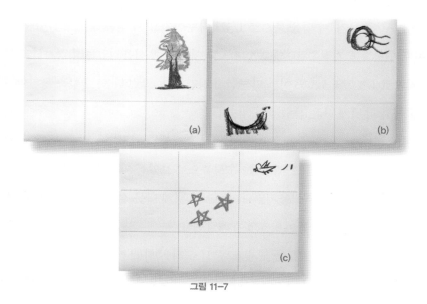

그림 11-7

20) 나무

알아볼 수 없는 나무	나무라고 말해 주지 않으면 나무인지 알아볼 수 없는 그림이다.
혼란스러운 가지	수관 부분을 매우 혼란스럽게 묘사한 나무다.
짧은 기둥을 가진 나무	나무 기둥이 전체 나무 길이의 1/4 이하인 경우다.
해체된 나무	나무의 부분들이 서로 떨어져 있고 연결되지 않은 경우다.

나무(tree)를 평가하는 지표는 두 번째 나무 그림뿐 아니라 자유화에서 그린 나무 한 그루의 경우에도 적용한다. DDS 지표에서는 임상적으로 문제 가능성이 높은 나무 형태 네 가지를 제시하고 그중 하나로 나오면 체크하도록 한다. 그 외의 나무에 대해서는 체크하지 않고 비워 둔다.

알아볼 수 없는 나무는 나무 그림이라고 알려 주지 않으면 나무를 그린 것인지 알아보기 어려운 그림이다. 혼란스러운 가지는 나무 기둥의 위쪽 가지 부분을 휘갈기듯이 마구 그린 경우를 말한다. 짧은 기둥을 가진 나무는 나무 수관 부분이 적어도 75% 이상을 차지하고 나무 기둥은 1/4 미만으로 되는 경우다. 해체된 나무는 나무 기둥과 나뭇가지들이 붙어 있지 않고 뚝뚝 떨어진 경우다.

이외에도 통합된 나무라든가 빈약하게 그린 나무 등이 있다. 빈약하게 그린 나무는 단색으로 매우 간단하게 선으로만 그린 것이며 거미 모양, 열쇠구멍 모양, 위쪽이 둥글고 그 아래로 막대기가 달린 사탕(롤리팝) 모양 등이 있다. 이러한 나무는 마치 사람을 막대기처럼 그리듯이 가장 단순한 형태로 그린 것이다.

21) 기울어짐

기울어짐 있음	기울어진 대상이 있다.
기울어짐 없음	기울어진 대상이 없다.

기울어짐(tilt)에 대한 지표는 그림에 그려진 주요 대상이 도화지 축과 비교해 보았을 때 15도 이상 기울어져 있느냐 하는 점을 살펴보는 것이다. 추상적인 그림에서는 기울어짐을 평가하기 어려우므로 '기울어짐 없음'으로 채점하고 구상화에서 기울어짐 유무를 평가할 수 있다.

멋있게 보이기 위해서 일부러 옆으로 비스듬히 누운 소나무를 그렸다든가 상체를 숙이고 있는 사람을 그린 경우는 기울어짐 지표상에서의 기울어짐은 없는 것이다.

22) 특이한 위치

특이한 위치 있음	윗부분만 사용했거나 왼쪽 면만 사용했거나 혹은 오른쪽 면만 사용한 경우다.
특이한 위치 없음	위의 세 가지 경우에 해당하지 않으면 특이한 위치는 없는 것이다.

특이한 위치(unusual placement)가 있다고 평가되는 경우는 도화지에서 위쪽 부분만 사용했거나, 도화지의 왼쪽 부분만 사용한 경우 혹은 오른쪽 부분만 사용한 경우다. 도화지의 아래쪽에만 그린 것은 왜 특이한 위치가 아닐까 의문이 생길 수 있을 것이다. 그것은 4절지 도화지를 자기 앞에 펼쳐 두면 쉽게 이해할 수 있다. 그림을 그리는 사람의 입장에서 자기 몸에 가까운 쪽에 그린 것이므로 큰 도화지의 아래쪽만 사용한 것은 이상하지 않다.

그림 11-8

[그림 11-8]을 보면, 나무가 화면의 오른쪽에 치우쳐 있다. 이 그림을 그린 사람은 불안이 높아서 정신과에서 심리평가를 받았던 60대 남성 환자다. DDS 두 번째 과제인 나무를 그린 것인데, 색 사용에서 특이한 점이 눈에 띄고, 특이한 위치 사용이 두드러진다. 4절 도화지의 우측만 사용했으므로 '특이한 위치 있음'이라고 평가할 수 있다. 그 밖에 나무의 형태를 평가하면, 나무 기둥과 나뭇가지들이 분명하게 연결되어 있지 않고 떨어져 있으므로 '해체된 나무'에 해당된다.

4. DDS 연구 결과

Cohen, Hammer와 Singer(1988)는 정신분열병, 우울, 기분부전장애를 가진 정신과 환자들과 정상인 등 총 239명을 대상으로 DDS를 실시하였다. 그 결과, 기분부전장애 환자들은 필압이 약하고 자유화에서 동물을 삽입하며, 나무 그림은 와해되어 있었다. 우울한 환자들은 특이한 위치에 그림을 그리는 경우가 많았는데, 나무 그림에서 풍경까지 그리는 비율이 낮았고, 감정 그림에는 물의 이미지를 삽입했다. 정신분열병 환자들은 감정 그림에서 색 사용이 단색으로 제한적인 경우가 많았고, 통합이 잘 되지 않았으며, 나무를 그릴 때 기둥이 짧은 나무를 그리는 경우가 많았다. 흥미로운 결과는, 정신분열병 환자들의 나무가 기존 나무 그림검사와 달리, 와해되거나 빈약하게 그려지지 않고 나무 형태를 인식할 수 있게끔 하나의 완성된 이미지로 그렸다는 점이다. 정신분열병 환자들의 그림에서 통합성이 유의미하게 떨어진 경우는 첫 번째 그림과 세 번째 그림이었고, 구체적인 지시가 주어진 나무 그림에서는 통합성이 떨어지지 않았다.

5. DDS 사례

이제 DDS 사례를 살펴보기로 한다.

1) 첫 번째 사례

첫 번째 사례는 대인관계 문제로 우울을 호소한 30대 초반의 여성이 그린 작품이다. [그림 11-9]가 그녀의 DDS 작품인데 평가지표를 통해 이 그림을 평가하면 다음과 같다.

그림 11-9

항목	첫 번째 그림	두 번째 그림	세 번째 그림
색 사용 정도	2~3개	4개 이상	2~3개
색 혼합	없음 (중간 부분에 색이 조금 섞였지만 의도적으로 섞은 것이 아니므로 색 혼합은 없음)	없음	없음
특이한 색 사용	없음	없음	없음
선/면	선/면 혼합	선/면 혼합	면만 사용
통합	통합	통합	통합
추상화/구상화	구상화: 곡선적 그림	구상화: 혼합	추상화: 유기체적 그림
이미지	단일 이미지	단일 이미지	복합 이미지
봉합	없음	없음	없음
바닥선	없음	없음	없음
사람	없음	없음	없음
동물	없음	없음	없음
무생물	있음(태양)	있음(나무)	없음
추상적 상징	없음	없음	없음
글자 삽입	없음	없음	없음
풍경	–	–	–
선의 질/압력	약함	약함	약함
선의 길이	긴 선	긴 선	긴 선

움직임	없음	없음	함축된 움직임
공간 사용	67~99%	67~99%	67~99%
나무	–	해체된 가지	–
기울어짐	없음	없음	없음
특이한 위치	없음	없음	없음

첫 번째 그림은 추상화처럼 보이지만 태양을 그린 구상화다. 아침 일출을 그려 보고 싶었다고 한다. 노란색 선으로 태양의 외곽선을 그렸고, 안쪽과 바깥쪽에는 빨강, 주황, 노랑을 사용해서 파스텔을 눕혀서 칠했다. 두 번째 나무는 가로로 그렸는데 엄청나게 큰 크기로 보이는 나무를 그렸다. 나무의 형태는 정교하지 않고 가지가 서로 연결되어 있지 않아서 해체된 가지라고 할 수 있다. 나뭇잎을 묘사한 부분은 태양을 그리면서 파스텔을 눕혔던 것과 비슷하게 색칠했다. 마지막 세 번째 그림은 빨강, 주황, 노랑으로 물결무늬 선을 그린 것이다.

전체적으로 세 장의 그림에서 두드러진 것은 파스텔을 세워서 사용하지 않고 주로 눕혀서 면으로 사용했다는 것이다. 그래서 묘사된 사물의 경계가 분명하지 않다는 점이 눈에 띈다. 묘사된 사물(태양, 나무)의 크기도 매우 큰데, 세부 묘사가 없고 필압이 낮아서 왠지 횅하게 보인다. 색 사용 가짓수는 많지 않은 편으로 첫 번째와 세 번째 그림에서 2~3개에 해당된다. 빨강 계열의 색이 많이 사용되었고, 파랑은 전혀 사용하지 않았다. 두 번째 그림도 나무라는 주제가 아니었으면 연두와 초록을 사용하지 않았을 것 같다.

세 장 모두 공간 사용 정도가 높고 선이 길고 통합된 이미지의 그림을 보여 주었다. 하지만 색 사용이 다소 제한적이라는 점이나 선과 면을 복합적으로 쓰기는 했지만 주로 면에 치우친 표현이 많다는 점, 나무는 해체된 형태를 그렸다는 점, 필압이 모두 약하다는 점 등은 피검자가 정서적으로 뭔가 끓어 넘치고 강한 감정을 경험하지만 잘 정리되어 있지 않고 충동적이거나 경계가 약할 수 있다는 것을 보여 준다.

2) 두 번째 사례

그다음 그림은 20대 후반의 여성 피검자가 그린 DDS 작품이다([그림 11-10]).

  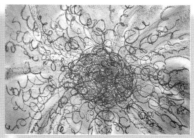

그림 11-10

항목	첫 번째 그림	두 번째 그림	세 번째 그림
색 사용 정도	4개 이상	4개 이상	4개 이상
색 혼합	있음	있음	있음
특이한 색 사용	있음 (나무의 색)	있음	없음
선/면	선/면 모두 사용	선/면 모두 사용	선/면 모두 사용
통합	통합	통합	통합
추상화/구상화	구상화	구상화	추상화
이미지	복합 이미지	복합 이미지	복합 이미지
봉합	없음	없음	없음
바닥선	있음	없음	없음
사람	있음	없음	없음
동물	없음	없음	없음
무생물	있음(나무)	있음(나무)	없음
추상적 상징	없음	없음	없음

글자 삽입	없음	없음	없음
풍경	있음	없음	없음
선의 질/압력	보통	보통	낮음, 보통
선의 길이	긴 선	긴 선	긴 선
움직임	없음	없음	함축된 움직임
공간 사용	가득 채움	67~99%	가득 채움
나무	나무는 그렸지만 네 가지 종류에 해당되지 않음	나무는 그렸지만 네 가지 종류에 해당되지 않음	–
기울어짐	없음(완만하게 내려가는 언덕은 기울어진 것으로 채점하지 않음)	없음	없음
특이한 위치	없음	없음	없음

첫 번째 그림에서 나무를 껴안고 있는 인물과 기울어진 언덕에 앉은 인물이 보인다. 나무의 색이 현실에서 볼 수 있는 것은 아니다. 굳이 현실에서 찾는다면 자작나무 기둥에 자카란다[10] 꽃이 피었다고 할 수는 있겠다. 그러한 하이브리드가 가능하지는 않지만 말이다. 보라색과 붉은색이 나뭇잎사귀이고, 짙은 파란색으로 칠해진 부분이 꽃 혹은 작은 열매로 그려졌다. 나무 기둥에는 흰색을 다시 덧칠해서 '하얀 기둥의 나무'라는 것을 분명하게 했다. 나무 형태도 밝은 파랑으로 그렸기 때문에 색이 주는 특이한 느낌, 비현실성은 더 두드러진다.

나무로 표현된 비현실적 느낌은 두 번째 나무 그림에서 더 두드러진다. 두 번째 나무는 기둥과 나뭇가지, 열매에 여러 번 색을 덧입혀서 칠했기 때문에 나중에는 검게 보이기까지 했다. 주어진 파스텔 색을 모두 사용해서 그렸는데 혼색이 되면서 어두워지기도

---

10) 남미, 호주 등지에서 10월경에 피는 보라색 꽃나무다. 우리나라 벚꽃 나무와 비슷하게(꽃모양은 다르지만) 잎사귀 없이 꽃이 만개하며 꽃잎이 떨어졌을 때는 주위를 온통 뒤덮는다.

했고, 검정색이 전체적 밝기를 떨어뜨린 면도 있다. 피검자는 이 나무를 완성하고 나서 "창녀 같아요."라고 나무의 인상을 평했다.

세 번째 감정 그림은 중앙에 무엇인가 복잡하게 맺힌 부분이 있고, 거기에서 방사상으로 마구 뻗어 나오는 선들을 그렸다. 직선과 곡선 모두 복잡하게 펼쳐지고 있는데, 어찌 보면 두 번째 나무 그림을 공중에서 바라본 것 같은 느낌도 준다.

이 피검자의 DDS에서 가장 특징적인 것은 색 사용 정도가 높고 특이한 색 사용이 나타나며 공간 사용 정도가 매우 높다는 점이다. 복합 이미지를 그리는 것이나 선과 면을 모두 사용하는 것, 잘 통합되어 있는 점과 선의 길이가 길고 필압이 중간 정도에서 유지되고 있는 점 등을 보면 이 피검자는 고차적인 정신활동이 가능하고 자의식이나 자아강도가 높고 자신만의 세계가 강한 것으로 보인다. 하지만 자기평가가 부정적인 점이 두드러지고, 정서적으로도 상당히 복잡한 상태를 경험하는 것 같다. 피검자는 심리적으로 혼란스럽고 터질 듯한 상태를 그럭저럭 간신히 버텨 내는 것으로 보인다. 애착관계나 대인관계에 마음을 많이 쓰는 것 같고, 더불어 자기 자신에 대해서 상당한 어려움을 가진 것으로 보인다.

3) 세 번째 사례

세 번째로 살펴볼 사례는 20대 후반의 남성 강박장애 환자이며, [그림 11-11]을 그렸다. 첫 번째 그림은 주사위, 두 번째는 단순한 형태의 나무, 세 번째 감정 그림은 거미줄 같은 모습을 하고 있다.

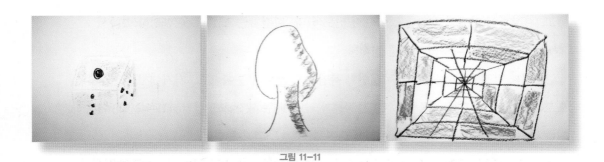

그림 11-11

항목	첫 번째 그림	두 번째 그림	세 번째 그림
색 사용 정도	2~3개	2~3개	4개 이상
색 혼합	없음	없음	없음
특이한 색 사용	없음	없음	없음
선/면	선/면 모두 사용	선/면 모두 사용	선/면 모두 사용
통합	통합	통합	통합
추상화/구상화	구상화	구상화	추상화
이미지	단일 이미지	단일 이미지	복합 이미지
봉합	없음	없음	없음
바닥선	없음	없음	없음
사람	없음	없음	없음
동물	없음	없음	없음
무생물	있음(주사위)	있음(나무)	없음
추상적 상징	없음	없음	없음
글자 삽입	없음	없음	없음
풍경	없음	없음	없음
선의 질/압력	보통	보통	보통
선의 길이	긴 선	긴 선	긴 선
움직임	없음	없음	없음

공간 사용	33~66%	33~66% (세로축으로 보면 67~99%, 가로축으로 보면 33~66%, 따라서 이 그림은 33~66%가 됨)	67~99%
나무	–	빈약한 나무(열쇠구멍 모양)	–
기울어짐	없음	없음	없음
특이한 위치	없음	없음	없음

이번 DDS 그림에서는 무엇보다도 감정과 관련해서 양가적인 면이 엿보인다. 우선 색 사용 정도를 보면 첫 번째와 두 번째 모두 2~3개에 불과하고, 색 혼합도 없다. 감정이 풍부하거나 마음으로 감정을 느끼는 사람들은 색 사용이 빈곤하지 않은데 이 피검자는 처음 두 그림에서 메마른 표현을 보여 주었다. 그런데 감정을 표현하라고 요구했을 때에는 다른 두 그림보다 훨씬 더 많은 에너지를 투여해서 그림을 그렸다. 대부분의 정신과 환자와 내담자들은 두 번째 그림보다 세 번째 그림이 빈약한데, 이 피검자의 경우에는 오히려 반대였다. 뭔가 감정에 대해서 표현하고 싶은 것이 있는 것 같기는 하지만, 마치 감정을 머리로 생각해서 기술하는 것 같은 느낌이 든다. 어쩌면 추상적인 사고나 주지화 (intellectualization)[11]가 익숙한 사람이라고 여겨진다. 따라서 향후에 미술치료를 할 때 감정을 편안하게 표현하도록 하는 점에 초점을 맞추어 볼 수 있다.

나무 그림에서 열쇠구멍 같은 빈약한 나무가 나왔는데, 이러한 그림은 검사에 대해 저항하거나 비협조적인 피검자들에게서 흔히 나타난다. 그렇지만 이 피검자의 경우 첫

---

11) '주지화'는 불안하거나 위협적이라 느껴질 때 그 감정을 인식하거나 느끼기보다는 생각과 감정을 분리해서 이성적인 면만 표현하거나 인식하는 것이다. 주로 불안을 다루는 방어기제 중 하나다. 대개 주지화를 사용하는 사람들은 지적으로 뛰어나지만 감정을 다루는 능력은 미숙한 편이다.

번째 과제나 세 번째 과제에서 비협조적이라고 평가할 만한 모습의 반응을 보이지는 않았다. 그리고 첫 번째 그림은 소재나 표현 면에서 독특한 점이 있고, 세 번째 그림 역시 표현 방식이나 색채 사용에서 특이한 면이 있었다. 따라서 피검자의 열쇠구멍 나무를 비협조적 태도라고 단정짓기는 어렵다. 그보다는 과제 난이도가 피검자에게 맞지 않았을 수 있다. 즉, 머리를 쓰는 데에 익숙한 사람들 중에는 '너무 쉽군.'이라고 생각되면 흥미를 잃거나 몰두하지 못하는 경우가 있다.

더불어 DDS 검사를 통해 유추해 볼 수 있는 것은 무엇이 있을까? 우선 자유화 과제에서 그린 주사위에 대해 생각해 봄 직하다. 흰 도화지에 흰색 주사위를 그려야 하는 어려움을 감수하면서까지 그리고자 한 주사위는 이 사람에게 어떤 의미일까? 주사위에 얽힌 표현을 떠올려 보면, '이미 돌이킬 수 없게 되었다.'라는 의미에서 '주사위는 던져졌다.'라거나 '운에 맡긴다.'라는 의미로 주사위를 사용한다. 운에 맡긴다고 할 때에도 '통제의 소재'(무엇인가에 대해 조절하거나 통제하는 힘이 어디에 있는가?)가 외부에 있는 것이고, 돌이킬 수 없게 되었다고 할 때에도 통제의 소재는 외부에 있다. 이 그림을 그린 사람의 첫 작품이 '주사위'라면, 그러한 통제의 소재가 외부에 있음으로 인해 느끼는 무기력감 같은 것을 표현했다고 할 수 있을까? 향후에 상담을 진행할 때 더 이야기해 보아야 하지만, 어쨌든 본인도 부지불식간에 그린 그림의 의미가 통제하고 싶은 욕구와도 연관이 있을 것으로 보인다.

마지막 세 번째 그림의 표현을 살펴보면, 네모난 거미줄에서 '옥죄는 기분'이 느껴지고, 이런저런 색채들이 가미되었지만 검정에 압도당하면서 전체적으로 발랄하지 못한 점이 눈에 띈다. 빨강이든 노랑이든 그 자체로는 밝을 수 있지만 검정과 결합되는 순간 각 색깔이 가진 부정적인 면이 더 두드러지기 마련이다. 피검자도 그러한 면이 있는 것은 아닐까? 어떤 장점 혹은 특징이 자기가 쳐 놓은 거미줄 같은 특성과 맞물리면서 부정적인 효과로 나타나는 것은 아닐까? 머리 쓰는 것을 좋아하고 논쟁하기 좋아하는 특성은 그 자체로는 '논리적, 분석적, 이성적'이고 우리 사회에서는 강점에 가까운 특징이지만, 이것이 다른 어떤 면과 결합하면 '인간미가 없고 비판적이며 다른 사람을 배려할 줄 모르는' 것이 되기도 한다. 이 사람에게 '검정'은 어떤 감정일까? 그리고 잘 피어나지 못한 듯한 각종 색깔들은 어떤 감정일까? 각각의 색깔로 표현된 감정들은 아무래도 미숙한 감정 형태로 있을 것만 같다.

울만성격평가절차

울만성격평가절차는 미술치료 분야에서 오래된 그림검사 중 하나로서 미국의 미술치료사 Ulman[1]이 만들었다. 영어 명칭은 Ulman Personality Assessment Procedure이며, 줄여서 UPAP라고 부른다.

1. UPAP의 개관

- 재료: 4절 회색 도화지 4장, 12색 파스텔(빨강, 주황, 노랑, 연두, 초록, 밝은 파랑, 어두운 파랑, 보라, 갈색, 고동, 흰색, 검정), 화판, 이젤, 마스킹 테이프, 시계
- 과제: ① 첫 번째 과제—자유화

---

1) Ulman, E. (1975). A new use of art in psychiatric diagnosis. In Ulman & Dachinger (Eds.), *Art therapy in theory and practice* (pp. 361–386). Schocken Books.

② 두 번째 과제―팔운동을 한 뒤 선 긋기

③ 세 번째 과제―난화

④ 네 번째 과제―선택(난화 혹은 자유화)

UPAP는 총 네 장의 그림을 그리도록 한다. DDS와 마찬가지로 한 회기 내에 이 그림들을 모두 그리므로 여러 장의 그림을 통해 피검자에 대한 다양한 정보를 얻을 수 있다. UPAP에서 특징은 그림 중간에 팔운동을 삽입하였다는 점이다. 몸을 움직이면 마음에 긴장하고 있던 부분들이 더 풀리기 때문에 움직임 이후에 그림에서 보다 자유로운 표현이 가능하다. 그리고 자유로운 몸놀림과 표현을 중요하게 생각하기 때문에 UPAP를 할 때는 이젤에 화판을 올려 두고 그림을 그리도록 한다. 화판과 이젤을 처음 사용하는 피검자들은 긴장하기도 하고 혹시 불편하지 않을까 의심할 수 있다. 하지만 한두 번만 사용해 보면 테이블 위에 올려놓고 그리는 것보다 더 자유롭다는 것을 경험한다.

Ulman은 몸과 마음의 연결을 중요하게 생각했고, 몸이 움직이면서 긴장이 풀어져야 마음도 더 쉽게 표현이 된다고 생각했다. 그래서 그림검사 중간에 팔운동도 하고, 그림 중 한 장은 선 긋기만 하도록 하면서 몸과 마음이 이완되도록 도왔다.

이 외에 사용하는 재료로는 4절 회색 도화지와 파스텔, 마스킹 테이프와 시계가 있다. 도화지 색상이 회색인 이유는 흰색을 사용했을 때 잘 보이도록 하기 위해서다. 파스텔을 선택한 것은 다른 그림검사에서 파스텔을 사용하는 것과 동일한 이유다. 즉, 연필보다 회화적 특성을 더 두드러지게 표현할 수 있고 눕혀서 사용하거나 세워서 사용하고 또 문질러서 색을 섞는 등 다양한 표현이 가능하기 때문이다. 그리고 마스킹 테이프는 화판에 종이를 붙일 때 사용하는데, 나중에 종이를 뗄 때 뜯어지지 않고 잘 떼어진다는 장점이 있다. 그림을 그리는 데 시간제한은 없지만 각각의 작품을 완성하는 데 어느 정도의 시간이 걸리는지 알기 위해 시계도 준비하도록 한다.

각각의 과제에 대한 지시는 다음과 같다.

- 첫 번째 과제: "여기 있는 네 장의 종이와 파스텔을 사용해서 그림을 그리게 됩니다. 첫 번째 그림은 무엇이든 당신이 선택해서 그려 주세요."
- 두 번째 과제: "제가 움직이는 것을 따라하세요. 오른(왼) 팔을 움직여 보세요."
  "자, 이제 그림을 그립니다. 상하, 좌우, 원 운동을 그려 보세요. 방금 우리가 공중에서 했던 것처럼 말입니다."
- 세 번째 과제: "눈을 감고 종이 위에 크게 선을 휘갈겨 보세요."
  "그림 주위로 걸어 보세요. 그린 선에서 이미지를 찾아보세요. 그림에 더하고 싶은 이미지를 선택하세요."
  "도화지에 이미 그려진 선을 사용해서 그림을 그려 보세요. 그 선들을 색칠하셔도 되고 무시해도 되고 혹은 바꾸어도 되고, 선이나 형태를 더해도 됩니다. 원하는 만큼 색을 칠해 보세요."
- 네 번째 과제: "이번이 마지막 그림입니다. 난화로 그림을 그리셔도 되고, 아니면 원하시는 것을 하셔도 됩니다."

1) 자유화

첫 번째 그림은 DDS라든가 Kwiatkowska의 FAE, 혹은 Kramer 미술치료평가법에서와 마찬가지로 자유화다. 이는 검사를 받는 사람에게 선택의 폭을 가장 넓게 부여하는 비구조화된 과제다. 자유화는 여러 장으로 계속 그림을 그리는 시리즈 검사법에서 자주 사용하는 주제다.

2) 팔운동을 한 뒤 선 긋기

그다음 두 번째 과제는 팔운동을 하고 나서 팔의 움직임대로 선을 긋도록 하는 것이다. 검사자가 먼저 자신의 움직임을 보여 주며 따라하도록 권한다. 상하, 좌우, 원 운동으로 팔을 움직이며 검사자가 시범을 보여 준다. 크게 팔을 벌려서 3~4번 정도 상하, 좌우, 원으로 돌리는 것을 해 줘야 한다. 그다음에 피검자가 따라하면 몇 번 같이 하도록 한다. 충분히 했다 싶으면 피검자에게 우리가 방금 공중에서 했던 팔 움직임을 그려 보라고 이야기한다. 몸과 마음은 긴밀하게 관계가 있기 때문에, 이를테면 긴장했을 때 어깨가 움츠러들고 목이 뻣뻣해진다. 그런데 목을 풀거나 어깨를 풀고 나면 긴장도 같이 누그러진다. 따라서 이번 움직임을 통해 피검자가 긴장을 좀 더 풀 수 있고 손이나 팔이 더 자유로워지게끔 돕는 것이다.

3) 난화

세 번째 과제는 난화다. 난화는 먼저 손이 가는 대로 선을 긋고 난 다음, 그려진 선의 모습을 보면서 그 안에서 어떤 이미지나 모양 같은 것을 찾아내어 그것이 그림이 되도록 완성하는 것이다. 선을 보다 자유롭게 그을 수 있도록 눈을 감고 휘갈겨 보라고 한다. 그리고 완성되고 나면 그림 주위로 걸어 다니면서 이미지를 찾도록 한다(이젤에 화판을 세웠기 때문에 주변을 걸어 다니는 것도 쉽다). 그림에 더하고 싶은 이미지를 찾고 나면, 도화지에 이미 그려진 선을 사용해서 그림을 그리도록 한다. 새롭게 선을 더 그어도 되고 색칠을 덧붙여도 되고 혹은 기존의 선이나 색, 형태를 무시하고 바꾸어도 된다.

4) 선택: 난화 혹은 자유화

마지막 과제는 선택권을 부여한다. 세 번째 과제로 했던 난화를 다시 한 번 더 해도 되고, 아니면 그 외에 다른 원하는 것을 자유롭게 해도 된다.

2. UPAP 실시하기

UPAP를 실시할 때 지켜야 할 사항들이 몇 가지 있다. 순서대로 살펴보면 다음과 같다.

1) 그림을 그리기 전에 할 일

UPAP 그림을 그리기 전에 먼저 몇 가지를 물어보도록 한다. 피검자의 이름, 나이, 교육, 미술 경험을 간단하게 물으면서 인터뷰를 한다.

- 이전에 그림은 어느 정도 경험해 보셨나요?
- 그림 그리기가 얼마나 친숙하신가요?

이렇게 묻고 만약 피검자가 자신 없어 하거나 낯설어 하면 긴장을 좀 풀어 줄 필요가 있다. 그림을 잘 그리고 못 그리고는 중요하지 않다는 것, 그리고 가능한 한 편안하게 그리면 된다는 점을 이야기해 준다. 대부분의 사람들은 자신의 그림이 이상하게 보이면 어떡하지 하는 걱정을 많이 하는데, 그림 표현이 익숙하지 않다고 해서 더 이상하게 나오는 것이 아니라는 점을 설명해 주는 것도 긴장을 푸는 데 도움이 된다. 또 그리기가 끝나고 나서 함께 이야기를 나눌 것이므로 어떤 부분에서 표현이 어색하거나 잘 안 되더라도 걱정하지 말라고 안심시켜 준다.

피검자에게 반드시 안내해 주어야 하는 것도 있다. 그림을 그리기 전에 피검자에게 이것은 평가이며, 네 장의 그림을 그리게 될 것이라는 점을 이야기해 준다. 네 장이라는 점을 미리 알아야 마음의 준비를 하고 어느 정도 예측하기 때문이다.

그림검사가 수월하게 진행되도록 화구를 준비해 두는 것도 필요하다. 먼저 마스킹 테이프로 회색 종이를 화판에 붙여 둔다. 단, 이젤에 올리지는 않고 테이블 위에 두거나 적당한 곳에 둔다. 피검자에게 화판이 있으니까 이젤에 올리시고 그림을 보시라고 권한다. 이 때 화판을 이젤에 세로로 올릴 수도 있고 가로로 올릴 수도 있다. 그 방향은 피검자가 선택할 수 있도록 돕기 위해서 이젤 위에 화판을 미리 올려놓지 않는다.

이 외에 필요시에 사용할 수 있도록 앞치마나 키친타올 등을 준비해 둔다.

2) 그림을 그리는 과정에서 할 일

피검자가 각각의 그림을 완성하는 데 어느 만큼 시간이 소요되었는지 측정한다. 그리고 피검자가 그림을 그리고 있을 때는 그림에만 집중할 수 있도록 배려한다. 검사자가 질문을 한다든가 피검자의 물음에 길게 답변하는 것은 지양한다. 피검자가 그림을 완성할 때마다 짧게라도 지지해 준다. 그림에 대해 길게 이야기하는 것은 네 장을 모두 완성할 때까지 기다렸다가 한다.

3) 그림 그리기가 끝나면 할 일

네 장의 그림을 순서대로 벽에 붙이거나 네 개의 이젤에 올려 둔다. 전체 네 장의 그림을 한 번에 볼 수 있도록 배열해야 한다. 그런 다음, 피검자와 검사자가 함께 나란히 그림을 바라보며 앉는다. 피검자에게 각각의 그림에 대해 연상되는 것, 생각, 느낌을 묻는다. 또 평가 회기 전반에 대해서도 어떠했는지 묻는다. 모든 질문과 나눔은 기본적으로 경청해 주는 분위기, 지지적인 느낌 속에서 진행되도록 한다. 그렇게 할 때 피검자나 검사자 모두 기대했던 것 이상의 내용과 만날 수 있고 함께 협력해서 내면을 더 많이 이해하게 된다. 그리고 이러한 질문을 나누기 가장 좋은 시간은 그림을 완성한 직후인데, 만약 여러 가지 상황으로 불가능하다면 따로 이야기를 나눌 시간을 잡아 둔다.

3. UPAP 사례

이제 살펴볼 사례는 직장 문제와 부부 문제를 가지고 있던 30대 후반의 여성이 그린 UPAP이다. 두드러지게 지친 표정으로 미술치료실을 찾은 피검자에게 그림검사를 하자고 제안하였다. UPAP에 사용되는 회색 종이를 보고 첫 마디는 "좀 더 진하고 어두운 색깔은 없나요?"였다. 준비된 것이 다른 회색은 없다고 하자, 다음 번엔 더 진하고 어두운 색을 달라고 부탁하며 그림을 그리기 시작했다.

그림 12-1

첫 번째 그림은 [그림 12-1]인데, 왼쪽에 나무 아래 검정색으로 앉아 있는 사람을 그렸다. 그리고 산과 강물, 산 위에 날고 있는 검은 새 등을 그렸다. 강 너머에는 밭이라고 하는데, 흰색으로 묘사되어 있어서 비현실적인 느낌도 났다. 검정색 때문에 약간 울적한 느낌이 드는데다, 산으로 묘사된 부분이 언덕 같기도 하고 얼핏 무덤 같은 느낌도 났다.

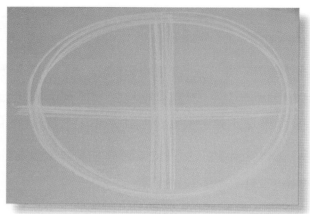
그림 12-2

두 번째 그림은 팔 동작 했던 것을 도화지 위에 옮긴 것이다. 피검자는 연한 살구색 파스텔을 선택해서 크게 획을 그었다. 진한 색 종이를 찾았던 것처럼 진한 색으로 그렸 으면 시원해 보이기라도 했을 것 같은데, 살구색 선택은 검사자의 눈에 의외였다. 색깔 때문인지 크기에 비해서 왠지 힘이 없어 보였다.

그림 12-3

대부분의 팔 동작 그림은 [그림 12-2]처럼 간략하게 나온다. 간혹 지나치게 작게 그리는 피검자도 있는데, 4절 도화지의 절반도 사용하지 않고 두 번째 그림을 그리기도 한다. 또 다른 경우로는 [그림 12-3]처럼 선만을 반복해서 긋는 경우도 있다([그림 12-3]은 다른 내담자가 그린 그림이다). 나중에 물어보았더니, 선을 긋는 과정에서 뭔가 재미나게 느껴져서 계속 해보고 싶었노라고 말했다.

그림 12-4

난화에서 피검자는 커다란 소파에 앉아 쉬고 있는 사람을 그렸다([그림 12-4]). 부드럽고 푹신한 가죽소파에 앉은 그 사람은 무표정한 얼굴에 뭔가 약간 경직되어 보이는 자세로 앉아 있다. 발 앞에 둥근 찐빵 같은 발의자도 있는데, 그 위로 발을 올리지는 않았다. 피검자에게 '쉬고 싶다'라는 것이 중요 주제인 것은 한눈에도 알 수 있었다. 첫 번째 그림이나 두 번째, 세 번째 모두 지치거나 우울한 느낌이 든다. 문제는 결국, 어떻게 해야 참된 쉼을 얻느냐 하는 점일 것이다.

그림 12-5

　마지막 네 번째 그림에서는 자유화와 난화 중에서 난화를 선택했다. 검정색으로 선을 그은 뒤 피검자는 두 마리의 커다란 애벌레를 그렸다. 그리고 주위에 풀밭을 그려 주었다. 한 마리는 놀란 듯한 표정이고 다른 하나는 웃고 있는 표정이다. 서로 다른 듯 닮은 애벌레였다. 이 시점에서 확실히 알 수 있는 것은 아니지만, 피검자에게 중요한 부분은 상대방과의 관계인 듯하고, 그 관계에서의 욕구 충족이 '쉼'과도 깊은 관련이 있을 것으로 보였다.

CHAPTER 13

아동에게 실시하는 시리즈 검사법

미술치료 분야에서 주로 많이 사용되는 아동용 시리즈 검사법은 Levick 정서 및 인지 미술치료평가법과 Kramer 미술치료평가법이 있다. 그리고 이러한 아동의 그림 표현을 잘 이해하기 위해서는 미술 발달 이론을 숙지하고 있어야 한다. 13장에서는 대표적인 미술 발달 이론으로 Lowenfeld의 이론을 살펴본 뒤, 두 가지 미술검사를 소개하고자 한다.

1. 미술 발달 단계

사람이 태어나서 자라면서 지능과 정서, 신체 기능이 발달하는 것과 마찬가지로, 미술 영역에 있어서도 발달 단계가 있다. 미술 발달은 대체로 계단형 방식으로 이루어지는데, 이전의 단계와 그다음 단계가 질적으로 다른 부분을 보이는 형태라고 할 수 있다.

Lowenfeld의 미술 발달 이론은 미술 발달 단계를 다음과 같이 나눈다. ① 난화기, ② 전도식기, ③ 도식기, ④ 동 트는 현실주의, ⑤ 논리의 시기, ⑥ 결정의 시기. 이러한 미술 발달과 아동의 심리 발달을 단계별로 비교해 보면 다음 〈표 13-1〉과 같다.

표 13-1. 심리 발달 및 미술 발달 이론

시기	연령	이론가		
		Erikson	Piaget	Lowenfeld
영아기	0~2	신뢰감 vs. 불신	감각운동기	미술 발달 단계 없음
유아기	2~4	자율성 vs. 수치심과 자기회의	전조작기	난화기(18개월~4세)
학령전기	4~6	주도성 vs. 죄책감		전도식기(4~7세)
아동기/학령기	6~11	근면성 vs. 열등감	구체적 조작기	도식기(7~9세)
				동트는 현실주의 (9~12세)
청소년기	11~20	자아정체감 vs. 자아정체감 혼미	형식적 조작기	논리의 시기(12~14세)
				결정의 시기(14~17세)
성인기	20~40	친밀감 vs. 고립		
중년기	40~65	생산성 vs. 침체		
노년기	65~	자아통합 vs. 절망		

1) 난화기

난화기는 사람이 태어나서 처음으로 뭔가를 그리는 시기를 일컫는다. '난화기'는 영어로 'Scribbling Stage'라고 하는데, scribble, 즉 손이 가는 대로 황칠하는 것을 말한다.

이 시기는 생후 18개월(~만 2세) 정도에 시작해서 만 4세까지에 해당된다. 그 이전의 시기에는 '그린다'는 행위가 불가능한 상태로, 무엇이든 손에 잡았을 때 입으로 가져가곤 한다. 그러다가 18개월 전후로 크레파스를 쥐고 바닥에 그었는데 무엇인가 그려진 것을 발견하고 신기해하고 재밌어 한다. 이렇게 해서 휘갈겨 그리는 난화 시기가 시작된다. 난화기 내에서도 약간씩 변화가 있는데 그 특징에 따라 세부적인 시기를 나누면 다음과 같이 세 단계로 나뉜다.

- 무질서한 난화기
- 통제된 난화기
- 이름 붙인 난화기

난화기에서 가장 처음 나타나는 단계는 '무질서한 난화기'다. 이 시기는 명칭 그대로 무질서하게 그림을 그리는 시기다. 그려진 그림을 보면 무엇인가를 그리겠다는 의도를 가지고 그린 것이라기보다는 우연히 그려진 것에 가깝다. 하지만 난화기 이전의 시기에 비하면 무엇인가를 다루고 조작한다는 점에서 한 단계 발전한 것으로 볼 수 있다.

무질서한 난화기 다음으로는 '통제된 난화기'가 온다. 아동이 자신의 손과 팔, 전체적인 움직임과 행동에 대해서 조절력이 생겼다는 것을 볼 수 있다. 선을 긋는 것에 조금씩 더 익숙해지면서 아동은 동그라미 형태를 그릴 수 있게 된다. 동그라미와 네모 중에서 먼저 그리는 것은 동그라미이고, 이후에 네모를 그릴 수 있게 된다.

[그림 13-1]을 보면 커다란 종이 위에 아동이 그린 난화가 보인다. 아동의 발과 비교해서 그림을 보면 대충 그림이 어느 만큼 큰 크기였을지 상상할 수 있다. 여러 가지 색연필을 힘 있게 쥐고 그린 이 난화는 아동이 매우 재미있어 하면서 즐겁게 그린 것이다.

그림 13-1

한동안 통제된 난화기가 진행되다가 '이름 붙인 난화기'가 시작된다. 이때부터 아이들은 자기 그림에 이것저것 이름을 붙여 부른다. 사람처럼 생긴 무엇에 '엄마'라고 부르는가 하면 또 다른 무엇은 '강아지'라고 한다. 이전에는 팔을 움직여서 그리는 것만 만족을 했었다면 이제는 나름대로 자기 자신과 자신을 둘러싸고 있는 세상 간에 연결이 있다는 점을 십분 활용하고 있다. 이름 붙인 난화기는 이전과 또 다른 단계라고 할 수 있다. 통제된 난화기까지는 팔운동만으로 그림을 그린 셈이므로 마치 팔운동을 통해서 사고하고 있었다면, 이제는 무엇인가 이름을 붙이며 그림을 그리므로 상상을 통해 사고하기 시작했다는 것이 난화기 맨 마지막 단계에서 보이는 특징이다.

[그림 13-2]는 이름 붙이는 난화기 시기에 물감으로 그린 난화다. 이 그림을 그린 아동은 만 4세 남아인데 여러 가지 미술 재료 중에서 굳이 물감을 선택해서 그리겠노라고 주장했다. 색을 찍어서 칠하면서 즐거워한 이 아동처럼, 어떤 아동의 경우에는 크레파스나 연필보다 물감을 더 선호하는 매체로 선택하기도 한다.

그림 13-2

2) 전도식기

전도식기는 도식기 이전의 시기라고 해서 전(前)도식기라 부른다. 만 4~7세 정도에 해당이 되며 이름을 붙이는 난화기 이후에 시작된다. 전도식기에는 아이들이 그림을 통해 표현하려고 하는 것을 좀 더 쉽게 알아볼 수 있다. 비록 오징어처럼 보이는 사람이라 하더라도 뭔가 사람 같은 대상을 그렸구나 하는 것을 시각적으로 확인할 수 있다. 그리고 전도식기는 난화기에 비해 상징성이 더 풍부해지고 두드러진다. 물론 객관성이 있거나 추상화 능력이 있는 것은 아니므로 제한적인 면이 있기는 하지만, 그림에서 무엇을 표현하려고 했다는 것을 알 수 있는 수준은 된다.

전도식기의 또 다른 특징은 자아중심적 단계(stage of egocentrism)라는 점이다. 세상의 모든 것을 자기중심으로 재조직화한다. 그래서 대상의 크기, 선택한 그림 주제, 위치 선정, 공간개념 등 모든 것에 있어서 자기중심적으로 표현된다. 6세 이전의 아동은 공간에 있어서 면의 개념이 없으므로 앞에 있는 것이 뒤에 있는 것을 가리고 있다는 중첩성을 표현하지 못한다.

(a)　　　　　　　　(b)

그림 13-3

[그림 13-3] (a)와 (b)는 전도식기 아동의 그림이다. 두 장의 인물화 모두 사람을 그린 것이라는 점을 충분히 알아볼 수 있다. 얼굴과 머리카락, 귀의 표현이 뚜렷하고, 몸통을 의미하는 긴 선, 그리고 두 팔을 그린 듯한 직사각형 모양의 네모도 보인다. 이러한 표현은 앞서 진행되었던 이름 붙인 난화기에 비해 한 단계 더 발전한 것이라고 할 수 있다.

그림 13-4

[그림 13-4]는 만 5세 남자 아동이 그린 그림이며, 전도식기 그림으로 볼 수 있다. 앞서 [그림 13-3]보다도 더 발달된 솜씨를 볼 수 있다. 충분히 사람을 알아볼 수 있고 나무도 식별 가능하다. 사람의 모습을 보면 머리와 팔, 다리가 모두 몸통에 붙어 있어서 소위 '오징어 사람'이 나타나지 않았다. 하지만 나무의 열매가 나무에 달린 모습을 보면 오징어 사람과 유사하게 나무의 초록 가지의 가장자리에 우르르 달린 것을 볼 수 있다.

3) 도식기

도식기는 만 7~9세에 해당되며, 여러 가지 특징적인 그림 표현이 등장한다. 무엇보다도 '도식(schema)'이 두드러지게 나타나는 시기인데, '도식'이란 외부세계에 대한 내적 표상을 말하는 것으로 개념이나 활동의 조직체이다. 그림의 경우 '도식적 표현'은 반복해서 자주 사용되는 특징적인 그림 스타일을 일컫는다. 이 시기의 아이들은 그림을 그릴 때 특정한 자기만의 표현방식으로 여러 번 반복해서 그림을 그리는데, 거의 동일해 보이는 그림을 수백, 수천 장을 그리게 된다. 조금씩 차이가 있을 수는 있지만 '늘 그렇게 그리는 스타일'이 있다. 그것이 바로 도식이다.

그림 13-5

[그림 13-5]를 보면, 도식이 무엇인지 한눈에 알 수 있다. 사람을 그리면서 이 아동이 사용한 도식은 커다란 눈동자와 앉은 자세에서 두드러진다. 물론 약간씩의 변화는 있지만, 전체적으로 비슷해 보이는 인물을 보면, 이 아동이 그린 사람이구나 싶은 특징들이 두드러진다.

또 다른 도식기의 특징으로 기저선(base line)이 있다. 아이들은 사물이나 대상을 그리고 난 다음에 밑에 줄을 쭉 긋는다. 바닥에 기저선을 긋고, 위쪽에는 하늘선을 긋기도 한다. 이러한 선은 이 또래 아이들이 공간을 이해하는 공간 도식의 일종이다.

그 외에도 빈번하게 등장하는 도식기 특징으로 X-ray 그림이 있다. 이것 역시 도식기 아이들이 가진 공간 도식인데, 속이 훤히 들여다보이는 그림으로 그리는 것이다. 땅밑 세계라든가, 투시도 같은 것이 대표적인 유형이라 할 수 있다.

그림 속에 여러 개의 시점이 존재하는 것도 이 시기의 특징이다. 성인의 그림에서는 시점이 하나로 존재하며 그림 전체에 일관되게 적용된다. 하지만 도식기 아이들은 이쪽 저쪽 다른 시점으로 바라본 모습을 그리곤 한다.

쉬어 가는 페이지

아동이 그림에 나무를 그리고 '옹이구멍'을 그린다면 이것은 정말 심리적인 외상을 의미하는 것일까? 그에 대한 대답은 그럴 수도 있고 아닐 수도 있다.

아동이 나무의 옹이를 그리는 것은 우리나라 환경에서 '장식적인 요소'의 의미가 강하다. 어려서부터 그림을 그릴 때 '풍부하고 많은 내용을 담아야 한다.'라고 배운 아이들은 나무 기둥에 아무런 장식이 없으면 허전하다고 느끼곤 한다. 그래서 뭐라도 더 그릴 수 있는 것들을 그린다. 사실, 우리나라 나무에 옹이구멍이 많은가? 없지는 않지만, 그렇다고 흔히 볼 수 있을 정도는 아니다.

다음의 두 사진을 보자. 이렇게 옹이구멍을 가진 나무가 우리 주변에 많지도 않고, 또 옹이구멍이 꼭 그렇게 '미학적으로 아름다운' 것이라고 보기도 어렵다. 아이들은 실제로 저런 옹이구멍을 보았기 때문에 그리는가? 그보다는 만화나 일러스트레이션 등에 등장하는 일종의 '흔한 장식'이면서 '아름다운 것으로 미화된 것'으로서의 옹이구멍을 보고 따라 그렸을 가능성이 높다. 만화에서 봤거나 다른 아이의 그림에서 본 옹이구멍, 그리고 '좀 더 많은 것을 그리라'는 주변의 성화, 기둥에 뭔가를 그렸더니 그림이 더 좋아 보이더라는 경험 등이 어우러져서 그다음에는 별 생각 없이 나무 기둥에 옹이구멍을 그릴 수 있다.

그래서 '상처' 내지는 '심리적 외상'의 상징으로서 옹이구멍인가 하는 점을 살펴보려면, 아동의 그림에서 장식적 요소가 어느 정도로 강한지, 얼마나 도식적인 스타일로 나무를 그렸는지를 살펴보아야 한다.

[그림 13-6]은 도식기 아동이 그린 것인데, 이 시기의 아동도 자기 관심사에 부합하는 것이라면 놀라운 세부 묘사를 하기도 한다. 이 그림에서는 새들과 돼지의 싸움에서 공격할 수 있는 진지를 구축한 모습인데, 몇몇 한자와 영어까지 조합해서 복잡한 구조물을 그린 것을 볼 수 있다.

4) 동트는 현실주의

동트는 현실주의는 만 9~12세에 해당되며 대략 초등학교 고학년 시기라고 볼 수 있다. 사춘기를 빨리 맞이하는 경우에는 이 즈음에 사춘기가

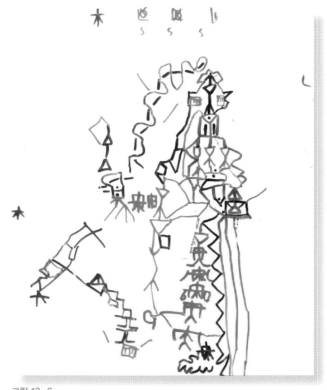

그림 13-6

시작된다. 이 시기에는 더 이상 어린 시절의 도식에 흥미를 느끼지 않는다. 그보다는 객관적인 묘사가 증가하고 세부 묘사가 많아진다. 그림을 그리기 위해 주위 환경을 관찰할 뿐아니라, 여러 가지 장식적 요소도 그림에 첨가한다. 또 이 시기에 색깔에 민감해지면서 도식적인 색깔을 벗어나서 자기 나름대로의 독특한 개인적 취향을 선보이게 된다. 공간개념도 변화해서 이전에는 선의 개념이었다면 이제는 면의 개념으로 공간을 표현한다. 그래서바닥선을 긋던 과거와는 달리 사물과 사물이 서로 중첩된 것을 표현할 수 있게 된다.

5) 논리의 시기

논리의 시기는 만 12~14세 정도에 해당되며, 또 다른 명칭으로는 '거짓 자연주의 단계'라고도 부른다. 이 시기는 지적인 성장이 두드러지는 때이므로 그림을 그릴 때나 완성된 작업에 대해서도 이성적으로 생각하거나 논리적으로 비판하는 경우가 많다. 감각이나 감정이 우선되기보다는 생각이 우세한 편이다. 그래서 이때에는 '손이 가는 대로그려 보라'는 말을 오히려 어렵게 느낄 수도 있다.

또 이 시기는 사춘기와 맞물려 있으므로 남녀 간의 성적 특징을 묘사하는 데에 관심이 많고 과장되게 표현하기도 한다.

6) 결정의 시기

결정의 시기는 14~17세에 해당한다. 이제는 '미술'이란 의식적으로 노력해서 만든 산물로 다가온다. 10대 중반의 청소년은 아동과 달리 자발적으로 미술작업을 하는 일이 흔치 않다. 교과목에 미술 수업이 있기 때문에 한다든가, 특별한 이벤트가 있어서 미술작업을 하는 것일 때가 더 많다. 더불어 사실적인 묘사 기술이 없는 경우라면 미술에 쉬이흥미를 잃어버리기도 한다. 미술에 소질이 있는 사람들은 미술을 향후 자기 진로로 택하기도 하고, 그 외의 사람들은 취미 활동 정도로 여기거나 혹은 관심 없이 대하기도 한다.

결정의 시기란, 어떤 의미에서 미술관의 관계가 결정되고 앞으로의 행보가 결정된다는 의미로 이해할 수 있다.

2. Levick의 정서 및 인지 미술치료평가법

- 재료: 12×18in 흰 종이, 16색 크레파스. 아동이 원하면 연필과 지우개도 제공하되 처음부터 제시하지는 않는다.

- 과제: ① 첫 번째 과제 ―자유화

  ② 두 번째 과제 ― 전신 자화상

  ③ 세 번째 과제 ― 한 가지 색깔로 난화선을 그린 뒤 그 난화선을 바탕으로 난화를 완성하기

  ④ 네 번째 과제 ― 네가 있고 싶은 장소(3~5세), 너에게 중요한 장소(6~11세 이상)

  ⑤ 다섯 번째 과제 ―자신을 포함해서 가족 모두를 그리기

Levick의 정서 및 인지 미술치료평가법[1]은 미술치료사 Myra Levick[2]이 개발한 검사

---

1) Levick, M. F. (2001). *The Levick Emotional and Cognitive Art Therapy Assessment (LECATA): Procedures.* Florida: Myra F. Levick.
2) Levick의 개인 홈페이지는 다음과 같다. http://www.myraatartpsychotherapy.com

법이다. 영어로 Levick Emotional and Cognitive Art Therapy Assessment이며 약자로 줄여서 LECATA라고 부른다. 이 검사를 실시할 수 있는 연령은 대략 만 3세부터 11세까지의 연령이다. 검사가 개발된 시기는 1986년이며 2001년에 출판되었다.

정서 및 인지 미술치료평가법이라는 명칭에서 알 수 있듯이, Levick이 만든 이 검사법은 정서적 발달 정도와 인지적 발달 정도를 평가하는 것이다. 인지적 발달은 Piaget의 이론과 미술 발달에 근거해서 평가한다. 정서적 발달은 그림에 표현된 자아의 방어기제를 근간으로 평가하게 되는데, 퇴행이라든가 부인, 회피, 모방, 동일시, 억압, 반동형성, 합리화, 주지화 등의 방어기제가 나타났는지를 평가하도록 한다.

LECATA는 총 다섯 개의 과제로 구성되었고, 제한시간은 한 시간이다. 되도록 한 번의 만남에서 다섯 장을 모두 그리도록 하고, 만약 아동이 피곤해하거나 다음에 하고 싶다고 하면 가까운 시일 내에 연속해서 실시하도록 한다. 처음 시작할 때 총 다섯 장을 그리게 될 것이라고 이야기해 주고, 종이와 크레파스를 제공한다. 연필과 지우개는 아동이 달라고 요청할 때에만 주도록 한다.

1) 첫 번째 과제: 자유화

여러 장을 그리는 시리즈 검사법에서 대부분 그러하듯이 첫 번째 과제는 자유화다. 가장 먼저 자유화로 제공함으로써 피검자가 과제에 대해 어떻게 반응하는지, 그림으로 어떤 것을 산출하는지 볼 수 있다. 그림을 완성하면 아동에게 그림에 대해서 이야기해 달라고 요청한다. 만약 아동이 첫 번째 그림에 지나치게 몰두해서 오랜 시간을 사용한다면, 그려야 할 그림들이 더 있다고 다시 한 번 알려 준다.

어떤 아동은 지나친 자유를 싫어하거나 불안해하고, 또 다른 아동은 제한 없는 상태를 기꺼이 받아들인다. 아동이 그린 자유화를 통해 기본적인 문제 해결 능력과 방어기제를 추정할 수 있을 뿐 아니라, 향후에 그리게 될 여러 장의 그림들을 평가할 때 기준선을 마련하게 된다.

2) 두 번째 과제: 전신 자화상

두 번째 과제는 자기 자신을 그리는 것인데, 인물화 검사와 마찬가지로 얼굴부터 발끝까지 전신상을 그려야 하며, 막대기 모양 사람으로 그리지 않도록 요청한다. 그림의 해석은 기존의 인물화 그림과 유사하다. 그런데 사용하는 재료가 크레파스이므로 연필로 그리는 경우에 비해 색을 더 풍부하게 사용하며 자신에 대해 감정적인 부분을 더 많이 표현할 수 있다.

3) 세 번째 과제: 난화

난화는 대부분의 아동이 재미있어 하고 신기해하는 그림검사법이기도 하다. 하지만 검사자가 난화를 잘 설명해 주지 못하면 당황하거나 어렵게 여기기도 한다. 우리나라 아동의 경우 '마음대로 선을 긋는다.'라는 것이 어떻게 해야 되는 것인지 눈치 보는 경우도 많다. 그러므로 검사자가 "자유롭게 선을 긋는다고 해 보자."라고 하면서 허공에 대고 손을 이리저리 다양한 방향으로 움직이는 모습을 보여 준다. 그리고 아동도 그렇게 움직여 보도록 한다. 맞거나 틀린 방향이 있는 게 아니니까 자유롭게 움직이도록 격려한다. 그런 다음, 허공에 대고 손을 움직였던 것처럼, 이번에는 종이 위에서 손을 움직이며 길게 연속해서 선을 그어 보도록 한다. 그렇게 긋는 선이 난화의 밑바탕 선이 된다. 밑바탕 선은 손을 떼지 않고 쭉 이어서 긋는 선이므로 한 가지 색 크레파스로 그리도록 한다. 어느 정도 충분히 그렸다 싶으면 선 긋기를 멈춘다. 그리고 그려진 선에서 어떤 이미지를 찾아내거나 상상해 보도록 한다. 마치 우리가 구름을 보면서 무엇처럼 보인다고 하는 것과 유사하다. 이렇게 설명해 주어도 된다.

"○○아, 구름을 보면 무엇처럼 보일 때가 있지 않니? 그래, 그런 것처럼 이번에는 네가 그은 선을 보고 무엇처럼 보이는지 찾는 거야."

그래서 아동이 뭔가를 찾아낸다면, 그렇게 본 것을 그림으로 더 분명하게 보이게끔 그리도록 한다. 기존의 선을 무시하거나 새롭게 선을 더 긋고 형태를 표현하거나 색을 칠해서 완성할 수 있다. 이때는 한 가지뿐 아니라 다양한 색을 사용해도 된다.

그려진 선 위에서 보이는 이미지를 찾아내거나 상상해 내는 것을 통해 아동이 어느 정도로 관찰력이나 상상력이 있는지 살펴볼 기회를 가진다.

4) 네 번째 과제: 장소

피검자의 연령이 어리면 자신이 있고 싶은 장소를 그리라고 하고, 피검자가 '너에게 중요한 장소'라는 말을 이해할 연령이라면 지시를 그렇게 주도록 한다. 이렇게 자신에게 의미 있는 장소(가서 있고 싶거나 중요한 의미를 지닌 장소)를 그림으로써 아동이 자신을 둘러싼 환경을 어떻게 느끼는지 살펴볼 수 있다. 또한 '중요한 장소'라는 주제를 줌으로써 아동에게 소중한 것이 무엇인지 알 수 있게 되는 기회가 된다.

5) 다섯 번째 과제: 가족화

마지막 과제는 가족을 그리는 것이다. 반드시 자신을 포함해서 그리도록 하고, 가족 구성원을 전체 인물상으로 그리도록 한다. 아동에게 가족만큼 중요한 대상이 없다는 점을 생각하면, 그림으로 표현된 가족은 두말할 나위 없이 소중한 정보의 원천이다. KFD라든가 동그라미 가족화에서 그림 표현을 이해하기 위해 사용하는 요소들을 그대로 적용해서 살펴볼 수 있다. 가족을 어떻게 묘사하는지, 누구부터 그리는지, 크기와 위치, 자세나 표정은 어떠한지 등을 살펴본다. 생략된 것은 없는지, 강조한 것은 어떤 것인지, 그림으로 표현된 가족은 전체적으로 어떤 구도, 구성, 분위기를 보여주고 있는지 등도 함께 살펴본다.

LECATA를 사용해서 아동을 이해하고자 할 때 특히 도움이 되는 점은 다섯 개의 주제에 대해 아동의 반응 변화를 살펴볼 수 있다는 것이다. 즉, 아동 피검자는 다섯 장의 주제 모두를 고르게 반응하기보다는 어떤 것을 좋아하거나 열심히 하고 또 다른 것은 어려워하거나 싫어한다. 이를테면 가족 내에 문제가 있는 경우 가족화 그리기를 어려워한다든가 거부하곤 한다(아동이 그리기를 거부할 경우 한두 번 권한 뒤에는 억지로 시키지 않도록 한다. 거부한 반응 자체를 의미 있는 반응으로 볼 수 있고, 또 아동의 선택을 존중해야 한다).

3. Kramer 미술치료평가법

• 과제 및 재료

① 첫 번째 과제—연필로 그리는 자유화

[재료] 12×8in 흰종이(A4용지), 다양한 종류의 연필(긴 것, 짧은 것, 지우개 붙은 것, 아닌 것, 심이 뾰족한 것, 뭉툭한 것)

② 두 번째 과제와 세 번째 과제—물감 그림 혹은 찰흙 작업

[물감 작업 재료] 템페라 물감(초록을 제외하고 검정, 빨강, 주황, 밝은 파랑, 어두운 파랑, 보라, 노랑, 흰색), 다양한 크기의 붓, 물통, 앞치마

[찰흙 작업 재료] 찰흙, 각종 조소 용구, 스펀지, 신문지, 앞치마

Kramer는 미술치료 선구자 중 한 사람이며 주로 아동을 대상으로 미술치료를 했다. Kramer 미술치료평가법[3]은 다양한 재료와 방법을 통해서 아동의 심리 내적인 상태를 이

---

3) Kramer, E., & Schehr, J. (1983). An Art Therapy Evaluation Session for Children. *The American Journal of Art Therapy, 23,* 3–10.

해하고 평가하는 방법이다.

　Kramer는 미술치료평가법도 미술치료의 한 부분이므로 기본적으로 검사를 시행하는 치료사가 지지적인 태도를 유지하는 것이 중요하다고 보았다. 간혹 심리검사를 할 때 객관적으로 실시해야 하는 것에 과도하게 얽매인 나머지 아동 피검자가 무엇을 요청하거나 물을 때 최소한의 도움만 주는 경우가 있는데, Kramer는 그러한 의견에 반대했다. 오히려 아동을 심리적으로 잘 이해하기 위해서는 치료사가 어떤 부분을 도와주거나 지속적으로 지지해 주는 것이 필요하다고 보았고, 이러한 행위는 아동의 작품을 왜곡하는 게 아니라 작품이 더 진실하고 깊이가 있을 수 있도록 해 주는 것이라고 주장했다. 검사를 시행하는 미술치료사는 미술과정에 대해서 잘 알고 있어야 하지만, 그보다도 기본적으로 아동을 도와주고 지지해 주는 사람이라야 한다. 이러한 Kramer의 견해 덕분에 Kramer가 개발한 평가법은 엄격하고 딱딱한 절차가 있기보다는 전체적으로 융통성이 높은 검사법이다. 아동에게 선택권을 준다든가, 하나의 과제가 끝나고 그다음 과제를 할 때 만약 아동이 더 하지 않겠다고 하면 굳이 강권하지 않도록 하는 등 아동 피검자에게 초점을 맞춘 방법이라 할 수 있다.

　Kramer 미술치료평가법은 다음과 같이 세 개의 과제로 이루어져 있다.

1) 연필화

　연필화의 재료는 A4용지, 다양한 종류의 연필(긴 것, 짧은 것, 지우개 붙은 것, 아닌 것, 심이 뾰족한 것, 뭉툭한 것) 등이 있다.

　연필이 짧은 것이나 연필심이 뭉툭한 것은 다른 사람이 쓰다 만 느낌을 줄 수 있고, 연필이 길거나 심이 뾰족하다면 새것이라는 느낌을 줄 수 있다. 이렇게 여러 가지를 제공하고 아동이 무엇을 선택하는가 하는 점도 아동의 마음 자세나 익숙한 생활 패턴을 반영할 수 있다. 이를테면 여러 개의 연필들 중에서 작고 심도 뭉툭한 연필을 선택하는 아동은 어쩌면 자신이 새것을 쓸 만큼 가치 있는 존재가 아니라는 낮은 자존감을 가졌을 수 있다.

2) 둘 중 선택 가능: 물감 그림 혹은 찰흙 작업

물감으로 그림을 그리거나 찰흙 작업을 할 수 있는데, 아동에게 선택하도록 한다.

물감 그림은 템페라 물감을 사용해서 그린다. 우리나라에서는 수채화 물감이나 포스터 물감이 흔한 것인 데 비해 미국은 수채화 물감보다 템페라 물감을 더 흔히 사용한다. 템페라 물감의 장점은 물의 농도를 조절하지 않고 그냥 찍어서 바로 그릴 수 있다는 점이다. Kramer 검사에서 템페라 물감을 제공할 때에는 속이 깊이 파인 팔레트에 담아 제공한다. 검정, 빨강, 주황, 밝은 파랑, 어두운 파랑, 보라는 한 칸씩만 제공하고, 노랑과 흰색은 두 칸씩 제공한다. 노랑이나 흰색은 아동이 많이 사용하는 색이기도 하고, 다른 색과 섞어 쓰다 보면 더 진한 색이 묻기 때문에 두 개씩 제공해 준다. 제공되는 색깔을 살펴보면 초록과 갈색이 빠졌다. 이것은 의도적으로 빼놓은 것인데, 아동이 초록을 만들수 있는지 혹은 원하는 색이 없을 때 어떻게 행동하는지 관찰하기 위해서다. 대개 아동은 나무를 많이 그리기 때문에 초록과 갈색을 거의 필수적으로 사용한다. 자신이 원하는 초록이 없을 때, 아동은 어떻게 반응하는가? 검사자에게 묻거나 요구하는가? 그리고 검사자가 "글쎄, 선생님이 갖고 있는 색깔은 그것밖에 없는데, 혹시 네가 갖고 있는 것들 중에서 색깔을 섞어 쓸 수 있는지 한번 봐봐."라고 말한다면 어떻게 반응하는가? 이러한 반응은 아동의 미술 경험도 반영하지만 문제 해결 능력을 보여 주는 것이다.

도화지는 회색 도화지를 사용하는데, 그래야 흰색을 사용해서 그렸을 때 잘 보이기 때문이다. 그 외에 다양한 사이즈의 붓과 물통, 앞치마를 준비해 둔다.

찰흙을 사용하는 경우에는 찰흙, 각종 찰흙도구, 스펀지, 신문지, 앞치마 등을 준비한다. 스펀지에 물을 묻혀 찰흙을 닦아 주면 찰흙 표면이 매끈해지는 효과가 있다. 그리고 찰흙에 물기가 있으므로 신문지를 밑에 깔고 작업하도록 한다.

3) 두 번째 과제에서 선택하지 않았던 것(반드시 하지 않아도 됨)

세 번째 과제는 두 번째 과제에서 하지 않았던 나머지 작업을 해 볼 기회를 제공한다. 즉, 두 번째 과제에서 물감 그림을 그렸다면 아동에게 "아까 하지 않았던 다른 것도 해 보지 않겠니?"라고 묻고 찰흙 작업을 제시한다(두 번째 과제에서 찰흙 작업을 했다면 세 번째는 물감 작업을 한다). 하지만 아동이 두 번째 과제를 하는 데 많은 에너지를 사용했고 세 번째 과제를 할 만큼 여력이 남아 있지 않거나 힘들어 보인다면 굳이 하지 않아도 된다.

Kramer 미술치료평가법을 통해 어떤 부분을 알 수 있을까?

연필 그림에서는 연필로 그림을 그렸을 때 아동의 운동기술이 어떠한지 평가할 수 있다. 만약 아동이 자기 주변의 사물을 보고 그것을 그린다면 지각(perception)력과 관찰력, 표현력 등을 살펴볼 수 있다. 그림에서 아동의 발달 단계보다 낮은 그림 특징이 나타난다면 심리적인 발달이 더딜 가능성을 고려해야 한다.

물감 그림에서는 물감의 유동적인 성질과 색채가 정서적인 면을 자극하므로 특히 아동의 정서적인 면을 살펴볼 수 있다. 우선 색채에 대한 반응은 어떠한가? 좋아하는 색깔이 있는가? 혹은 싫어하는 색깔이 있는가? 한 가지 색깔만 사용하는가, 아니면 여러 가지를 사용하는가? 물감을 함부로 섞어서 더럽힌 뒤 아무렇게나 칠하는가? 물감이 서로 섞여서 색이 혼탁해질 때 아동은 어떤 반응을 보이는가? 초록색을 사용하기 원할 때 그것이 없다는 것을 알고 어떻게 반응하는가? 노랑과 파랑을 섞어서 초록을 만들 줄 아는가? 등을 살펴볼 수 있다.

찰흙 작품의 경우, 찰흙에 물기가 많고 촉각적인 감각을 주로 사용하게 되므로 퇴행적 경향성을 볼 수 있다. 손으로 만지고 주무르거나 둥글게 빚는 등 신체를 움직이면서 아동의 감각적인 경험이 활성화된다. 찰흙 작업을 통해 무엇인가 완성된 작품을 만들 수 있는가? 어느 만큼 통합된 작품을 만드는가? 만약 작업 초기에 퇴행했다면, 이후에 다시 재조직화하는 능력이 있는가? 손에 묻은 찰흙은 어떻게 정리하는가? 재료를 사용하면서 손이나 몸, 주변에 묻은 것을 보고 어떤 반응을 보이는가? 더럽다고 싫어하는 것은 아닌지, 통제가 안 된다고 짜증을 부리는 것은 아닌지 등을 살펴볼 수 있다.

Kramer의 미술치료평가법은 세 종류의 재료를 각각 제공하는 순차적인 과제인데, 연필, 물감, 찰흙 등을 다루는 정도가 유사한지 혹은 재료에 따라 차이를 보이는지 살펴볼 수 있다. 예를 들어, 연필 그림을 그릴 때는 차분하고 완성도가 있었는데 물감 작업을 하면서 갑자기 엉망으로 된다든지, 찰흙 작업을 할 때 중간에 잘 안 되면서부터 찰흙덩이를 집어던지고 엉망으로 만들어 버린다든지 하는 모습을 보일 수 있다. 이렇듯 재료의 종류에 따라서 아동이 어떤 반응을 보이는지 살펴보아야 한다.

마지막으로 아동의 태도를 관찰해야 한다. 작품에 대한 태도, 검사자에 대한 태도, 미술 재료에 대한 태도 등을 고려해야 한다. 자신의 작품을 자랑스러워하는지, 아니면 평가절하하면서 함부로 대하는지, 검사자가 도와줄 때(혹은 어떤 부분을 제한할 때) 무엇이라 반응하는지 등 아동이 검사시간에 보여 주는 모든 태도는 결국 평소에 아동을 둘러싸고 있는 세상과 상호작용하는 방식이 축약되어서 상징적으로 나타나는 것이다. 따라서 이러한 아동의 태도를 면밀하게 살펴보면 아동에 대해 상당히 많은 부분을 알 수 있게 된다.

Part 5
다양한 가족화 검사

5부에서는 가족이라는 주제로 묶인 그림검사법을 소개한다. 전통적으로 많이 사용하는 투사검사로는 동적 가족화와 동그라미 가족화가 있다. 그리고 Kwiatkowska의 가족미술평가법과 Wadeson의 부부평가법도 미술치료를 할 때 검사 및 치료 목적으로 사용하기 좋은 기법이다.

Part 5
다양한 가족화 검사

CHAP+ER 14.
동적 가족화

　동적 가족화는 아동이나 청소년을 대상으로 하는 상담 장면에서 광범위하게 활용되는 그림검사법이다. 영어로 Kinetic Family Drawing(약자로는 KFD)이라고 하는데, 'kinetic'이란 무엇인가 움직임이 포함되었다는 뜻이다.

1. KFD의 개발 배경

　동적 가족화 검사를 만든 사람은 Burns와 Kaufman[1]이다. 이들은 투사적인 그림검사를 많이 만들었던 연구자들이며 Burns는 다른 그림검사 주제도 많이 고안했다. 동적 가족화 이전에는 '가족화'라는 그림검사 기법이 있었다. 동적 가족화라든가 가족화, 집-나무-사람 그림검사는 모두 활발하게 사용되는 그림검사들이다(〈표 14-1〉 참조).

---

1) Burns, R. C., & Kaufman, S. H. (1970). *Kinetic Family Drawings: An introduction to understanding children through kinetic drawings*. New York: Brunner/Mazel.

표 14-1. 연필과 종이만 사용하는 그림검사 중 빈번하게 사용되는 그림검사들

검사 종류	영문 명칭(약자)	재료	특징
집-나무-사람 검사	House-Tree-Person test (HTP)	연필, 지우개, 종이	각각의 종이에 그림
가족화	Draw-a-Family (DAF)	연필, 지우개, 종이	한 장의 종이에 그림
동적 가족화	Kinetic Family Drawing (KFD)	연필, 지우개, 종이	한 장에 모두 그림 움직임이 첨가됨

동적 가족화의 가장 큰 특징은 두 가지다.

- 자신을 포함해서 가족을 모두 종이 한 장에 그린다.
- 인물에 움직임을 첨가한다.

HTP와 같은 그림은 주제마다 다른 종이에 그림을 그린다. 집, 나무, 사람을 매번 새로운 종이에 그리는 것이며 직접적으로 이들 간의 관계를 비교하지는 않는다. 그에 비해 동적 가족화는 대상을 모두 한 장의 그림 속에 그리기 때문에 이들의 상대적인 크기라든가 위치, 서로 간의 관계를 살펴볼 수 있다(이 특징은 가족화 검사도 마찬가지다). 예를 들어, 엄마는 크고 아빠는 작다든가, 그림 속 내담자 옆에 어린 동생이 있는데 엄마나 아빠는 저쪽 멀리 떨어진 곳에 그려졌다든가 하는 등의 정보를 더 얻을 수 있다. 또한 동적 가족화는 움직임을 첨가했기 때문에 더 생생한 장면을 그리게 된다. 일반적인 가족화 검사를 하면, 내담자가 가족 구성원을 나란히 일렬로 세워서 그리는 경우가 많다. 이 경우 그림을 통해 얻을 수 있는 정보가 제한적인 데 비해, '무엇인가 하고 있는 모습'이라는 역동성이 첨부되면 가족 간 관계나 역할, 정서적인 거리 등에 대해 더 풍부한 정보를 얻을 수 있다. 물론 가족이라는 주제가 단순하게 말 몇 마디나 그림 한 장으로 평가할 수 있는 내용

은 아니겠지만, 동적 가족화는 역동성이 더해지면서 가족화가 전달할 수 있는 내용보다 훨씬 더 풍부하고 다양한 내용을 표현하게 된다.

2. KFD의 개관

- 재료: A4용지, 연필, 지우개
- 과제: "당신을 포함해서 당신의 가족 모두에 대해 무엇인가 하고 있는 그림을 그려 보세요. 만화나 막대기 모양 사람이 아니고 완전한 사람을 그려 주세요."

그림검사에 사용되는 도구는 A4용지[2], 연필, 지우개 등이다. 이렇듯 준비가 간단하기 때문에 검사의 활용도도 높은 편이다. 피검자의 연령이 어린 경우 미술 발달 단계를 고려했을 때 색 사용이 큰 의미를 지니지 않을 수 있으므로[3] 연필화 검사만으로도 충분하다고 할 수 있다.

검사의 지시는 다음과 같다.

"당신을 포함해서 당신의 가족 모두에 대해 무엇인가 하고 있는 그림을 그려 보세요.

---

2) 원래 검사에서 사용하는 종이 크기는 8.5×11in이며, 이 크기에 가장 비슷한 우리나라 종이 규격은 A4용지다.
3) 대상 아동의 나이가 5세~초등학교 저학년 정도 될 때까지는 색 사용의 의미가 크지 않다. 색 사용이 정서적인 의미나 개인적인 상징이 되려면 초등학교 고학년 정도의 연령이 되어야 한다. 그전에는 흑-백과 같이 뚜렷한 차이가 도움이 되거나 색을 쓰더라도 도식적인 의미에 불과하다.

만화나 막대기 모양 사람이 아니고 완전한 사람을 그려 주세요."

이 지시에서 중요한 것은, 무엇이든지 어떤 행위를 하고 있는 사람을 그려야 한다는 점과 자기 자신도 잊지 말고 그려야 한다는 점이다. 그림 속에 피검자 자신을 그리는 것이 매우 중요하다. 피검자 자신이 포함되어 있어야 가족 내에서 어떤 역할이나 위치를 담당하는지, 그리고 다른 가족들과의 관계나 심리적인 거리는 어떠한지를 살펴볼 수 있다.

3. KFD의 해석

동적 가족화는 여러 가지 부분들을 중심으로 해석을 할 수 있는데 다음과 같은 다섯 가지를 들 수 있다.

- 인물상의 행위
- 그림의 양식
- 상징
- 역동성
- 인물상의 특성

1) 인물상의 행위

첫 번째 요소는 그림 속 인물이 어떤 행위를 하고 있는가 하는 점을 살펴본다. 인물상의 행위가 상호작용인지, 협동성이 드러나는지, 혹은 피학성이나 가학성이 나타나는지, 아니면 자기애가 보이는지 등 이러한 몇몇 차원에서 살펴볼 수 있다. 사실, 검사의 주제가 '무엇인가를 하고 있는 가족을 그리기'이므로, 인물의 행위가 가장 중요한 요소라고도 볼 수 있다. 상호작용 측면에서 평가하면, 동일한 상황에서 각각의 인물이 동일 행동을 하고 있는지, 아니면 동일한 상황에서 각자 다른 행동을 하는지, 그것도 아니면 다른 상황에서 가족 구성원이 각기 다른 행동을 하고 있는지가 중요하다. 만약 그림 속 가족들이 다른 상황에서 각자 다른 행동을 하고 있는 것으로 묘사된다면, 그 그림을 그린 피검자는 자신의 마음속에서 가족들이 뿔뿔이 흩어져 있고 심리적으로 연결되지 못하고 고립된 것을 보여 준다. 대개의 평범한 보통 아이들은 동일한 상황에서 가족이 동일한 행동을 하는 것으로 묘사하곤 한다.

인물상의 협동성, 피학성, 가학성, 자기애 측면에서도 살펴볼 수 있다. 어떤 행위를 하는 데 있어서 서로 협조적인 분위기에서 하는지, 혹은 경쟁적인 분위기에서 하는지, 아니면 서로 간의 협동이나 경쟁 없이 뚝 떨어진 상태에서 하는지 평가한다. 그리고 가족들이 어떤 행동을 할 때 가학적이거나 피학적인 형태가 나타날 수 있다. 가학성과 피학성은 함께 나타나는 경우가 많다. 예를 들어, 한 사람이 가학적으로 굴고 상대방은 그것을 무기력하게 당할 경우에 피학적인 측면이 커지는 것이다. 마지막으로 인물상의 행위를 보면서 어느 정도로 자기중심적이고 자기애적인 양상을 보이는지 살펴볼 수 있다.

2) 그림의 양식

두 번째 평가요소인 그림의 양식을 살펴보자. 그림의 양식은 그림 속에 인물과 주변 환경을 어떻게 배치하고 있는지 전체적인 관계 맥락을 살펴서 스타일을 나누는 것이다. 그림의 양식은 일반적 양식, 구분 양식, 종이접기 양식, 포위 양식, 가장자리 양식, 인물하선 양식 등으로 나뉜다.

일반적 양식은 가족 구성원들 사이에 가로막는 장벽이 없고, 하나의 공간 안에 함께 있는 모습을 그린 경우다. 대체로 온화하고 우호적인 상호관계를 드러낸다고 볼 수 있다.

구분 양식은 구성원들 각자가 있는 공간이 분리되어 있다. 이를테면 가족 구성원을 선을 그어 분리하거나, 사각형 박스를 그려서 둘러쌈으로써 다른 구성원들과 격리시킨다. 구분 양식은 상담실에 온 아동의 동적 가족화에서 흔히 볼 수 있는 양식 중의 하나다. 이들은 동적 가족화를 그릴 때 구획 나누기를 먼저 하고 각각의 공간에 인물을 그려 넣는다. 이렇게 구분을 짓는 것은 그림을 그리는 아동의 마음에서 '가족이 함께'라는 느낌보다는 '가족은 각자'라는 느낌이 더 강한 것이다. 즉, 그 아이의 마음속에서 가족은 감정적으로 격리된 상태라고 할 수 있다.

그다음 양식은 종이접기 구분 양식인데, 이는 선으로 구분해 주는 양식이 아니라 아예 종이를 접어서 구분해 주는 양식이다. 흔히 가로 세로 각각 한 번씩 접어서 네 칸을 만들고 그렇게 만들어진 칸에 가족 구성원을 그린다. 어떤 아동은 접고 나서 연필로 테두리를 둘러서 확실하게 구분 짓는 경우도 있다. 종이접기 구분 양식은 조금 전에 설명한 구분 양식보다 더 원시적인 방법으로 강력하게 가족 간의 분리를 나타내는 양식이다. 가족관계에서 느끼는 불편한 마음, 불안한 느낌이나 공포가 있지 않나 하고 생각된다. 부모로부터 충분한 지지와 양육을 제공받지 못한 아동의 경우 심리적으로 취약한 면을 가지기 쉽고, 정서적인 면에서 불안정한 모습이 있거나 가족과의 관계가 소원할 수 있다. 그러한 상태에서는 가족을 그릴 때 선으로 나누거나 종이 자체를 접어서 분명한 구획을 나눔으로써 물리적인 거리를 확보하고 안전한 공간을 만들 수 있다. 그러므로 종이접기 구분 양식을 보이는 아동은 마음속에서 가족에 대한 불안을 가지고 있다고도 해석할 수 있다.

네 번째 양식인 포위 양식은 어떤 사물이 사람을 둘러싸고 있는 양식이다. 이를테면 집안에 있는 사람을 그렸는데 책상 뒤에 앉아 있다든가, 야외에서 그네 선과 줄로 사람을 감싸서 포위한 형태다. 대개 사람과 사람 사이에 사물이 있어서 사람이 서로 직접적으로 연결되지는 않는다. 이것은 관계에 있어서 부정적인 면이거나 폐쇄적인 태도를 보여 주기도 하지만, 또 다른 의미에서 살펴보면 자신을 보호하고 지키는 자구책을 가지고 있는 셈이다. 즉, 가족 구성원에게서 스트레스를 많이 받는 경우 자신을 보호하는 나름대로의 방법을 가지고 있는 것이라 할 수 있다.

그다음, 가장자리 양식이 있다. 가장자리 양식은 도화지의 가장자리에 인물을 그리는 것으로, 그림검사를 받을 때 긴장하거나 위축된 경우에도 가장자리에 인물을 그리게 되고, 그림검사를 하고 싶지 않아서 심리적으로 저항이 생긴 아동도 가장자리 양식을 사용한다. 대체로 방어적인 아동의 경우에 종종 이러한 양식을 보이곤 한다.

이 외에 기타 그림의 양식들로는 인물 하선 양식, 상부의 선 양식, 하부의 선 양식 등이 있다. 이러한 양식은 명칭 그대로 그림을 그리고 나서 선을 그은 것이다. 인물 하선 양식은 사람을 그리고 난 뒤 사람 아래에 선을 그은 것이고, 그림의 위쪽에 선을 긋는 '상부의 선' 양식, 아래쪽에 선을 긋는 '하부의 선' 양식 등이 있다. 이렇게 선을 긋는 것은 중요성을 더 강조하는 것이거나 혹은 무엇인가 분명하게 하고 싶은 욕구, 불안함의 반영 등으로 해석할 수 있다.

3) 상징

세 번째 요소인 상징은 그림에 나타나는 사물이 상징하는 바를 말한다. Burns와 Kaufman[4]은 대상들이 무엇을 상징하는지 해석하려고 굉장히 노력했지만, 사실 상징을 직접적으로 해석한다는 것은 쉬운 일이 아니다. 그림에서 빈번하게 등장하는 사물이라면 보편적인 의미를 부여할 수도 있다. TV나 다리미, 자동차, 식탁, 음식물 등은 빈번하게 등장하는 대상이며, 요즘 아동이 많이 그리는 것으로는 책상이나 컴퓨터도 있다. 상

---

4) Burns, R. C., & Kaufman, S. H. (1972). *Actions, styles, and symbols in Kinetic Family Drawings (K-F-D): An interpretive manual*. New York: Brunner/Mazel.

징을 해석할 때 일대일 방식으로 해석할 수는 없다. '이것을 그렸으니까 그것은 이런 뜻이다.'라는 방식의 해석은 지양해야 한다. 왜냐하면 개인마다 특정 사물이 가지는 의미와 느낌은 다를 수 있기 때문이다. 예를 들어, 다리미라고 했을 때 어머니가 가족을 위해서 정성스럽게 수고를 하는 것이라는 느낌으로 받아들이는 경우도 있겠지만, 어린 시절 다리미에 데었던 기억이 있다면 그 사람에게는 다리미가 위험하고 무서운 사물이 될 수 있다.

4) 역동성

네 번째 요소인 그림의 역동성은 그림 속에서 그려진 순서라든가 위치와 크기 등을 바탕으로 관계의 역동성을 추론하는 것이다. 먼저 인물이 그려진 순서가 중요하다. 아동이 그림을 그리면서 누구부터 그렸는가? 대개 아이들은 자기 자신부터 그리거나 어머니부터 그린다. 그리는 순서는 자신에게 중요한 사람 순서대로 그린다고 해도 과언이 아니다. 그러므로 어느 가족 구성원부터 그렸는지 하는 점은 중요한 정보가 된다(그림검사를 할 때 피검자가 그리는 과정을 모두 보고 있는 것이 중요한 것도 바로 이런 이유에서다). 예를 들어, 아버지가 집안에서 별로 큰 역할을 하지 못한다면, KFD 상에서 맨 마지막에 아버지가 등장하는 경우가 많다.

인물의 위치는 도화지 내에서 위쪽, 아래쪽, 왼쪽, 오른쪽, 중앙, 가장자리 중 어디인지 살펴보는 것이다. A4용지는 사실 그다지 큰 종이가 아니지만, KFD 검사를 받는 아동이 어느 정도의 크기로 인물을 그렸냐에 따라서 얼마든지 인물을 서로 다른 위치에 그릴 수 있다. 인물의 위치를 볼 때 피검자가 자신이라고 그린 인물의 위치를 확인해야 한다. 중앙에 있는지 혹은 가장자리에 있는지를 살펴본다. 그런 뒤, 본인의 위치를 중심으로 다른 인물들이 어느 정도로 떨어져 있는가 살펴볼 수 있다. 인물들 간의 관계에서 위치라는 정보는 단순히 그림상에서의 위치라기보다 피검자의 마음속에서 각각의 인물들과

맺고 있는 관계를 상징적으로 보여 주는 것이다. 만약 그림 속에서 주인공과 멀리 떨어진 인물이라면 마음에서도 그만큼 멀리 떨어진 대상이라고 볼 수 있다.

인물의 크기도 중요한 정보다. 특히 학령기 이전이나 초등학교 저학년 아동이라면 객관적인 그림을 그리는 단계에 진입하지 못해서 주관성이 강한 그림을 그린다. 그 대표적인 예가 부모를 묘사할 때 대개 아빠보다 엄마를 크게 그린다는 점이다. 만약 아동에게 아버지가 중요성이 낮다면 그림 속의 아버지 크기는 더 작아진다. 다시 말하면, 아동의 그림에서 크기는 객관적인 지표가 아니라 주관적인 지표다. 그렇기 때문에 인물의 크기만 보더라도 심리적인 상태에 대해 유추할 수 있는 정보를 얻게 된다.

5) 인물상의 특성

인물상의 생략 혹은 추가, 인물의 방향 등을 살펴보아야 한다. 인물의 생략은 가족 구성원을 그리지 않았거나 아니면 한 번 그렸다가 지워서 없애는 것이다. 그렇게 생략한 인물에 대해서 불안감, 공격성, 적대감이 있거나 아니면 그 인물의 중요도가 너무 낮아서 포함되지 못한 것이다.

생략과는 반대로, KFD를 그리면서 가족 구성원이 아닌 다른 사람을 추가해서 그리는 경우가 있다. 이러한 경우, 그 사람은 피검자에게 마치 가족과 같은 역할을 한다고 볼 수 있다. 아동은 그림을 그릴 때 자신의 마음에서 중요하지 않은 것을 그리는 경우는 별로 없다. 그림 속에 삽입되었다면 어떤 식으로든 의미와 중요도를 가지고 있는 대상이다.

그림 속 인물의 방향이 정면, 옆면, 뒷면 중 어느 방향인지도 살펴보도록 한다. 나이가 어린 아동은 거의 정면을 그린다. 만약 뒷면을 그렸다면 정면에 비해서 좀 더 부정적인 감정이나 평가가 들어간 경우라 할 수 있다.

4. KFD 사례

1) 틱 장애를 호소하는 초등학교 남자 아동의 KFD

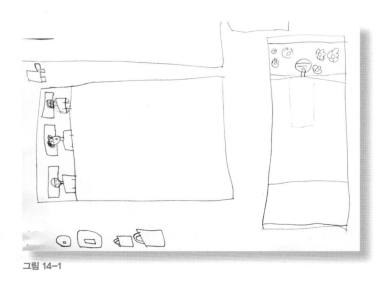

그림 14-1

[그림 14-1]은 초등학교 4학년 남자 아동이 그린 동적 가족화다. 이 아동은 산만하고 학습이 부진한데다 쿵쿵거리는 소리를 내는 틱 행동을 보이곤 했다. KFD 속의 가족은 모두 침대에 누워 잠을 자고 있다. 부모님과 동생은 한 침대에 누워서 자고 있고, 자신은 따로 침대에서 자는데 거기가 시원해서 따로 잔다고 한다. 그러면서 부모님과 함께 자기에는 자리도 좁고 덥다고 한다. 이 작품에서 사용된 양식은 포위 양식이다. 다른 가족들은 한 이불을 덮어 함께하는 공간에 있지만, 그림 속 아동과는 이불과 잠자리를 구분해서 서로 거리를 두고 있다. 그리고 가족이 함께하는 '행위'가 잠을 자는 것인데, 이것은 '함께하는 것'이라고 보기에는 소극적이며 최소한의 교류만이 있다. 휴식이나 편안함을 상징한다고 하기에는 사람에 비해 이불이 너무 커서 압도당하는 느낌도 은연중에 전달

된다. 그리고 가족 옆에 그린 문의 구멍과 자물쇠도 어떤 상징을 가지고 있으리라 짐작되는데, 자물쇠의 기능이 잠김, 비밀, 구분 등임을 고려해 보면 그림의 전체적인 인상에서 아동이 가족으로부터 느끼는 어떤 류의 소외와 분리를 추정해 볼 수 있다.

2) 대인관계가 거의 없는 30대 초반 남성 환자의 KFD

[그림 14-2]는 대인관계가 거의 없고 혼자서 지내는 것 때문에 가족들이 걱정해서 정신과 외래를 방문한 30대 초반 남성의 작품이다. 도화지 위쪽에 있는 인물은 청소기로 청소를 하는 어머니다. 그 밑에 왼쪽 인물은 책상에 앉아 공부하는 자신이며, 오른쪽 인물은 옷장에서 옷을 꺼내는 아버지라고 했다.

이 그림에서도 인물의 크기가 상대적인 힘이나 중요성을 반영하는 것일 수 있다. 아버지나 자신보다 어머니를 더 크게 그렸는데, 실제와는 다르게 표현된 것이다.

그림 전체의 양식은 '포위 양식'이다. 그림 속의 내담자는 책상과 의자에 둘러싸여서 다른 인물로부터 떨어져 있다. 어머니도 청소기가 있고, 아버지도 옷장이 있어서 물건이 사람들 사이를 띄워 놓고 있다. 비록 선으로 분명하게 구분된 것은 아니지만 보이지 않는 경계선을 넘지 않는 듯 각자의 영역에 자리 잡고 있다. 가족 간의 상호작용은 거의 없이 각자의 공간에서 각자의 다른 일을 하고 있다.

어머니는 여러 가지 집안일 중에서 진공청소기로 청소를 하고 있다. 이것은 무슨 의미일까? 그림

그림 14-2

속에 그려진 것들이 우연히 그런 것을 그렸을 수도 있지만, 부지불식간에 상징적인 의미를 지니는 경우도 있다. 진공청소기의 특징을 떠올려 보자. 시끄러운 소음이 나고, 모든 먼지를 빨아들이고 더러움을 없애는 것이다. 진공청소기의 호스 끝 흡입구 부분이 마치 큰 칼처럼 생긴 것도 재미있는 표현이다. 내담자의 그림 실력 때문에 표현이 잘 안 된 것이겠지만, 그냥 막대 모양이 아니라—우연히라도—칼처럼 그려졌다는 점에서 '시끄럽고 공격적인' 엄마, '위에서 군림하는' 엄마를 떠올려 볼 수 있다.

옷장 앞에 서서 옷을 꺼내는 아버지는 바깥으로 나가려고 옷을 찾는 것일까, 아니면 집으로 들어와서 옷을 거는 것일까? 어쨌든 집안에서 푹 쉬고 있다기보다는 외부로 출입하는 길목에 서 있는 것만은 분명해 보인다.

역동적인 영역에서 그려진 순서를 보면, 어머니, 자기 자신, 그리고 아버지를 순서대로 그렸다. 인물의 위치를 살펴보면, 세로로 세워진 A4용지에서 어머니가 중심부에 가까운 위쪽에 위치하고 있다. 인물의 크기 면에서도 어머니가 가장 크다. 인물의 방향은 어머니가 가장 정면에 가까운 모습이고, 내담자 자신은 정면이 조금 보이는 옆면인 데 비해, 아버지는 뒷면을 보이고 있다. 이러한 인물의 방향도 가족 내의 위치나 힘을 보여 주는 것일 수 있다.

인물의 특징에서 가장 두드러진 것은 무엇보다도 얼굴이 생략되었다는 점이다. 얼굴은 그 사람의 정체성을 보여 주는 것이다. 얼굴을 그리지 않았다는 것으로 미루어 보건대, 정체성에서 혼란함이 있거나 스트레스가 심하고 자신감이 없는 상태라고 할 수 있다.

3) 교우관계가 원만하지 못한 남자 아동의 KFD

[그림 14-3]은 틱 행동을 가끔 보이고 친구들과의 관계가 원만하지 못한 초등학교 6학년 남자 아동이 그린 것이다. 그림에서 가장 두드러진 것은 선으로 공간을 나눈 '구분 양식'이다. 왼쪽 위 칸에는 리모컨을 들고 TV를 보는 어머니가 있다. 오른쪽

위 칸은 회사에서 컴퓨터 자판을 '탁탁탁' 치면서 일하고 있는 아버지가 있다. 왼쪽 아래는 '책들'이 있는 책꽂이와 책상 앞에 앉아서 '플레이스테이션'을 하는 자신의 모습을 그렸다(PSP는 플레이스테이션 포터블의 약자다). 오른쪽 아래의 동생은 친구들과 함께 놀고 있는 모습이라고 한다.

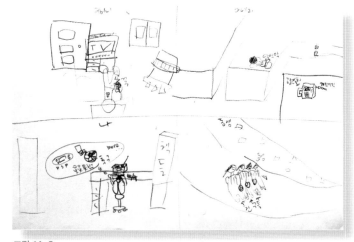

그림 14-3

그림에 등장하는 TV, 책, 오락기, 회사도 각각 상징하는 것이 있다. 리모컨은 어떠한가? 편리하게 조종하고 조절하는 것의 대명사라고 볼 수 있다. 어머니의 태도나 행동이 아이의 눈에는 그렇게 비춰졌을 수 있다.

그려진 순서를 살펴보면, 어머니 〉아버지 〉자기 자신 〉동생의 순서다. 인물의 크기도 마찬가지로 어머니가 가장 크게 그려졌고, 아버지나 자신은 작게 표현되었다.

인물의 방향을 살펴보면, 동생을 제외하고는 모두 뒤돌아선 모습이거나 위에서 아래로 내려다본 시점으로 그려졌다. 대부분 얼굴이 나타나지 않는 각도다. 얼굴 정면에서 생략한 것은 아니지만, 얼굴이 생략되게끔 그려졌다. 얼굴이 생략되고 인물에 대한 전반적인 묘사가 간략한 것에 비해서 주변 환경이나 사물에 대한 묘사는 세부적이고 부연설명이 주어졌다. 이와 같이 인물보다 사물 혹은 배경에 더 많은 에너지를 투자하는 경우는 내담자 작품에서 종종 관찰되곤 한다. 사람을 묘사하는 것은 심리적으로 불편하지만(단순히 잘 그리거나 못 그린다는 차원을 넘어서서), 자기의 마음을 알아주었으면 하는 바람이 있기 때문에 세밀하게 묘사하고 설명하고 싶어 한다. 그래서 주변 환경에 집중하게 되는 것이다. 이 피검자가 '자신'을 묘사한 것도 살펴보면, 자기 자신은 그냥 의자에 파묻힌 작은 뒷모습만 그렸지만, 자신이 다루고 있는 플레이스테이션 기계라든가 책상 위 라디오, 책장은 훨씬 더 세밀하게 그렸다.

이 아동의 KFD에서 두드러진 또 하나의 특징은 글씨를 많이 써서 내용을 설명하고 있다는 점이다. TV를 그리고는 그 옆에 'TV', 리모컨을 든 손에는 '꾹', 아버지 회사에는 '공중전화' '끼릭끼릭', 책꽂이에는 '책들', 그려진 인물이 누구인가 지정해 주는 말들은 모두 부연설명에 해당한다. 이러한 '부연설명'은 자신의 관심사를 보여 주는 것이기도 하지만, 분명하게 하고 싶은 마음, 혹은 이해받고자 하는 욕구를 반영하는 것이다. 그러한 욕구가 있다는 것은 어른들이 이 아동의 마음을 잘 헤아려 주지 않았거나 충분히 소통하지 않았기 때문일 가능성이 있다.

4) 등교거부와 인터넷 중독을 보이는 남자 고등학생의 KFD

[그림 14-4]는 등교거부와 인터넷 중독 문제로 정신과에 내원한 고등학교 남학생의 KFD 그림이다. TV를 함께 보고 있는 가족의 모습을 그렸는데, 그림의 양식은 일반 양식이다. 가족은 동일 상황에서 동일 행동을 하고 있지만, 인물 간의 상호작용은 별로 없고 다소간에 소극적이다.

크기 면에서 TV가 상당히 확대되어 있어서 상대적으로 인물은 더 작고 힘이 없어 보인다. 그림을 그린 피검자는 고등학생이므로 미술 발달 단계상 객관적으로 인물의 사이즈를 그릴 수 있을 것이다. 그런데도 TV를 지나치게 크게 그렸다는 것은 피검자의 마음에서 인간관계보다 사물이 더 큰 의미를 차지하고 있는 것을 반영했을 수 있다. 그리고 TV를 중요한 사물로 그렸지만, 정작 보고 있는 TV의 내용은 없다. 워낙 커서 텅 빈 스크린 같은 느낌을 주기까지 한다.

그려진 순서에서도 TV가 가장 먼저 그려졌으므로 인물들은 TV를 바라보는 방향으로 뒷모습만 보여 주고 있다. 물론 평범한 사람들도 동적 가족화를 그릴 때 함께 TV를 시청하는 모습을 그리곤 한다. 그런데 TV를 그리고 나서 사람을 그리려다 보니 "어? 뒤돌아 앉은 모습으로 그려야 되네요?"라고 되묻거나, 뒤돌아 앉은 사람 1~2명과 옆 모습을 보이는 사람 1~2명을 그리는 경우가 많다. 그러므로 이 작품에서 인물이 모두 뒷모습만 보이고 있고, TV와의 상대적 크기에서 차이를 보인다는 점은 피검자가 무기력하게 느끼거나 위축된 심리적 상태를 나타내는 것으로 해석할 수 있다.

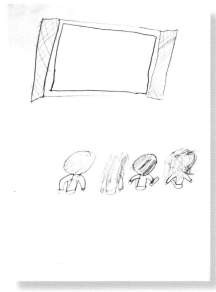

그림 14-4

피검자는 TV를 그린 다음, 좌측부터 순서대로 아버지, 여동생, 자신, 어머니를 그렸다. 머리 모양을 통해 누가 누구인지를 나타내고 있다. 리모컨을 쥐고 있는 인물이 자기 자신인데, 리모컨은 TV 채널을 결정하고 소리 크기를 제어할 수 있는 조절기다. 어쩌면 가족 내에서도 자신이 어떤 부분들을 좀 더 변화시키거나 조절하고 싶은 욕구, 가족 구성원을 자신의 뜻대로 움직이고자 하는 소망 같은 것을 반영하는 것으로 보인다.

5) 친구가 없는 여자 아동의 KFD

[그림 14-5]는 초등학교 5학년 여자 아동이 그린 KFD 그림이다. 이 아동은 학교에서 말도 잘 하지 않는데다 붙임성이 없어서 친구가 없다고 한다. 어머니는 직장생활을 하는데, 아이만 보면 답답하고 화가 난다면서 '괜히 애를 낳아 가지고 나만 더 힘들어졌다.'고 말할 만큼 아동과 어머니의 관계는 좋지 않다.

아동이 그린 KFD에서 가장 큰 특징은 '그림의 순서'였다. 아동은 가구와 배경을 먼저 다 그린 뒤, 사람을 하나씩 그리기 시작했다. 대개 평범한 아동들은 사람을 먼저 그리고

그림 14-5

그다음으로 가구나 주변 배경을 그린다. 그런데 가족 간 문제가 심하거나 정서적인 면과 대인관계적인 면이 발달하지 못한 아동의 경우에는 사람보다 사물과 배경을 그리는 것에 더 큰 관심을 기울이고 그림 순서상에서도 사물과 배경을 우선해서 그린다. 이 아동도 사물과 배경을 먼저 그렸으며, 그다음 자기 자신(도화지 우측에 싱크대에서 설거지를 하는 모습)을 그리고 아버지와 동생(도화지 윗부분의 소파에서 TV를 보는 모습), 마지막으로 어머니(도화지 중앙에서 청소기를 들고 청소하는 모습)를 그렸다. 순서상 맨 마지막에 그린 점은 아동이 어머니에 대해 가진 심리적 부담감을 나타내는 것일 수 있다.

위치나 크기 면에서 어머니가 가장 크고 중심을 차지하고 있는데, 아동이 어머니의 눈치를 보며 좋은 평가를 받기 위해 애쓰고 있다는 것을 짐작하게 한다. 아버지와 동생은 TV를 시청하며 놀고 있지만, 자신은 청소하는 어머니와 유사하게 설거지를 하고 있다는 점 역시 그러한 추정을 하게끔 한다. 처음에는 아동 자신도 TV를 보는 사람으로 그리려 했던 것 같은데(소파에 지워진 인물이 하나 있음), 설거지를 하는 자신을 그림으로써 '칭찬 받을 만한 딸'로 표현하고자 했던 것이 아닌가 한다.

그림에 보이는 전반적인 발달 단계는 도식기라고 할 수 있다. 공간의 시점이 여러 개 존재하는 것이라든가, 도식적인 인물 묘사가 도식기의 특징을 보여 준다. 아동은 자신의 신체적 연령보다 발달 단계상 좀 더 낮은 미술 발달 단계를 보여 주는데, 어쩌면 이러한 모습은 이 아동이 정서적인 면에서나 가족 관계에서 충분히 발달을 이루지 못했거나 퇴보했을 가능성을 내비친다.

6) 틱장애를 보이는 남자 아동의 KFD

[그림 14-6]은 초등학교 4학년 남자 아동이 그린 KFD이다. 행동틱과 음성틱이 심한 아동인데 다리와 팔을 흔들기, 손톱 뜯기, 눈 깜빡이기, 킁킁거리는 음성틱 등을 보인다. 어려서부터 계속 병원 치료도 받았고 상담도 받고 있지만, 틱 행동뿐 아니라 쉽게 화를 내고 소리 지른다든가 물건을 집어던지고 부모와 선생님께 반항적인 행동을 하는 등 문제 행동을 보이고 있다.

아동의 그림은 세부 묘사가 있는데도 인물이 분명하게 묘사되지 않아서 첫눈에 알아보기가 쉽지 않다. 화면 중앙에는 아버지가 소파에 누워 TV를 보고 있는 모습이라고 한다. 화면 위쪽은 싱크대인데 설거지를 하는 어머니가 있고(어머니의 크기가 매우 작다), 화면 좌측 아래는 위에 선을

그림 14-6

그어서 구역을 나눈 뒤 방에서 공부하다가 잠을 자고 있는 형을 그렸다. 그림 속의 '나'는 바깥에서 놀다가 심심해서 집으로 들어왔다고 한다(화살표가 들어온 모습을 의미한다). 싱 크대의 수저통이나 형의 책상 위 책과 연필 지우개는 자세히 묘사된 것에 비해, 인물의 묘사는 막대기 모양 사람에 가까울 정도로 부실하다. 아무렇게나 선을 그은 것도 많아서 어지러운 인상을 준다.

아버지와 '나' 사이에는 서로를 막고 있는 물건이나 구분선이 없어서 일반 양식이라 할 수 있지만, 실제로 두 사람이 어떤 활동을 공유하거나 관련된 행위를 하고 있지는 않 다. 마찬가지로 어머니나 형도 함께 공유하는 행동은 없다. 가족은 모두 각자 자신이 선 택한 일을 하고 있을 뿐인데, 그 일이 즐거워 보이는 가족은 아무도 없다.

7) 일반적인 여자 초등학생의 KFD

그림 14-7

마지막으로 [그림 14-7]은 별다른 생활 문제가 없는 평범한 초등학교 6학년 여자 아동이 그린 KFD이다. 가족들이 함께 집안일을 하고 있는 장면이라고 한다. 왼쪽부터 아버지(국의 간을 보고 있음), 오빠(설거지를 하고 있음), 어머니(요리하고 있음), 나(청소하고 있음) 순서로 각자 맡은 일을 하고 있다. 가족들 각자가 무엇을 할지는 가위바위보를 해서 이긴 사람부터 선택했다고 한다. 그림 속에서 눈동자를 그려 넣지 않은 것이나 얼굴이 단순하게 묘사된 것, 손가락까지 상세하게 그리지 못한 것 등은 이 그림을 그린 아동이 나이에 비해 그림을 잘 그리는 아동은 아니라는 점을 보여 준다. 일반적인 양식이 사용되었고, 협동적이며 평범한 일상생활을 공유하는 장면을 주제로 그린 것 등은 아동이 심리적으로 건강함을 시사한다.

CHAPTER 15

동그라미 중심 가족화

아동 및 청소년 미술치료 클리닉에서 자주 사용하는 미술치료 검사법 중에 동그라미 중심 가족화가 있다. 동그라미 중심 가족화는 Burns가 개발했고, 1990년도에 발표되었다.[1] 영어 명칭은 Family‑Centered Circle Drawings로 줄여서 FCCD 검사라고 부른다.

동그라미 중심 가족화는 네 가지 유형으로 제시된다.

- 동그라미 중심 어머니 그림
- 동그라미 중심 아버지 그림
- 동그라미 중심 자신 그림
- 동그라미 중심 부모-자녀 그림

대개 동그라미 중심 가족화를 그릴 때, 1, 2, 3번을 그리도록 한다. 4번은 Burns가 나

---

1) Burns, R. C. (1990). *A guide to family‑centered circle drawings.* New York: Brunner/Mazel.

이 어린 아동들이 그림을 여러 장 그리는 것을 어려워하거나 힘들어할 수 있으므로 한 장에 모두 그리도록 배려한 것이다. 최근 경향으로 볼 때, '동그라미 중심 가족화'라고 하면 1, 2, 3번을 지칭하고, 4번 유형은 따로 떼어서 '동그라미 중심 부모-자녀 그림'으로 부르고, 독립적으로 실시한다.

1. FCCD의 개관

- 재료: A4용지, 연필, 지우개(색연필, 크레파스, 파스텔 등을 사용할 수도 있다.)
- 과제: ① 첫 번째 과제—동그라미 중심 어머니 그림
  ② 두 번째 과제—동그라미 중심 아버지 그림
  ③ 세 번째 과제—동그라미 중심 자신 그림
  ④ 네 번째 과제—동그라미 중심 부모-자녀 그림

동그라미 중심 가족화는 연령제한 없이 실시할 수 있고, 주제와 종이 크기에 대한 제한 외에 다른 제한은 없다. 사용하는 용지는 8.5×11in 흰 종이인데[2] 우리나라의 경우 A4용지를 사용하면 된다. A4용지를 제시할 때 원이 그려진 상태로 주도록 한다. 원은 지름이 19~22cm 정도 되는데, A4용지 가장자리에서 1cm 정도만 떨어지고 거의 꽉 들어차게 그리면 된다. 회화재료는 흔히 연필과 지우개를 제공하지만, 피검자가 원하면 색연필이나

---

2) 대부분의 그림검사는 8.5×11in 크기의 종이를 사용한다. cm로 환산하면 21.59×27.94cm이며, 이는 A4 용지(= 21×29.7cm)와 비슷한 크기다.

크레파스 등 다른 재료를 사용할 수도 있다. 그림을 그리는 시간에 대한 제한은 없다.

검사의 지시는 다음과 같다.

> "원의 중심에 어머니를 그리세요. 그리고 원의 주변에는 그려진
> 인물에 대해서 자유롭게 생각이 떠오르는 대로 그려 주십시오.
> 인물은 전체 인물로 그리시고요, 막대기나 만화 같은 그림으로 그
> 리지 마세요."

그런 다음, 동일한 지시가 아버지 그림과 자기 자신을 그리는 것에 대해 각각 순서대로 주어진다. 네 번째 주제인 부모와 자신을 함께 한 장의 종이에 그리는 것까지 하기도 하지만, 대개 총 세 장으로 마무리한다(혹은 네 번째 그림만 그리기도 한다).

그림을 다 그리고 나면 그림에 대해서 내담자가 설명할 수 있도록 질문과 대화를 나눈다.

● 검사 안의 작은 검사: 동그라미 중심 부모-자녀 그림

'동그라미 중심 부모-자녀 그림'은 '동그라미 중심 가족화'의 유형 중 하나이며 연이어 그리는 시리즈 중에서 네 번째 그림검사로도 사용한다. 이 검사는 영어로 Parents-Self-Centered Drawing라고 부르며, 줄여서 PSCD라고 부른다.

PSCD의 지시는 다음과 같다.

> "원의 중심에 부모와 자신을 그리세요. 막대기나 만화 같은 그림이
> 아닌 전신상을 그려 주세요. 그리고 원의 가장자리 주변에 그리고
> 싶은 것을 무엇이든 그려도 돼요."

검사시간에 대한 제한은 없으며, 그림재료라든가 집단실시 등에 대한 제약도 없다. 동그라미가 그려진 A4용지를 사용하는 점이 동일하고, 부모와 자기 주변에 상징물을 그리는 점이 동일하다. 그런데 한 가지 차이점은 한 장을 사용하느냐, 여러 장을 사용하느냐 하는 점이다. 동그라미 중심 부모-자녀 그림은 종이 한 장에 부모와 자기 자신을 모두 그리도록 한다. 그에 비해 동그라미 가족화는 각각의 인물을 각각의 종이에 그리도록 한다.

여러 장에 각기 그렸을 때와 한 장에 모두 그렸을 때 어떤 점에서 차이를 보일까? 이는 HTP와 KHTP의 차이와도 유사하다. HTP는 각각의 종이에 집, 나무, 사람을 그리고, KHTP는 한 장의 종이에 그 모두를 그린다. 종이마다 하나의 주제만을 그리게 되면 해당 주제에 대해서 깊게 표현할 수 있는 장점이 있다. 그에 비해 여러 가지를 한 장에 그렸을 때는 각각의 대상이 상대적으로 어떠한지를 살펴볼 수 있는 장점이 있다. 즉, 상대적인 크기라든가 서로 간의 거리나 위치를 비교해 볼 수 있다.

만약 인물을 각각 그렸을 때 인물상이나 상징 내용이 풍부하고 다양하게 나온다면, 각각을 그리는 것이 더 충분한 정보를 얻을 수 있는 방법이지만, 나이 어린 아동이거나 그림 표현이 풍부하지 않을 경우에는 한 장에 모든 것을 그리도록 하는 PSCD가 더 적합한 방법이라 할 수 있다.

2. FCCD의 특징

동그라미 중심 가족화는 무엇보다 '원'을 사용하는 것이 가장 큰 특징이다. Burns는 동그라미 중심 가족화를 고안하면서 만다라 기법과 Jung의 심층심리학에 영향을 받은 바 있다고 언급했다. '만다라'는 원을 뜻하는 산스크리트어인데, 원형은 매우 기본적인 형태일 뿐 아니라 어떤 의미에서는 힘을 가지고 있는 특별한 형태라고 여겨진다. 원형으로 표현할 수 있거나 상징하는 것은 태양과 우주를 비롯해서 중심, 에너지, 핵심, 힘 등이 있다. 그러한 상징성 외에도 도화지에 원이 삽입되면서 초점을 맞출 수 있는 중심이 생긴다. 그림을 그리는 도화지의 가장자리도 경계선의 기능을 하지만, 도화지 안에 동그라미선이 더해지면서 보다 분명한 경계선이 생겼다고 할 수 있다.

사실, 도화지에 원이 그려진 것이 무슨 차이가 있을까 의문을 가질 수 있을 것이다. 그런데 원이든 혹은 사각형이든 종이 위에 선으로 그려진 도형이 있다는 것만으로도 좀 더 중심에 집중할 수 있게 하는 효과를 지닌다. 물론 원이라는 형태 자체가 다른 형태보다 더 중심에 응집시키는 효과가 있다.

3. FCCD의 해석

동그라미 중심 가족화는 동적 가족화나 인물화와 해석을 공유하는 부분이 많다. 그와 더불어 다음의 해석 기준을 살펴보자.

첫째, 인물상의 상대적인 크기를 비교해 본다. 어머니, 아버지, 자신을 그렸는데 누구를 가장 크게 그렸는가? 피검자에게 중요한 인물이 가장 크고, 중요하지 않은 인물들은 그에 비해 더 작게 그려졌을 것이다. 인물상의 상대적인 크기는 그 인물이 가지는 심리적 크기라고 할 수 있다.

둘째, 신체 각 부분에 있어서 생략이나 과장을 살펴볼 수 있다. 그리는 사람이 의도하거나 의식하지 않았어도 어떤 부분이 생략되었거나 반대로 과장되었다면 그 신체의 부분과 관련된 심리적인 기능에 문제가 있을 가능성이 있다. 예를 들어, 발이나 다리가 생략되었다고 하자. 발과 다리의 기능은 일어서는 것, 걸어가는 것이다. 사람을 지탱해 주고, 그가 원하는 곳에 갈 수 있게 해 주는 것은 발과 다리의 기본적인 기능이다. 그러므로 그러한 기능이 잘 되지 않을 경우 그림에서 발과 다리를 생략함으로써 이러한 심리적 상태를 상징적으로 보여 주기도 한다.

셋째, 인물들 각각의 얼굴 표정을 살펴본다. 웃고 있는지, 무표정한지, 침울해 보이는지, 인물들마다 다른 표정인지 살펴보도록 한다.

넷째, 피검자가 묘사한 인물의 상징은 어떤 것인가? 상징 속에 해당 인물의 어떤 면이 표현되었는가? 직업이나 행동을 그 사람의 대표적인 것으로 보여 주는가? 아니면 그 사람의 느낌, 그 사람에 대한 감정을 대표적인 것으로 보여 주는가? 그 사람의 직업이나 신분/지위를 대표하는 사물을 그리는 것은, 비록 그 사람을 나타내는 것이기는 하지만 관계나 감정이 실리지 않은 건조한 표현이다. 가족이라 하더라도 심리적으로 소원한 관계인 경우에 직업이나 일을 대표하는 것으로 상징을 그리는 경우가 많다. 예를 들어, 어머니의 상징으로 프라이팬을 그리고 요리를 해 주시기 때문이라든가, 아버지의 상징으로 가방을 그리고 회사에 다니면서 가방을 들고 가기 때문이라고 하는 것 등이 그러한 예에 해당한다. 이 외에 상징의 수준에 있어서도 일상적인 사물을 상징으로 사용했는가? 아니면 통상적인 상징물(하트라든가 별, 웃고 있는 얼굴 등)을 사용했는가? 혹은 개인적인 의미를 담은 추상화한 상징을 사용했는가? 통상적인 상징물은 때로 별다른 의미가 없을 때가 있고, 일상적인 사물을 사용한 상징은 구체적인 행위나 지위를 나타내는 것일 뿐 깊이 있는 정보를 담지 못하고 있을 때가 많다. 개인적인 의미를 담은 추상화한 상징이라야 관계의 질과 감정 교류에 대해 살펴볼 수 있는 여지가 생긴다.

1) FCCD에 나타난 건강한 부모-자녀 관계

동그라미 중심 가족화에서 건강한 부모-자녀의 관계는 다음과 같은 특성을 지닌다. 먼저 생략이나 과장이 없고, 그려진 인물들의 표정이 밝으며, 인물의 신체 각 부위가 균형을 이루고 있고, 인물 주변의 상징이 밝고 희망적이다. 자신을 그렸을 때는 자기상이 중심에 있고, 부모상을 각각 그렸을 때에도 인물이 중심에 위치하고 있다. PSCD의 경우, 인물들의 거리가 적절하고, 원 안에서 세 인물이 모두 균형 잡히게 자리하고 있다. 그림의 전체적인 느낌이나 표현된 세계는 대체로 긍정적인 편이고 희망이나 소망을 반영하고 있다. 이러한 동그라미 가족화 그림은 부모-자녀 관계에 있어서 건강한 면을 많이 반영해 주는 것으로 해석할 수 있다.

2) FCCD에 나타난 건강하지 않은 부모-자녀 관계

첫째, 신체 부위가 생략되어 있다. 얼굴에서 눈, 코, 입이 생략되는 경우라든가, 인물상 전체를 그렸는데 주요 신체 부위가 생략된 경우다. 의도하든 의도하지 않았든, 생략된 신체 부위가 있으면 심리적으로 건강하지 않을 가능성이 높다.

둘째, 얼굴 표정이 부정적이다. 아동과 청소년은 그림에 나타나는 인물 표정이 자신의 마음을 대변할 때가 많다. 상대에 대해 부정적 마음이 있을 때는 그림 속 인물의 표정 또한 부정적으로 표현된다. 예를 들어, 아버지를 싫어하면 기분 나쁜 표정으로 묘사하는 것이다.

셋째, 주위의 상징이 굉장히 부정적이다. 예를 들어, 칼 같은 것, 찢어진 것, 부러진 것, 깨진 것을 그린다.

넷째, 크기가 부적절하거나 왜곡이 있다. 작은 것을 지나치게 크게 그렸다든가 큰 대상을 너무 작게 그렸다면 심리적으로 건강하지 않은 것이다. 크게 그린 경우에는 인물상 전체를 모두 묘사하지 못하고 일부분은 생략될 수밖에 없었을 것이다.

다섯째, 중심에 아무것도 그리지 않았다. 예를 들어, 어머니와 상징을 그렸는데, 동그라미 안쪽 중심 부분에 아무것도 그리지 않고 비워 둔 채로 원의 가장자리에 그림을 그렸다면 이 역시 심리적으로 건강하지 않은 것이다.

그 외에 부모와 자신을 함께 그렸는데 시선이 서로 다른 쪽으로 향하고 있다든가 자세가 등 돌리는 형태라든가 하는 것도 건강하지 않은 부모-자녀 관계를 상징한다.

아동은 그림을 그리면서 자신이 심리적으로 경험하는 바를 가감 없이 표현할 때가 많다. 마음이 부대끼고 힘들면 그림에서도 부정적이고 힘든 표현을 솔직담백하게 한다. 그러므로 동그라미 중심 가족화에서도 전체적으로 보아 밝고 건강한 표현이 아니라 힘들거나 불안하거나 긴장감이 있는 표현이 나타났다면 이는 그것을 그린 피검자의 내면을 표현하는 것이라 볼 수 있다.

4. PSCD 사례

이 장에 제시된 사례에서는 모두 동그라미 중심 부모-자녀 그림이 제시되었다. 실제 임상 현장에서는 짧은 시간 내에 효율적인 검사 진행을 위해서 한 장에 부모와 자신을 모두 그리는 방식을 자주 사용한다.

1) 어머니가 돌아가신 남자 아동의 사례

[그림 15-1]은 초등학교 4학년 남자 아동이 그린 PSCD 그림이다. 아동의 어머니는 아동이 만 5세 때 자살했고, 이후 아동은 아버지, 할머니와 함께 살았다. 그림을 보면, 동그라미 위쪽에 아버지를 그렸고, 아래쪽의 좌측에는 자기 자신, 우측에는 어머니를 그렸다. 그린 순서도 아버지 〉 자기 자신 〉 어머니 순서이며, 크기도 이 순서와 동일하다. 일반적으로 아동의 그림에서 어머니가 크게 그려지는 것과 달리, 이 아동의 그림에서는 가장 작게 그려졌다.

또 인물의 신체에서 모두 생략된 부분은 '목'이다. 이 나이 또래 아동이 목을 생략하는 것은 흔한 일인가? 그렇지 않다. Koppitz는 인물상에서 목이나 발을 생략하는 것이

만 5세 남자 아동이라면 발달적인 면에서 보았을 때 정상적 반응이며 흔히 있는 일이라고 하였다. 그러면서 비교하기를 만 10세 정도라면 목이나 발의 생략이 발달적인 면에서나 정서적인 면에서 문제를 가지고 있음을 시사한다고 보았다. 이 그림을 그린 아동 역시 만 10세, 초등학교 4학년이라는 점을 고려할 때 일반적인 반응이라기보다는 특이한 반응으로 평가할 수 있다. 정서적인 면에서는 경직된 상태, 위축된 상태를 고려할 수 있고, 개인사적인 면을 고려하면 어머니의 자살과 연관성이 있을 수 있다. 즉, 아동의 어머니는 화장실에서 목을 매어 자살했는데, 이후 아동이 화장실에 쓰러져 있는 어머니를 발견했고 그

그림 15-1

옆에는 목을 매었던 끈이 있었다고 한다. 그래서 어쩌면 목의 생략은 아동이 어머니의 죽음으로 인해 받은 외상적 기억과 관련이 있을 것이라 여겨진다.

그림 속에서 어머니 상징으로 화장품과 비누를 그렸는데, 화장품이야 여성을 떠올릴 때 흔히 나오는 전형적인 것이라 하더라도 '비누'는 의외성을 지녔다. 어쩌면 화장실에서 마지막으로 본 어머니의 모습과 연관성을 가지고 있을 수 있다. 비누가 깨끗이 씻을 때 사용하는 세정용품임을 고려하면, 아동은 무엇인가 '씻고 싶은 것'을 은연중에 떠올렸는지도 모른다. 어머니에게서 보았던 슬픈 죽음을 씻어 내고 싶은 것일 수도 있고, 마음의 상처를 씻고 싶은 것일 수도 있고, 그냥 무작정 뭔가를 씻어 내고 싶을지도 모른다. 어쨌든 PSCD 그림을 통해 아동은 여전히 어머니와 관련된 어두운 기억이 자신에게 영향을 주고 있음을 보여 주고 있다.

2) 부모가 이혼한 남자 아동의 사례

그림 15-2

[그림 15-2]는 초등학교 3학년 남자아동이 그린 PSCD 그림이다. 이 아동의 부모는 이혼을 했고 아버지 쪽에서 아이를 맡아 양육하고 있다. 전문직에 종사하는 아버지는 경제적으로 넉넉한 편이지만 항상 바빠서 아동과 함께 시간을 보내지 못한다고 한다. 어머니 역시 지방에서 생활하면서 가끔 올라오고 자주 만나지 못한다고 한다.

아동은 원의 중간에 철조망 같기도 하고 담벼락 같기도 한 형태를 맨 먼저 그렸다. 그 다음에 아버지를 그렸고 휴대폰을 상징으로 그렸다. 자신은 화면의 우측 위에 그렸고 그 아래에 '앵그리버드'의 캐릭터를 그렸는데, 멋있어서 좋다고 했다. 마지막으로 어머니를 그렸는데 상징을 그릴 때에는 한참 망설이다가 만 원짜리 지폐를 그렸다.

인물의 신체 부위가 생략된 점이 눈에 띄는데, 아동 자신을 묘사한 것에서 손과 발을 그리지 않았다. 어머니 인물상은 아래쪽에 그렸기 때문에 전신상이 나오기 어려웠을 수도 있지만 어쨌든 가슴 윗부분을 제외한 몸통과 팔, 하반신 등이 생략되었다.

얼굴 표정은 모두 웃고 있어서 긍정적으로 평가할 수도 있지만, 어머니의 얼굴 표정이 가장 단순하게 묘사되었고(앵그리버드의 상세한 묘사와 대조되어 더욱 그렇게 느껴진다) 전형적이거나 획일화된 얼굴 그리기가 아닐까 의심된다.

특정한 대상의 상징이 아닌 철조망 형태는 그림 속 인물들보다 훨씬 더 크고 원의 중심에 자리 잡았으며, 아동과 아버지를 분리하고 있고 이들의 심리적 거리는 멀어 보인다. 어머니와의 사이에는 앵그리버드가 있어서 두 사람의 거리가 멀어졌다. 어쩌면, 이 아동은 앵그리버드로 상징되는 자신의 세계에서 위안을 얻을 뿐, 아버지나 어머니와의 직접적인 관계가 소원하다는 것을 자신도 모르게 그림으로 표현하고 있는지도 모른다.

3) 일반 여자 아동들의 그림

그림 15-3

[그림 15-3]을 그린 피검자는 평범하고 건강한 일반 가정의 초등학교 4학년 여자 아

동이다. 평소에도 그림 그리는 것을 좋아한다고 하는데, 그림에 나타난 묘사 수준을 보면 자기 또래보다 더 성숙한 것을 볼 수 있다. 왼쪽부터 엄마, 자신, 그리고 아빠를 그렸으며, 각자를 상징하는 것에 대해서도 칸을 나누어 가며 세밀하고 다양하게 묘사하였다. 꽃무늬 티셔츠를 입은 엄마의 상징은 물감과 '블라블라(잔소리)', 아이들, 카멜레온, 싸이월드라고 한다. 어머니의 직업이 학생들에게 그림을 가르치는 것이기 때문에 그렇게 그렸고, 또 평소에 잔소리를 많이 하는 것, 그리고 상황에 따라 변하는 모습을 보여 줘서 그렇게 그렸다고 한다. 자신의 상징으로는 음악과 마이크로소프트 파워포인트, 블로그, 안경 등을 꼽았다(요즘은 초등학교 4학년도 파워포인트를 쓴다는 데에 필자도 적잖이 놀랐다). 아동은 음악 하는 것과 컴퓨터를 쓰는 것, 블로그를 운영하는 것, 그리고 안경을 쓰는 것 등이 좋다고 한다. 마지막으로 아버지의 상징은 인스턴트 음식을 좋아하고 모자와 티셔츠를 즐겨 입으며 매일 자전거를 타기 때문에 그런 것들을 그렸다고 한다.

인물 묘사에서 신체 부위가 생략된 부분은 찾을 수 없으며, 전체적으로 균형을 이루고 있고, 가족 간의 거리도 가깝다. 얼굴 표정도 밝고 상징도 다양하며 실제 생활을 반영해 주는 것들로 가득하다. 이러한 특징은 앞서 살펴본 두 그림과 대비해서 볼 수 있는 면들이다.

[그림 15-4]는 평범한 초등학교 5학년 여자 아동이 그린 PSCD 그림이다. 왼쪽의 아버지를 그리는 것으로 시작해서 여동생, 자기 자신, 그리고 어머니 순서로 그렸

그림 15-4

다. 가족의 상징물로는 아버지는 일하러 가실 때 들고 가는 가방을, 동생에게는 강아지를, 그리고 자신은 좋아하는 동물이 너무 많아서 다 표현할 수 없어서 '동물'이라고 썼고, 어머니는 요즘 핸드폰을 자주 사용하기 때문에 '핸드폰'을 그렸다고 한다.

4) 건강하고 평범한 여고생들의 그림

그림 15-5

[그림 15-5]는 고등학교 여학생이 그린 PSCD 그림이다. 사실적인 묘사가 두드러지며 여러 가지 풍부한 표현들이 눈에 띈다. 곳곳에 유머도 보이는데, 이를테면 아버지의 상징으로 골프채나 술도 그렸지만, 방귀도 그린다든가 하는 식이다. 어머니는 몸이 불편하신 분인데 휠체어에 앉은 모습으로 그렸고, 어머니의 상징으로는 복잡한 생각, 책, 수영 등이라고 한다. 자신의 상징은 문제집, TV, 손에 든 돈 등을 그렸고 요즘 학교에서 공부하느라 스트레스를 받는 것과 가지고 싶은 것 등에 대해 이야기했다. 마지막으로 남동생에게는 컴퓨터와 간식거리(핫도그)를 그렸다.

이 그림의 인물들도 모두 정자세로 서 있거나 휠체어에 앉아 있지만 나름대로의 이야기가 풍부한 것으로 보인다. 말풍선으로 표현된 상징 외에도 각자 손에 귀중하게 생각하는 것을 하나씩 다 들고 있는 점이라든가, 자잘한 세부 묘사가 더해진 점, 얼굴 표정도 사실적으로 그린 점 등으로 인해 마치 생생한 가족사진을 보고 있는 느낌이 든다.

특히 심리적으로 건강하다고 여겨지는 점은 부모에 대해 느끼는 좋은 점이나 안 좋은 점을 골고루 표현하는 것이며, 유머러스한 표현과 실제적인 어려움도 함께 표현하는 점이다. 이렇듯 서로 상반된 점들을 모두 표현할 수 있는 것은 심리적으로 통합된 사람들이 보이는 특징 중 하나다. 좋은 것만 표현한다든가, 나쁜 것만 표현하는 것이 아니라, 양쪽을 모두 표현할 수 있으면서 통합된 하나의 그림으로 나타내는 것. 그러한 성숙된 면을 이 그림에서 찾을 수 있다.

그림 15-6

[그림 15-6] 역시 심리적으로 건강한 피검자의 작품으로 여자 고등학생의 PSCD 그림이다. 위쪽에 아버지와 어머니, 늦둥이 막내 동생이 있고, 아래쪽에는 남동생과 자신,

그리고 남자친구를 그렸다. 아버지와 어머니 사이에는 주고받는 하트가 많다. 가족 각자의 상징으로 어머니는 최근에 컴퓨터로 공부를 하고 있어서 컴퓨터 앞에 앉은 모습, 아버지는 핸드폰과 천사날개, 자신은 기타와 남자친구, 바로 밑 남동생은 공부하는 모습에 강조를 두어서 점선을 그어 주었다고 한다. 이러한 상징에 덧붙여서 인물들의 표정도 밝고, 신체 부위의 균형이나 인물들 간의 거리 역시 적절하게 잘 유지하고 있다.

5) 취업 준비 중인 여대생의 그림

그림 15-7

[그림 15-7]을 그린 피검자는 20대 중반의 대학교 4학년 여학생으로 취업을 준비 중이다. 이력서와 자기소개서를 쓰고 여러 곳에 면접을 하러 다니는 중인데 종종 어렵다고 느끼곤 한다. 원 안에 자기 자신과 아버지, 어머니를 그렸고 원 바깥에 상징물들을 그려

넣었다. 가장 눈에 두드러지는 것은 얼굴의 세부 특징을 모두 생략한 점이다. 그림의 묘사 수준으로 보아서 충분히 그릴 수 있을 것으로 짐작되지만, 아마도 심리적인 요인—그리기 귀찮았거나, 그냥 내키지 않았거나, 얼굴 표정으로 뭔가를 전달하고 싶지는 않았거나, 잘 그리지 못할까 봐 걱정되었거나 등— 으로 인해 묘사하지 않은 듯하다.

마치 만화 일러스트를 그리듯 귀엽고 깜찍하게 표현된 인물은 그러한 표현 특징 때문에 사실적이거나 현실적인 느낌이라기보다는 그저 만화 속 인물 같아 보인다. 바로 앞의 [그림 15-3]과 비교해 보면, 오히려 초등학교 4학년 여자 아동 그림이 훨씬 더 성숙해 보이고 이 그림은 그보다 더 유치하고 어려 보인다.

심리적으로 위축을 경험하는 사람들 대부분은 그림에서도 일정 부분 퇴행된 모습을 보이곤 한다. 때로는 현실을 감당하기 어려워서, 때로는 그림으로라도 환상이나 공상을 만족시키고 싶어서 그렇게 하는 것 같다. 이 그림을 그린 피검자는 큰 어려움을 겪는 것은 아니지만, 취업을 앞두고 여러 가지로 스트레스를 겪으면서 마음이 분주하고 복잡한 것으로 보인다. 그래서 그림에 나타난 인물상이나 상징이 단순하고 귀여운 것으로만 표현되고 있다. 동그라미 내의 인물들은 서로 간의 어떤 이야기도 보여 주지 않는다. 그저 예쁘게 팔을 벌리고 서 있을 뿐이다. 그리고 인물의 얼굴 표정은 볼 수도 없다.

물론 이러한 점이 큰 문제는 아니지만, 살면서 만나게 되는 여러 가지 어려움들을 소화하는 능력이 더 갖추어지기를 기대해 본다.

CHAPTER 16

색채를 사용한 가족미술평가방법

이번 장에서는 다양한 미술매체를 사용하는 가족미술평가방법으로 Kwiatkowska의 가족미술평가법과 Wadeson의 부부평가기법을 살펴보기로 한다.

1. Kwiatkowska의 가족미술평가법

Kwiatkowska는 미국의 미술치료 초기에 활동했던 미술치료사다. 미국 국립정신건강연구소(NIMH)에서 일하면서 청소년 환자들을 치료했던 Kwiatkowska는 환자와 환자보호자를 함께 만나는 것이 중요함을 알았다. 그런데 환자와 가족을 함께 만났을 때 필요한 만큼 충분히 의미 있는 정보를 얻기 위해서는 언어 이외의 다른 의사소통 통로를 활용하는 것이 가치 있다는 것과 몇몇 그림 주제들이 도움이 된다는 것을 경험하게 되었다.

상상해 보자. 심각한 정신적 문제가 있어서 입원한 청소년 환자가 있다. 그 아이와 아이를 둘러싼 가족들은 어떤 모습일까? 평범한 청소년들도 가족과 대화를 잘 하지 않는 경향이 있는데, 심리적인 문제를 가진 청소년이라면 말할 나위도 없을 것이다. 그렇다면 조금 다른 의사소통 통로가 필요할 것이다. 시각언어라고도 불리는 '미술'이 바로 그것이다. 그런데 미술을 잘하지 못하는 사람이라면 부담스럽지 않을까? 자신은 그림을 잘 그리지 못한다고 겁먹으면 어떻게 해야 할까? 가족을 모두 만나다 보면 거의 필연적으로 한두 명 쯤은 그림을 못 그린다고 물러서기도 한다. 그렇다면 그림에 대한 부담감을 줄여 주면서 '기술'에 대한 의존을 낮추는 방법은 무엇이 있을까? 이를테면 '난화'는 어떠한가? 등등.

이러한 고려를 바탕으로 여러 사례를 접하면서 Kwiatkowska가 개발한 방법이 바로 '가족미술평가법'이다.[1] 영어로 Family Art Evaluation이며 줄여서 FAE라고 부른다. 이 기법은 DDS나 UPAP와 같은 그림검사법처럼 시리즈로 이루어진 것이며, 가족미술치료 회기에 사용하도록 고안되었다. FAE는 가족 구성원들 간의 역동성을 최대한 잘 드러낼 수 있게끔 다양한 주제와 방법을 사용하고 있다. 그러한 다양성과 여러 장의 그림 과제는 가족의 면면을 다차원적으로 살펴볼 수 있게끔 해 준다.

2. FAE의 개관

- 재료: 각이 진 12색 파스텔, 도화지, 이젤과 화판
- 지시:　① 첫 번째 과제—자유화
　　　　② 두 번째 과제—가족화
　　　　③ 세 번째 과제—추상적 가족화

---

1) Kwiatkowska, H. Y. (1978). *Family therapy and evaluation through art*. Springfield, IL: Charles C Thomas.

〈팔운동 후〉

    ④ 네 번째 과제—개인 난화

    ⑤ 다섯 번째 과제—합동 난화

    ⑥ 여섯 번째 과제—자유화

• 규칙: 각각의 그림이 완성된 뒤 가족들 간에 질문이나 토론, 이야기를 충분히 나눌 수 있으며, 각 그림을 완성하는 데 제한시간은 두지 않는다.

가족미술평가법은 가족 구성원이 모두 함께 들어와서 그림을 그리는 검사법이며, 총 여섯 개의 그림 과제로 구성되어 있다. 대개 4~5인 가족을 기준으로 했을 때, 1시간 반 ~2시간 정도 걸리는 편이다. 가족들이 얼마나 빨리 가족미술평가 회기를 마치는가 하는 점도 그 가족이 작업하는 방식이나 상호작용을 평가할 수 있는 단서가 된다.

가족미술평가법의 재료는 여섯 장의 종이와 파스텔을 쓴다는 것만 있고 그 외에 종이 크기라든가 소요시간 등의 제한은 없다. 시리즈 검사법인 DDS나 UPAP와 마찬가지로 가족미술평가법에서도 둥근 파스텔이 아니라 길쭉한 직육면체로 생긴 '각이 진 파스텔'을 쓴다. Kwiatkowska는 각진 파스텔을 재료로 사용한 이유에 대해 다음과 같이 설명한다. 첫째, 물감이나 찰흙에 비해 상대적으로 파스텔이 다루기 쉽기 때문이다. 둘째, 각진 파스텔은 눕혀서 면으로 사용할 수도 있고, 세워서 선을 그을 수도 있을 뿐 아니라 문질러서 색을 섞는 등 다양한 표현을 할 수 있기 때문이다.

DDS를 소개했던 장에서도 각진 파스텔에 대해 설명한 바 있지만, 미국에서 개발된 미술심리검사의 경우 특히 각진 파스텔을 많이 사용한다. 이것은 미술 재료의 특성에 기인한 것이라 여겨진다. 대중적이고 쉽게 구할 수 있으면서 미술 표현 또한 최대한 다양하고 자유로울 수 있게 해 주는 재료, 이것이 바로 재료 선택에서의 주요 기준일 것이다.

우리나라의 경우, 편하게 많이 쓰는 미술 재료는 크레파스다. 미국은 'Crayola'라는 브랜드의 크레용이 있는데 — 필자의 개인적인 느낌으로는 — 칠할 때의 느낌이나 발색력, 색감이 약간 떨어지는 것 같다. 그래서인지 미국에서는 색 마커(주로 수성 색마커이고 가격도 저렴해서 보편적으로 사용된다)를 쓰거나 파스텔을 많이 사용한다. 결국 그림검사에서 연필 이외의 미술 재료를 지정할 때 색마커나 파스텔을 쓰는 이유가 보편성과 사용자 편리성, 재료 표현력 때문이라 할 수 있다.

3. FAE의 해석

가족미술평가법에서 사용하는 여섯 개의 과제를 구체적으로 살펴보면 다음과 같다.

1) 첫 번째 과제: 자유화

첫 번째 과제는 자유화로서 "그리고 싶은 것을 그리세요."라고 지시한다. 이 과제는 DDS와 UPAP에서의 첫 번째 과제와 동일하다. 시리즈로 연달아서 그리는 그림검사의 경우 첫 번째 과제는 '자유화'를 제시함으로써 그림을 그리는 피검자에게 선택권을 부여하고 또한 검사자는 피검자의 문제 해결 능력이라든가 대처기제, 관심사 등을 살펴볼 수 있는 기회를 가진다. 물론 자유화 주제는 피검자들에게 긴장감을 불러일으키기도 한다. 특히 가족이 함께 들어와서 각자의 종이에 그림을 그리게 되었을 때 서로서로 어떤 것을 그리는지 눈치를 보기도 한다. 사람들이 긴장했을 때 흔히 잘 그리는 그림은 대략 두 가지 정도 주제가 있다. 하나는 매우 일상적이고 평범한 그림으로 어린 시절부터 여러 번 그린 그림이다. 이를테면 집, 나무, 꽃, 정원, 나비, 태양 등이 그려진 일상적인 풍경화를 그린다. 또 다른 하나는 흔하게 사용되는 상징을 넣은 추상화다. 예를 들어, '사랑'을 상징하는 하트를 그린다든가, 동그라미 속에 웃는 얼굴을 그린다든가 하는 방식이다. 이렇듯 일상적인 풍경화나 흔한 상징 그림을 그리는 것은 첫 번째 과제가 주는 긴장감을 자기만의 방식으로 풀어 나가는 해결책이라 할 수 있다.

추가적으로 고려할 점은 첫 번째 과제에서 걸리는 시간이다. 만약 첫 번째 과제에서 시간이 너무 오래 지체될 경우(이것은 일종의 무의식적인 심리적 저항일 수 있다) 이 그림 외에 그려야 할 그림이 몇 장 더 있다고 알려 주어서 시간을 조절하도록 한다.

2) 두 번째 과제: 가족화

두 번째 과제는 가족화다. 가족화는 첫 번째 자유화보다 더 부담스러운 주제가 될 수 있는데, 어쨌든 첫 번째 그림에서 '워밍업'을 했으므로 조금 더 편안하게 접근할 수 있을 것이다. 그림에 대한 지시는 다음과 같다.

> "자기를 포함해서 가족 구성원을 모두 그리세요. 사진 같은 그림을 그리실 필요는 없습니다. 그냥 최선을 다하시면 됩니다. 사람을 그리실 때는 부분만 그리지 말고 전체 인물을 그려 주세요."

자기 자신을 포함해서 가족 구성원을 모두 그리라고 하는 것은 가족화에서 핵심적인 지시다. 앞의 장들에서 살펴보았던 동적 가족화나 동그라미 중심 부모-자녀 그림도 마찬가지였는데, 그림을 그리는 사람이 종이 화면 속에 자기 자신을 포함해서 가족 구성원을 모두 그림으로써 가족들 간 위치, 순서, 거리를 통해 가족 관계와 역동을 표현하게 된다. 그리고 사람을 그릴 때는 부분만 그리지 말고 인물의 전체를 그리라는 지시는 다른 인물화 검사에서도 동일하게 요구하는 부분이다. 또 '사진 같이 그릴 필요는 없고 최선을 다하라'라는 지시는 가족 중 누군가가 잘 못 그린다고 이야기할 것에 대비해서 미리 부담을 덜어주기 위한 것이라 할 수 있다.

그림 16-1

[그림 16-1]은 50대 중반의 여성이 그린 가족화인데 어린아이를 안고 있는 자신의 예전 모습을 그렸다. 가족 구성원을 모두 그리도록 했지만, 이 내담자의 경우에는 과거의 자신을 그리느라 자신에게 중요한 사람들만 묘사하였다. 웃고 있으면서 아이를 안고 있는 것은 자기 모습이고 그 옆에 친정어머니가 있다. 친정어머니는 표정이 뭔가 못마땅한 듯하다. 아마도 어머니와의 갈등을 표현하고 싶었던 것 같다.

3) 세 번째 과제: 추상적 가족화

세 번째 과제는 추상적 가족화다. 추상적 가족화를 그리라고 하면 그것에 대해 감이 잘 잡히지 않는 가족들이 먼저 질문을 하곤 한다. 만약 질문 없이 곧바로 그림을 그린다면 그대로 진행하면 된다. "도대체 뭘 어떻게 그려야 하나요?"라는 질문을 받을 때, 우선은 질문을 한 피검자의 생각부터 물어보도록 한다. 별다른 생각이 없다고 하면, "가족화를 그리는데요, 추상적인 표현으로 그리는 것이랍니다." 정도로 대답해도 된다. 대부분의 성인 부모는 이 정도 대답으로도 충분히 이해한다. 만약 아동이 있어서 '추상적'이라는 것을 이해하지 못한다면, "좀 전에는 가족을 그리면서 한 사람 한 사람 구체적인 사람을 그렸지? 이번에는 가족을 그리는데, 구체적인 얼굴과 몸을 그리는 것이 아니야. 그 사람을 나타낼 수 있는 색깔이라든가 선이나 형태로 그리는 것이란다. 예를 들어, '아빠'라고 하면 생각나는 것으로 그리는 거야."라고 설명해 준다.

[그림 16-2]는 20대 중반의 여성 내담자가 그린 추상적 가족화다. 완전히 추상화되어 있기보다는 '나무'라는 것을 알 수 있는 작품인데, 내담자는 이것을 '가족나무'라고 말했다. 그림 속에는 아빠나무와 오빠나무가 있는데, 잎이 하나도 없이 쭉쭉 뻗고 큰 나무둥치가 있다. 내담자는 나무가 크고 대단해 보이고 마치 그늘 아래서 쉴 수 있을 것 같은 느낌이지만 실제로 가 보면 잎이 별로 없어서 그늘을 만들어 주지 못해 그 아래에서 쉬기는 어렵다고 했다. 그러한 설명만으로도 그녀에게 가족이 어떤 의미로 다가오는지 조금은 짐작할 수 있었다.

추상적 가족화가 끝나고 나면, 그림을

그림 16-2

그리느라 쌓였던 긴장을 털고 새로운 작업을 시작하기 위해 간단한 팔운동을 하게 된다. 미술치료사가 먼저 자신의 팔을 움직이면서 시범을 보이고 가족들에게 따라 해 보시라고 하는 것이 좋다. 팔운동 순서는 위-아래, 좌-우, 원 운동으로 진행한다.

"자, 이제 다 같이 일어나셔서 파스텔을 쥐고 저를 따라 팔을 움직여 보도록 하겠습니다. 아래-위로 팔을 먼저 움직이고 (움직임을 하면서 가족들도 따라 하도록 격려한다. 몇 분 정도 충분히 움직인 뒤) 그다음, 이렇게 좌우로 움직여 보세요. (역시 먼저 팔을 좌우로 움직이면서 가족들도 따라 하도록 한다. 이렇게 몇 분 계속 하고 나서) 마지막으로 크게 원을 그리는 동작입니다." (가족들이 충분히 하도록 여유를 둔다.)

이러한 팔운동은 긴장하면서 뭉치는 어깨와 팔을 풀어 주게 되고 다음 번 그림에서 보다 자유롭게 표현을 할 수 있게 돕는다. 그것이 Kwiatkowska의 가족미술평가법에서 뿐 아니라 Ulman의 UPAP에서도 동일한 팔운동을 하는 이유다.

팔운동의 마지막에는 자유롭게 이리저리 선을 긋듯이 공중에 팔을 움직여 보도록 한다. 이 과정에서 미술치료사도 함께 움직임을 보여 주는 것이 좋다. 이 움직임은 난화선을 긋기 위한 예비 동작이다.

4) 네 번째 과제: 개인 난화

자유롭게 팔을 움직이는 것까지 한 뒤에는, 그 움직임처럼 종이 위에 선을 그어 보라고 한다. 이렇게 그은 선은 난화를 완성하기 위한 밑바탕 선이 된다. 난화는 종이에 선을 자유롭게 긋고 난 다음에, 그 선들을 보면서 어떤 모양이나 형태, 이미지를 찾아내서 완성하는 그림을 말한다.

난화를 그릴 때는 각자의 이젤 위에 화판을 세우고 종이를 화판에 붙여서 그리도록 하는 것이 편하다. 서서 자유롭게 팔을 움직이는 것이 더 큰 움직임을 만들어 내기 때문이다. 가족미술평가법에서 다른 그림 과제도 그렇지만, 특히 난화는 몸을 자유롭게 움직이는 것이 중요하다고 생각하므로 이젤 앞에 서서 눈을 감고 자유롭게 선을 그어 보라고 추천해 준다. 그런 다음, 그은 선에서 어떤 형태나 모양을 볼 수 있는지 천천히 살펴보라고 한다. 이미지를 찾아내기 위해서 화판을 돌려서 보는 것도 좋다.

이미지를 찾아내는 것을 어려워하는 가족이 있다면, 쉬운 예를 들어 설명해 주도록 한다. "혹시 그림 속의 어떤 부분이 형태나 이미지를 닮지 않았나 살펴보세요. 예를 들어, 우리가 구름을 보다 보면 구름이 무엇인가를 닮은 것처럼 보일 때가 있잖아요? 그런 식으로 이미지를 찾아내는 것이랍니다."

이미지를 찾아냈다면 그 이미지가 잘 드러나도록 난화선이 그어진 종이 위에 덧칠해서 그리도록 한다. 기존의 선을 무시하거나 활용하는 것도 피검자의 선택이고, 어느 만큼 덧칠할지 하는 점도 모두 피검자의 선택이다.

[그림 16-3]은 아버지, 어머니, 딸이 함께 했던 회기에서 어머니가 그린 개인 난화인데, 눈을 감고 선을 긋는 것이 어색하고 어렵다고 했다. 그러면서 구불구불한 선을 보니까, 어렸을 때 뛰어놀던 시골이 생각난다고 했다. 그리고 원래의 선을 활용해서 나무와 연못, 꽃과 새, 벤치를 그려서 완성했다. 이렇게 한

그림 16-3

번 난화를 그리고 나면, 그다음으로 하는 합동 난화에서 훨씬 더 쉽게 접근할 수 있다.

5) 다섯 번째 과제: 합동 난화

　다섯 번째 과제는 가족들이 함께 그리는 합동 난화다. 이 합동 난화에서 밑바탕에 들어가는 선은 가족들이 각자의 종이에 개별적으로 그린다(이 점은 개인 난화와 동일하다). 그런 다음, 가족들이 그린 밑그림을 모두 함께 보면서 난화의 선이 무엇처럼 보이는지, 떠오르는 이미지는 무엇인지에 대해 이야기를 하도록 한다. 그런 뒤, 누구의 선을 사용해서 함께 공동 난화로 완성할 것인가 결정해서 그리도록 한다. 예를 들어, 가족 구성원이 4명이면 4명이 각자 자기 종이 위에 선을 그린다. 그런 다음, 이 네 장의 종이를 함께 보면서 무엇처럼 보이는지 이야기를 나누고, 최종적으로 어떤 밑그림을 사용해서 난화를 완성시킬 것인지 결정한 뒤 그림을 완성하도록 한다. 완성된 그림에는 제목과 날짜를 적고 서명을 한다.

　이 모든 과정에서 가족 중 누가 주도적인지, 누가 핵심 역할을 차지하는지, 누구의 의견은 이야기할 때 배제되거나 거부당하는지 등 여러 가지 상호작용 방식을 살펴볼 수 있다. 이는 단순히 그림 과제에 국한된 것이 아니라, 평상시에 이 집안에서 일상적인 일을 처리하는 방식과 문제를 해결해 나가는 방식을 집약해서 보여 주는 것이라 할 수 있다.

그림 16-4

[그림 16-4]는 [그림 16-3]을 그린 어머니가 있는 가족이 함께 그린 합동 난화다. 아버지와 어머니, 딸이 함께 그렸는데 그중에서 딸이 그린 구불구불하고 역동적인 선 그림을 밑바탕으로 선택했다. 가족들이 함께 그 그림을 보고 있다가 어머니가 먼저 '바다 같다'면서 노란 물고기 두 마리를 그렸다. 그리고 딸이 중간쯤에 작은 빨간 물고기를 그렸고, 아버지는 검은색으로 큰 물고기를 그렸다. 큰 물고기는 이빨이 보여서인지 상어 같은 인상이었다. 딸이 '상어가 무서워 보인다.'고 하자, 어머니가 그 주변으로 노란 그물을 쳐서 상어를 잡는 모습을 그렸다. 아버지는 손으로도 잡을 수 있다면서 구불구불한 선 위에 손톱과 손마디를 그려 넣었다. 그런 다음 어머니가 파란색으로 화면의 왼쪽에 바다를 칠하자 아버지도 오른쪽 위에 파란색 바다를 칠했다. 마지막으로 딸은 해초를 그려 넣었고 그림이 완성되었다.

이 작업을 하는 동안 아버지가 그려 넣은 것은 전체 그림과는 좀 어울리지 않아 보였지만 나름대로는 주제에 맞추어서 노력하는 모습이라고 할 수 있었다. 다만 노력의 결과가 다른 가족들의 마음에 썩 드는 것 같지는 않았다. 그리고 그런 점은 이 가족이 해결하고 싶어하는 점이기도 했다.

[그림 16-5]는 [그림 16-1]을 그린 어머니 가족이 함께 그린 합동 난화다. 초록색 구불구불한 선을 밑바탕으로 선택해서 그 위에 노란색과 연두색, 주황색 등을 덧칠하여 그림을 그렸다. 처음에 마주 앉아 음료수를 마시는 사람을 그리자 아버지가 노란색으로 선을 긋고 '우리 집'이라고 했다. 그런 다음에는 일사천리로

그림 16-5

진행되었다. 집 주변의 나무라든가 풀, 꽃, 대나무 등이 묘사되었다. 어색하고 부족한 표현이 있기는 하지만, 행복한 우리 집을 만들고자 하는 노력이 보였다. 가장인 아버지가 그림 작업에서 많은 기여를 하지는 않았지만, 가족을 위해 집을 그리고 '우리 집'이라고 명명한 것은 상징적으로 이 아버지의 역할을 보여 주는 것 같았다. 다만 음료를 마시며 웃고 있는 모녀 사이에 직접 표현되지 않은 점은 눈에 띄었다. 친정어머니와의 관계를 잘 풀지 못한 이 어머니는 자신의 딸과의 관계는 어떻게 풀어 갈까. 바라건대, 그림에서 묘사된 것처럼 차 한 잔을 나누며 웃을 수 있는 사이가 되기를 원한다.

6) 여섯 번째 과제: 자유화

마지막 여섯 번째 과제는 첫 번째 과제와 동일하게 자유화다. 처음 그림과 마지막 그림 모두가 자유화이므로 이 둘을 비교하는 것이 의미가 있다. 가족미술평가법이 진행되는 한두 시간 동안 각 구성원은 어떤 것을 느끼고 경험했을까? 그러한 경험이 마지막 그림에 영향을 주기 마련이다. 어떤 경우는 처음 그린 자유화는 약간 경직되어 있고 뻣뻣하며 내용이 별반 없었는데, 한 시간 반가량 가족들과 이야기를 나누고 그림을 완성해 가면서 마음이 풀어지고 이완되었기 때문에 마지막 자유화는 훨씬 더 풍부한 소재와 표현을 드러내기도 한다. 또 다른 경우는 첫 자유화에서 다채롭고 풍부한 이야기를 그린 가족 구성원이 시간이 지나면서 점차 활동이 줄어들고 경색되어 마지막 자유화에서는 아주 빈곤하거나 혹은 내용을 알 수 없는 추상화로 마무리하기도 한다.

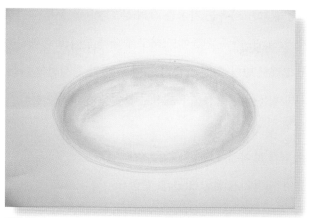

그림 16-6

[그림 16-6]은 [그림 16-2] 나무 그림을 그린 피검자가 마지막으로 그린 자유화다. 두 번째 과제과 마찬가지로 마지막 그림도 추상적인 느낌이 나는 구상화다. 여러 겹의 외곽선을 먼저 그리고 그 안쪽의 색을 칠해서 올라왔는데, 알 같기도 하고 타원형 태양 같기도 한 이 그림은 '새로운 시작'을 의미하는 것이라고 한다. 새롭게 태어난다는 의미에서 알을 생각하기도 했고, 빛이 난다는 점에서 태양을 떠올리기도 하면서 그렸다고 한다.

4. FAE를 진행하면서 살펴볼 점

Kwiatkowska의 가족미술평가법은 그림을 한 장씩 완성할 때마다 가족들 간에 서로 질문을 주고받거나 대화를 나누는 것을 권장한다. 그림 작업을 할 때는 가족들이 각자 그린다고 하더라도 서로의 그림에 대해 언어적/비언어적 의사소통을 하도록 격려한다. 이것은 DDS에서 세 장의 그림을 모두 완성할 때까지 질문을 보류시키는 것과는 대조된다(DDS는 한 장을 끝내고 질문을 나누게 되면 검사하는 미술치료사와 하게 된다는 점에서 상당히 다른 셈이다). 이렇게 하는 이유는 가족들 간의 상호작용을 통해서 가족 관계와 역동성을 더 잘 살펴볼 수 있고, 또 가족들 간에도 서로에 대해 만나고 이해하는 시간을 가지도록 하기 위해서다. 그래서 만약 어떤 가족이 그림을 한 장 완성하고 나서 아무런 대화가 없이 조용히 있다면, 질문이나 관심을 유도하는 말들을 건네기도 한다.

- 그림이 어떻게 보이시나요?
- 그림이 많은 이야기를 담고 있는 것 같군요.

또 각각의 그림이 완성될 때마다 제목과 날짜, 이름을 쓰도록 한다. '제목'은 그림에 대해 상당히 많은 정보를 함축적으로 제공하기 때문에, 그림만으로는 가족들이 서로의 의도가 무엇인지, 어떤 내용인지 짐작하지 못하다가 제목을 보고 알게 되는 경우도 종종 발생한다.

그리고 가족미술평가법을 시행하면서 다음과 같은 점을 살펴보면, 그 가족의 관계와 역동을 이해하는 데 도움이 된다.

1) 첫 번째 과제에서 누가 가장 먼저 시작하는가

가장 먼저 시작하는 사람은 문제 해결에 대한 의지가 높거나 가족 문제에 대해 주도적인 입장을 취하는 사람일 수 있다. 그 사람의 리더십이 다른 가족들에게는 어떻게 받아들여지는지, 그리고 최종적으로 어떤 결과를 낳는지와 연결해서 살펴볼 필요가 있다.

각자의 그림을 그리지만, 첫 번째 과제라는 특성 때문에 가족들은 서로 간에 곁눈질하거나 눈치를 보고, 혹은 '빨리 하라'면서 재촉하기도 한다. 자신의 그림과 가족의 그림을 유난히 많이 비교하는 것도 첫 번째 과제일 확률이 높은데, 이러한 비교가 가족 관계의 일부를 드러낼 수 있으므로 유의해서 듣도록 한다.

한 예를 들어 보자. 어머니가 주도적이고 간섭이 심한 가족이 있다. 그 어머니는 그림을 잘 못 그리기 때문에 처음부터 머뭇거렸다. 그러면서 "아, 나는 진짜 그림 못 그리는데……. 그림 같은 거 나는 진짜 소질 없는데……. ○○아, 너 그림 잘 그리잖아, 네가 먼저 그려 봐."라고 아이에게 말했다. 그러자 아이는 "아, 언제는 또 제대로 하는 게 하나도 없다면서!"라고 왈칵 짜증을 냈다. 듣기에 따라서는 어머니의 말은 평범한 말이지만, 여러 맥락에서 아이가 이미 경험한 것에 비춰 보면 다르게 들릴 수도 있었던 것 같다. 그리고 추정컨대 어머니는 문제 해결에 있어서 말이 앞서고 실천력이 떨어질 가능성이 있다. 더불어 자녀에게 책임의 일부를 전가할 가능성도 있다. 자신이 잘 그리든 못 그리든 해 보려는 자세가 있어야 하는데, 이 어머니의 경우에는 남에게 시키는 것은 잘하지만 자신이 직접 하는 것은 서툰 셈이다. 그런데 그것이 미술에 한정된 이야기일까? 잘하거나 못하는 것 때문에 자신이 하는 것을 머뭇거리는 것이라면, 자기애적 성향이 강한 것이라고도 볼 수 있다. 즉, 무엇인가에 서툴거나 부족한 모습을 보이는 자신을 스스로 받아들이지 않는 것이다. '뭘 하든 항상 자신이 제일 잘해야 하고 최고여야 한다.'는 류의 미성숙한 자기애가 강한 사람은 실패나 부족함에 대한 두려움이 크다.

2) 첫 번째 과제에서 가족들의 그림은 주제나 내용 면에서 비슷한 종류인가, 아니면 전혀 다른 종류인가

예를 들어, 추상화를 그린 한 사람을 제외하고 남은 가족 구성원은 모두 풍경화를 그렸다고 하자. 이러한 반응은 어떤 의미를 지닐까? 다른 사람들은 다 풍경화를 그리고 있는데 자기 혼자만 전혀 다른 방식의 그림을 그렸다면, 의도했든 아니든 '이질적인 면'을 보여 주는 것이다. 자기가 그만큼 이질적이라고 하는 것을 보여 주고 싶었던 것인지, 아니면 의도적이지는 않았는데 그렇게 표현이 된 것인지 등을 고려할 수 있다.

3) 말이 가장 많은 사람은 누구인가

언어적으로 활발한 구성원은 그림에 투자하는 에너지가 부실할 수 있다. 물론 그림이 익숙하지 않고 잘 그리지 못하기 때문에 반대급부로 말이 많아진 것일 수도 있을 것이다. 하지만 이러한 반응은 내면의 불안이나 긴장을 드러내는 것인 경우가 많다. 이 사람이 긴장하는 것은 '평가 상황'에 대한 일반적인 반응일 수도 있고, 가족 문제를 다른 사람에게 보여 주는 것에 대한 불편함일 수도 있으며, 자신의 잘못으로 귀인될까 싶어서 긴장하는 것일 수도 있다.

4) 가족화와 추상적 가족화의 공통점, 차이점은 무엇인가

가족화에 나타난 모습과 추상적 가족화에서 표현된 이미지는 어떤 공통점과 차이점을 지니는가? 추상적 가족화는 일반적인 가족화에 비해 정서적인 요소나 관계적인 요소가 더 많이 표현될 수밖에 없다. 그러므로 일반적인 가족화에 비해 추상적 가족화에서 표현이 오히려 줄어들었다면, 그 그림을 그린 사람은 가족 내의 관계나 감정적인 면에서 어려움을 겪고 있을 가능성이 높다.

그리고 다른 그림들에 비해 가족화 주제는 어느 정도의 비중으로 그려졌는가? 이를테면 다른 그림은 열심히 그렸는데 가족화는 상대적으로 에너지가 덜 투여되었을 수 있다. 혹은 그 반대가 될 수도 있다. 이렇듯, 여러 장의 그림을 그렸을 때 그림에 투자된 에너지가 고르지 않은 것은, 각각의 그림 주제가 그 사람의 내면에서 어떤 작용을 했기 때문이라고 볼 수 있다.

5) 첫 번째 자유화와 마지막 자유화는 어떻게 비교해 볼 수 있는가

이 두 장의 자유화가 차이를 보이는 사람도 있고 비슷한 사람도 있다. 가족 중에서 차이가 가장 두드러진 사람은 누구인가? 대개 가족과 함께 있으면서 마음이 상했거나 불편해진 구성원은 마지막 자유화에서 대충 그리는 경우가 많다.

6) 합동 난화에서 진행은 어떻게 되는가

첫 번째 과제에서와 마찬가지로 합동 난화에서도 가족들 중 누가 먼저 시작하는지, 누가 지시하거나 누가 말없이 반응하는지 등을 살펴볼 수 있다. 합동 난화가 진행되는 각 과정을 섬세하게 지켜보는 것도 의미가 있다. 먼저 합동난화에서 누구의 바탕 그림이 채택되었는가? 어떤 과정을 통해서 채택되었는가? 예를 들어, 아들의 바탕 그림을 채택 했는데, 아들은 이를 별로 달가워하지 않았을 수도 있다. 혹은 딸이 자기의 그림으로 했으면 하고 바라는데, 다른 그림으로 하는 게 더 쉽겠다며 가족이 다른 그림을 선택하기도 한다. 이렇듯 다양한 채택 과정은 그 가족의 의사소통과 결정 과정을 부분적으로 보여 주는 것이다.

그리고 합동 난화에서 주제는 어떻게 선택되는가? 주도적인 위치에서 의견을 내는 사람이 있는가? 어떤 사람이 주도적으로 활동한다면, 언어적으로 주도적인가, 아니면 그림 표현에서 주도적인가? 추종자로 참여한 사람은 누구인가? 추종자로 참여한 사람은 자신을 제외한 가족 전체를 추종하는가, 아니면 특정한 구성원을 추종하는가?

그림 작업을 통해 나타나는 여러 가지 가족 상호작용은 단순히 그림 작업에 머무르는 것이 아니라 과거로부터 이제까지의 역사와 반복이 깃든 패턴일 가능성이 높다. 그러므로 가족미술평가법을 통하여 가족의 역동성과 상호작용 패턴을 이해하고, 더 나아가 가족의 문제를 해결하는 실마리로서 활용할 수 있다.

5. Wadeson의 부부평가기법

- 재료: 제한 없이 다양하게 사용할 수 있다.
- 과제: ① 과제 1—말하지 않고 공동 그림 그리기
  ② 과제 2—부부관계 추상화
  ③ 과제 3—배우자에게 주는 자화상

이번에 살펴볼 그림검사는 Wadeson의 부부평가기법[2]이다. 가족미술평가법이 자녀가 있는 가정을 대상으로 사용한 그림평가법이라면, Wadeson의 부부평가기법은 부부치료에서 사용하는 방법이다. 아동과 성인이 함께하는 그림검사에 비하면, 성인으로만 구성된 평가 회기이므로 피검자들이 적극적이고 협조적인 편이다. 아마도 부부치료를 결심하기까지 고민하는 시간이 많았기 때문에 미술치료 회기에서 더 적극적으로 되는 것이 아닌가 한다. 그러한 적극성에 힘입어 부부평가기법에서는 쉽지 않은 그림 주제들로 두 사람 간의 상호작용을 극대화하여 둘의 관계에 대해 집약되고 생생한 정보를 얻고자 한다.

Wadeson은 세 가지 평가기법을 추천하였다(시리즈로 이루어진 평가법과 달리 이것은 각기 개별적으로 사용할 수 있는 기법들이다).

1) 말하지 않고 공동 그림 그리기(협동화)

첫 번째로 소개할 기법은 '말하지 않고 공동 그림 그리기'다. 언어적인 의사소통을 차

---

2) Wadeson, H. (1987). *Art psychotherapy*. John Wiley & Sons.

단시켰을 때 어떤 방식으로 공동 과제를 진행하는지 살펴볼 수 있다. 우리는 말을 할 수 없는 상황에서도 어떤 방식으로든 의사소통을 하기 마련이다. 눈짓이나 표정, 제스처, 움직임의 방향과 속도 등 다양한 경로를 통해 서로에게 메시지를 보내게 된다. 그리고 그렇게 해서 상대방의 의도를 이해하기도 하고 오해하기도 한다. 혹은 무심하거나 무관심한 모습을 보이기도 한다.

그림 16-7

여러 명이 함께하는 공동 작업과 달리, 단둘이서 하게 되는 작업은 역할의 배분이나 특성이 더 선명하게 나타난다. 예를 들어 [그림 16-7]의 경우, 꽃병 속 꽃을 그린 사람과 배경을 칠한 사람이 있다. 어쩌면 뒷배경만 그린 사람은 평상시에도 배경처럼 살다가 불만이 커졌을 수 있다. 그림 작업이 끝난 뒤 꽃을 그렸던 부인은 "무엇을 그려야 할지 모르겠더라고요. 그런데 이 사람이 적극적으로 뭘 안 해 주니까 어떡해요. 그냥 제가 이렇게 해야만 진행이 될 것 같았어요."라고 말했다. 배경만 칠한 남편도 불만이었는데, "어쨌든 당신이 그리고 싶은 것을 그렸잖아. 그러다 보니까 내가 뭘 할 수가 없지. 자기가 틈이나 줬어? 그래서 뒤를 그린 것이지. 늘 그렇잖아. 자기는 늘 하고 싶은 대로 하고 나한테 무엇을 안 해 준다고 말은 하지만 내가 할 수 있도록 자기가 틈이라도 줬어?"라고 말했다.

이와 같이 첫 번째 과제는 두 사람 사이에서의 의사소통과 문제해결, 관계의 방식에 대해 극적으로 표현할 수 있는 기회가 되곤 한다.

2) 부부관계 추상화

두 번째 기법은 부부관계 추상화로, 자신의 결혼 관계를 추상적으로 표현해 보라는 것이 주제다. 이 과제는 부부가 각자 개별적으로 작업하게 된다.

추상화에는 필연적으로 '추상적 사고'가 개입된다. 자신의 결혼 관계에 대해서 어떻게 생각하고 느끼는지, 무엇이라 부르는지 등을 생각해야 한다. 그런 다음 그림으로 표현하게 되는데, 이미 충분히 주제에 대해 생각하고 표현하는 과정이므로 감정이 더 많이 묻어나오게 된다.

그림 16-8

[그림 16-8]은 30대 초반의 여성이 그린 결혼 관계 추상화다. 그녀는 검은 종이를 선택해서 그림을 그린 뒤, "마치 불꽃놀이 할 때 팍 터지는 것처럼 혹은 유성이 길게 나아가는 것처럼 어두운 밤에 반짝반짝하고 이렇게 빛이 날 줄 알았어요."라고 했다. 이러한 말을 들으니, 결혼생활에 대한 그녀의 기대가 비현실적이라는 느낌이 들기도 했다. 불꽃놀이도 유성도, 자주 볼 수 있는 것이 아니니 더욱 그러하다. 어쨌든 두 번째 과제는 결혼 관계에 대한 부부 각자의 환상과 기대치를 많이 드러낸다.

3) 배우자에게 주는 자화상

또 다른 부부평가기법은 배우자에게 주는 자화상이다. 부부가 각자 자신의 전신상을 그려서 상대방에게 '선물'로 주게 된다(되도록 큰 종이에 크게 그리도록 한다. 그래야 나중에 상대방이 그 위에 덧칠하거나 뭔가를 더해서 그리기가 쉽다). 자화상을 배우자에게 줄 때, 상징적인 것이지만 정말 자기 자신을 상대방에게 준 것이라고 생각해 보도록 청한다. 그리고 받아든 종이가 상대방이라고 생각하고 그림 위에 자신이 하고 싶은 것/변화시키고 싶은 것을 해 보라고 요청한다.

이것은 게슈탈트 치료에서 쓰는 '빈 의자 기법'과 유사한 면이 있다. 그런데 구체적인 인물 이미지가 있고 그 인물을 변화시키는 것이므로, 보다 더 생생하고 감각적으로 느낄 수 있다. 이 방법은 이론적으로 설명을 들으며 상상할 때에는 몰입하기 어려울 것 같지만, 실제로 해 보면 감정적으로 상당히 몰입하게 된다. 다른 사람의 작품 위에 손을 대서 변경시키거나 바꾸는 것은 어찌 보면 경계를 침범하는 것이기도 하다. 그런데 이러한 '경계의 침범'이야말로 부부간에 가장 흔히 일어나는 상호작용 아니던가 말이다. 따라서 배우자로부터 받은 배우자의 전신상 위에 어떤 변화를 덧입히는가 하는 점은 글자 그대로 '상징적인 간섭과 통제'를 보여 준다.

그림 16-9   그림 16-10

    [그림 16-9]와 [그림 16-10]은 각기 남편의 그림과 그 위에 덧그린 부인의 그림이다. 예술적인 기질이 풍부한 부부여서 남편과 부인 모두 그림을 잘 그렸고 익숙하게 다루었다. 먼저 남편이 자신의 초상화를 그렸다. 완성된 작품은 4절 도화지에 크게 그려졌는데 (실물 크기보다는 작았다) 인물 크기를 잡아 나가다 보니 신발을 그리기가 마땅찮았던 것 같다.

    그다음, 부인이 그림을 받아서 이리저리 살펴보더니 먼저 신발부터 그려 넣었다. 그다음, 뒷배경의 커튼과 보라색 의자를 그렸다. 계속 그림을 보던 부인은 남편의 옷 색깔을 바꾸었는데, 핑크색 셔츠와 연한 핑크 재킷을 입은 것으로 바꾸었다. 그전에 회색과 녹두색 옷을 입고 있던 남편 모습은 느낌이 달라 보였다. 그림이 끝나고 서로 이야기를 나누면서, 남편은 부인이 배려해 주는 것과 잘 챙겨 주는 것이 고맙다고 했다. 그러면서 내심 기대하기로는 그 옆에 부인을 그려 넣지 않을까 하고 기다렸는데 그렇게 되지는 않아서 약간 아쉽다고 했다. 부인은 남편이 왜 발을 그리지 않았을까 신경이 쓰였다고 했다. 어쩌면 그림검사에서 이야기하는 '발의 상징'이 남편 그림에도 해당되는 게 아닐까 생각되었다고 한다. 자세히 이야기해 달라고 요청하자 부인은 약간 머뭇거리더니, 발이란 뭔가 '땅에 발을 딛고 있다.'라는 것처럼, 현실적이고 튼튼한 것을 의미하는 것 같은데 남편은 그런 점이 부족한 것 같다고 했다. 이상만 높고 생각이 많아서 실제로 뭔가를 하려면 어려워하는 것 같다고 했다.

그렇게 해서 우리의 대화는 그림에 나타난 인상과 경험으로부터 실제 생활에서의 에피소드와 생각을 아우르며 서로에 대한 생각과 소회를 나눌 수 있도록 진행되었다. 가끔 감정적인 충돌이 위태롭기도 했지만, 그림 과정에서 보여 주었던 배려와 기대, 부족한 부분을 서로 보충해 주던 점을 이야기하면 이내 분위기는 누그러지곤 했다.

부부간의 이야기를 하는 것은 항상 어렵다. 제3자인 치료사가 옆에서 거리를 유지하는 것도 쉽지 않은 일이다. 멀리 떨어져 있어서도 안 되고 그렇다고 한 사람에게 너무 밀착되어서도 안 된다. 그럴 때 Wadeson이 제시한 그림 과제 중 하나를 하면서 관계를 풀어 갈 수 있는 지점을 마련하는 것은 큰 도움이 될 수 있다.

부 록
그 밖의 그림검사들

1. 동적 학교 생활화

- 영문 명칭: Kinetic School Drawing (KSD)
- 대상: 학교를 다니는 학령기 아동 및 청소년
- 개발자: Prout & Phillips
- 개발연도: 1974년
- 문헌: Prout, H. T., & Phillips, P. D. (1974). A clinical note: The kinetic school drawing. *Psychology in the Schools*, 11, 303–306.
  Sarbaugh, M. E. (1983). Kinetic School Drawing technique. *Illinois School Psychologists' Association Monograph Series*, 1, 1–70.

학교에서 생활하는 아동의 심리상태는 어떠한지, 학교에서 선생님 및 교우들과의 관계는 어떠한지 살펴보기 위해 고안한 그림검사다. 지시는 다음과 같다.

"학교 그림을 그려 보세요. 당신을 포함해서 당신의 선생님과 친구 한두 명을 그리되 무엇인가를 하고 있는 모습으로 그려 보세요."

Prout와 Pillips가 KSD를 개발한 이래 Sarbaugh(1983)는 검사 지시를 수정해서 다음과 같이 사용하였다.

"학교에 있는 사람들이 뭔가를 하고 있는 모습을 그려 보세요."

동적 학교 생활화를 종합적으로 개발한 것은 Knoff와 Prout이며, 1985년에 '동적 그림 체계'라는 이름으로 동적 가족화와 동적 학교 생활화를 종합적으로 제시했다.

2. 잡지사진 콜라주

- 영문 명칭: Magazine Photo Collage (MPC)
- 대상: 아동 및 청소년, 성인
- 개발자: Landgarten, H.
- 개발연도: 1993년
- 문헌: Landgarten, H. (1993). *Magazine photo collage: A multicultural assessment and treatment technique.* Routledge.

내담자의 심리적 갈등이나 방어기제, 기능방식 등을 살펴보기 위해 고안한 그림검사다.

잡지사진 콜라주 검사를 하기 위해서 크게 두 묶음의 사진을 준비하도록 한다. 하나는 인물 사진이고 다른 하나는 그 외의 여러 가지 사진이다.

MPC는 다음 4개의 그림으로 구성되어 있다. 각 과제를 하고 난 뒤 작품에 대해 쓰거나 이야기하도록 한다.

- 눈길이 가는 사진을 골라서 원하는 대로 콜라주 하기
- 4~6장의 인물사진으로 콜라주 하기
- 좋은 것과 나쁜 것을 상징하는 사진들로 콜라주 하기
- 인물사진 중에 한 장만 선택한 뒤 그 사람에게 어떤 일이 벌어지는지를 콜라주 하기

3. Levy 동물-그림-이야기 기법

- 영문 명칭: Levy Animal-Drawing-Story Technique (LADS)
- 대상: 아동 및 청소년, 성인
- 개발자: Levy, S. & Levy, R.
- 개발연도: 1958년
- 문헌: Levy, S., & Levy, R. (1958). Symbolism in animal drawings. In E. F. Hammer (Ed.), *The clinical application of projective drawings* (pp. 311-343). Springfield, IL: Charles C Thomas.

동물이라는 상징을 통해 표현되는 내용을 살펴보기 위해 고안한 그림검사다.

동물-그림-이야기는 동물을 그리도록 한 뒤 그 동물에 대해 간단한 정보와 상상한 이야기를 쓰도록 한다.

- 동물 그리기: "동물을 그려 보세요. 어떤 동물이라도 다 됩니다."
- 우측 위에 간단한 정보 적기: 나이, 성별, 그림 속 동물이 무엇인지, 그리고 싶었던 다른 동물들이 있다면 리스트를 적도록 함. 마지막으로 그림 속 동물에게 이름을 붙인다면 무엇이라 부를지 적도록 한다.
- (다음 과제는 시행해도 되고 생략해도 됨) 그림을 그린 종이 뒷장에 그 동물에 대해 상상한 이야기를 적도록 한다.

4. 가장 불쾌한 것 그림검사

- 영문 명칭: The Most Unpleasant Concept Test
- 대상: 상담 및 심리치료를 받으러 온 내담자
- 개발자: Harrower, M. R.
- 개발연도: 1950년
- 문헌: Harrower, M. R. (1950). The most unpleasant concept test: A graphic projective technique. *Journal of clinical psychology, 6*(3), 213–233.

심리적인 문제로 인해 상담을 받으러 온 내담자에게 자신의 내적 경험을 잘 표현할 수 있도록 고안한 그림검사다.

"당신이 생각하는 가장 불쾌한 것은 무엇인가요?"라고 묻거나, 다음과 같이 지시할 수 있다.

"가장 불쾌한 것을 생각해 보세요. 그리고 그것을 그려 보세요. 사실적으로 그려도 되고 상징적으로 그려도 됩니다."

5. 모자화 검사

- 영문 명칭: Projective Mother-and-Child Drawings
- 대상: 자기심리학이나 대상관계접근을 사용해서 피검자/내담자를 만날 경우 추천되는 기법
- 개발자: Gillespie, J.
- 개발연도: 1989년
- 문헌: Gillespie, J. (1989). Object relations as observed in projective Mother-and-Child Drawings. *The Arts in Psychotherapy, 16*(3), 163-170.

모자화의 지시는 다음과 같다.

"어머니와 아이를 그려 보세요."

이 지시에서 '당신의 어머니'를 그리라고 하지 않는다는 것을 유의해야 한다. 만약 피검자가 "저희 어머니를 그려야 하나요?"라고 묻는다면, "원하시는 대로 하면 됩니다."라고 대답한다.

자신의 가족을 그리도록 한 것이 아니라는 점에서 이 검사는 기존의 가족화 검사와는 다른 종류로 보아야 한다.

6. 좋아하는 날씨 그림검사

- 영문 명칭: A Favorite Kind of Day (AFKD)
- 대상: 학대를 당한 아동 및 청소년
- 개발자: Manning, T. M.
- 개발연도: 1987년
- 문헌: Manning, T. M. (1987). Aggression depicted in abused children's drawings. *The Arts in Psychotherapy, 14*(1), 15-24.

학대를 당한 경험이 있는 아동의 심리상태는 어떠한지 살펴보기 위해 고안한 그림 검사다.

AFKD는 "좋아하는 날씨를 그려 보세요."라고 지시한다. 사용하는 재료는 흰 종이와 16색 크레용, 연필, 지우개 등이다.

Manning은 학대 경험이 있는 아동들이 혹독한 날씨를 많이 그렸으며, 이러한 묘사 는 외부의 위협이나 신체적 학대를 묘사한 것일 수 있다고 했다.

7. 위기 평가: 폭풍 전중후 나무 그림검사

- 영문 명칭: A Crisis Assessment: The Projective Tree Drawing before, during and after a Storm
- 대상: 임상장면에서 만나는 내담자, 환자 및 일반인
- 개발자: Miller, M. J.
- 개발연도: 1987년
- 문헌: Miller, M. J. (1987). A crisis assessment: The projective tree drawing before, during and after a Storm. In E. F. Hammer (Ed.), *Advances in Projective Drawing Interpretation* (pp. 153–192). Springfield, IL: Charles C Thomas.

외상의 영향이 어떠한지 평가하는 검사로서 개인적 외상뿐 아니라 사회적으로 큰 외상이 있었을 때에도 사용할 수 있는 그림검사다.

폭풍 전중후 나무 그림 검사는 다음 3개의 그림과 사후 질문으로 구성되어 있다.

- Draw-A-Tree
- Draw-A-Tree-In-A-Storm
- Draw-A-Tree-After-A-Storm

8. 새 둥지화

- 영문 명칭: Bird's Nest Drawing (BND)
- 대상: 애착 관계를 살펴볼 필요가 있는 내담자
- 개발자: Kaiser, D. H.
- 개발연도: 1996년
- 문헌: Kaiser, D. H. (1996). Indications of attachment security in a drawing task. *The Arts in Psychotherapy, 23*, 333–340.

내면화된 애착 관계가 어떠한지 살펴보기 위해 고안한 그림검사다. 지시는 다음과 같다.

"새 둥지를 그리세요." (혹은 "새 둥지를 연상하고 관련된 그림을 그리세요.")

그림 속 둥지에 내용물이 있는지, 둥지가 내용물을 잘 담고 있는지, 둥지가 나무에 의해 잘 지탱되고 있는지, 둥지 바닥은 어떤지 등을 평가한다. 또 새를 그렸는지, 아기새나 부모새가 있는지, 혹은 새는 없고 단지 알만 있는지 살펴보도록 한다. 이와 더불어 그림의 형식 요소들(공간 사용, 위치, 색상, 선의 질, 크기)을 평가하도록 한다.

9. 미술치료 꿈 평가법

- 영문 명칭: Art Therapy Dream Assessment (ATDA)
- 대상: 아동 및 성인
- 개발자: Horovitz, E.
- 개발연도: 1999년
- 문헌: Horovitz, E., & Eksten, S. L. (2009). *The art therapists' primer: A clinical guide to writing assessments, diagnosis, and treatment.* Springfield, IL: Charles C Thomas.

상담과정에서 꿈에 관심을 두는 경우 내담자에게 꿈을 그려 보도록 할 수 있다. 특히 자신의 심리적 고통의 원인을 깊이 이해하고자 하는 내담자에게 적합한 기법이다.

최근의 꿈이나 반복되는 꿈을 그리도록 한다. 사용하는 재료는 자유로워서 크레용이나 파스텔, 물감, 찰흙 등 다양하게 쓸 수 있다. 작품을 완성한 뒤 그 꿈을 묘사하는 글을 쓰도록 한다.

10. 난화

- 영문 명칭: Scribble technique
- 대상: 아동 및 성인
- 개발자: Cane, F.
- 개발연도: 1983년
- 문헌: Cane, F. (1983). *The artist in each of us*. Art Therapy Publications.

난화는 자유롭게 선을 긋고 그 선에서 어떤 이미지를 발견하도록 하는 방법이다. 그림에 대해 부담감이 크거나 긴장한 내담자의 경우에 특히 도움을 받으며, 투사적 과정을 통해 내면의 여러 가지 갈등이나 관심을 드러낼 수 있게 돕는다.

처음 난화선을 긋는 것은 눈을 감고 해도 되고 눈을 뜨고 해도 된다. 난화선을 긋기 전에 공중에 팔을 휘두르며 선을 긋듯이 움직여 보는 것도 좋은 연습이 된다. 대개 난화선은 곡선을 많이 사용하지만 피검자에 따라서는 지그재그나 직선을 쓰기도 한다.

그어진 선을 보며 이미지를 찾아낼 때에는 종이를 돌려서 여러 각도에서 살펴보거나 혹은 종이를 바닥에 두고 그 주위를 걸어 다니면서 찾도록 한다.

마지막으로 자신이 찾은 이미지를 분명하게 보이도록 선, 색, 형태를 더하고 기존의 선을 무시하거나 안 보이게 덮어 버리는 방식으로 그림을 완성하도록 한다.

참고. Winnicott의 스퀴글(squiggle) 기법은 치료사와 내담자 아동이 번갈아 가며 난화선을 그리고 그것을 완성하는 방법이다. 예를 들어, 치료사가 먼저 난화선을 그리고, 내담자 아동이 그 난화선을 바탕으로 그림을 완성한다. 그다음 완성된 그림에 대해 서로 대화를 나눈 뒤, 이번에는 내담자 아동이 새롭게 난화선을 그린다. 그 난화선을 바탕으로 치료사가 그림을 완성한다. 이 그림에 대해서도 함께 이야기를 나눈다. 이런 방식으로 서로 그림을 함께 만들어 가며 이야기를 나누는 기법이 Winnicott의 스퀴글 기법이다.

11. 풍경구성기법

- 영문 명칭: Landscape Montage Technique (LMT)
- 대상: 정신분열증 환자를 비롯하여 이후 다양한 대상에게 적용
- 개발자: 中井久夫 (Nakai Hisao)
- 개발연도: 1969년

풍경구성기법은 일본의 나카이 히사오가 정신분열증 환자에게 시행한 그림 기법으로 이후 투사적 그림검사로 자리 잡으면서 다양한 대상에게 확대 적용되었다. 재료는 A4용지나 8절 도화지, 검정 사인펜, 크레파스/색연필이며, 다음과 같은 지시를 내린다.

(4면에 테두리가 그려진 도화지와 사인펜을 제공한다.) "지금부터 풍경을 그리겠습니다. 잘 그리는 것을 보려는 게 아니니 원하는 대로 그려 주세요. 단, 제가 말씀드리는 순서에 따라 그려 주세요.

먼저 강을 그려 주세요.

다음은 산입니다. 산을 그려 주세요.

다음은 밭입니다. 밭을 그려 주세요.

(유사한 방식으로 다음 사물을 계속 제시한다: 길, 집, 나무, 사람, 꽃, 동물, 돌)

마지막으로 무엇인가 부족한 것이나 자신이 그리고 싶은 것이 있다면 그려 주세요. 풍경을 완성시켜 주시면 됩니다.

(크레파스/색연필을 제공한다.) 이제 여기에 색칠을 해 주세요."

이 검사는 큰 풍경(강, 산, 논, 길)으로 시작하여 중간 정도 크기의 풍경(집, 나무, 사람)과 작은 크기의 풍경(꽃, 동물, 돌)으로 진행한다. 그림의 형식 및 내용, 공간, 계열에 대한 분석을 비롯하여 항목의 상징성을 살펴봄으로써 피검자의 심리상태를 이해하고 평가할 수 있다.

저자 소개

 주리애(Juliet Jue)

미술치료전문가(미국 ATR-BC)이자 아마추어 화가이며 한양사이버대학교 미술치료학과 교수다. 'Art as therapy'와 '생명에 대한 시선, Life on Earth'라는 제목으로 두 번의 개인전을 열었다. 2013년과 2014년에는 SSCI 학술지에 주 저자로 두 편의 논문을 게재하였고, 2015년 Marquis Who's Who 인명사전에 등재되었다.

(이메일: juliet@hycu.ac.kr / julietj@hanmail.net)

미술심리진단 및 평가
Art Diagnosis and Assessment

2015년 3월 20일 1판 1쇄 발행
2022년 8월 10일 1판 8쇄 발행

지은이 • 주 리 애
펴낸이 • 김 진 환
펴낸곳 • (주) **학 지 사**
        04031 서울특별시 마포구 양화로 15길 20 마인드월드빌딩 5층
대표전화 • 02) 330-5114   팩스 • 02) 324-2345
등록번호 • 제313-2006-000265호
홈페이지 • http://www.hakjisa.co.kr
페이스북 • https://www.facebook.com/hakjisabook

ISBN 978-89-997-0616-5 93180

정가 **20,000원**

저자와의 협약으로 인지는 생략합니다.
파본은 구입처에서 교환하여 드립니다.

이 책을 무단으로 전재하거나 복제할 경우 저작권법에 따라 처벌을 받게 됩니다.

이 도서의 국립중앙도서관 출판시도서목록(CIP)은 서지정보유통지원시스템
홈페이지(http://seoji.nl.go.kr)와 국가자료공동목록시스템(http://www.nl.go.kr/kolisnet)
에서 이용하실 수 있습니다.
(CIP제어번호: CIP2015005401)

출판미디어기업 **학 지 사**

간호보건의학출판 **학지사메디컬** www.hakjisamd.co.kr
심리검사연구소 **인싸이트** www.inpsyt.co.kr
학술논문서비스 **뉴논문** www.newnonmun.com
원격교육연수원 **카운피아** www.counpia.com